Jürgen Blunck

Bausteine für die Bibelarbeit

Über 60 Vorbereitungshilfen
für Hauskreis- und Jugendarbeit,
Bibelstunde und Gemeinde

Band 3: Altes Testament

BRUNNEN VERLAG GIESSEN/BASEL

ABCteam-Bücher erscheinen in folgenden Verlagen:
Aussaat Verlag Neukirchen-Vluyn
R. Brockhaus Verlag Wuppertal
Brunnen Verlag Gießen
Christliches Verlagshaus Stuttgart
(und Evangelischer Missionsverlag)
Oncken Verlag Wuppertal und Kassel

Die Exegesen sind teilweise der Zeitschrift „Baustein"
entnommen und wurden für die Buchausgabe überarbeitet.

Die Deutsche Bibliothek – CIP-Einheitsaufnahme

Blunck, Jürgen:
Bausteine für die Bibelarbeit:
85 Vorbereitungshilfen für Hauskreis- und Jugendarbeit,
Bibelstunde und Gemeinde /
Jürgen Blunck. – Giessen; Basel: Brunnen-Verl.

Bd. 3. Altes Testament. – 1993
(ABC-Team; 893: Werkbücher)
ISBN 3-7655-2893-5
NE: GT

Umschlagfotos: Hans-Günter Ulmer, Medienteam AV
Umschlaggestaltung: Helmut Pfindel
Satz: Typostudio Rücker & Schmidt, Langgöns
Herstellung: St.-Johannis-Druckerei, Lahr
ISBN 3-7655-2893-5

Inhalt

Vorwort

Nun liegen Ihnen also auch Bausteine zu alttestamentlichen Texten vor. Es sind darunter viele Texte, die recht „ausgefallen“ erscheinen, da sie in keinen „normalen“ Predigt- und Bibelarbeitsreihen vorkommen. Vielleicht machen gerade sie Mut, sich auch einmal den unbekannteren Texten zu nähern. Ich gebe zu, daß solche Texte nicht immer für den Anfänger geeignet sind, da sie uns in ihrer Sprache und dem ganzen Umfeld viel ferner sind. Dennoch – auch hier hat unser Gott zu uns Menschen gesprochen in ganz bestimmten geschichtlichen Situationen.

Der theologisch geschulte Leser wird bemerken, daß einerseits durchaus auf diese bestimmten historischen Situationen hingewiesen wird, andererseits mit großer Unbekümmertheit und völlig „unhistorisch“ von Jesus und von Christen geredet wird – obwohl das doch historisch erst viel später möglich ist. Dies hängt mit einer theologischen Grundentscheidung zusammen: der Gott des Alten Testaments war schon immer der Vater Jesu Christi – er ist es nicht erst im Laufe der Geschichte geworden. Insofern handelt Jesus insgeheim im Alten Testament mit seinem Vater mit. Und da wir durch Jesus „nicht mehr Gäste und Fremdlinge, sondern Mitbürger der Heiligen und Gottes Hausgenossen“ sind (Eph. 2,19), sind wir Christen also genauso Gottes Volk wie das Volk Gottes im Alten Bund. Insofern sind wir Christen also bei aller äußeren (historischen) Verschiedenheit doch im Wesen (Glauben) identisch mit dem Volk Gottes aller Zeiten. Wäre es anders, brauchten wir Christen das Alte Testament nicht mehr zu lesen. Davon unberührt bleibt, daß durch Jesus nicht mehr alles im Alten Testament in gleicher Weise Gültigkeit hat wie das Neue Testament (man denke nur an die „Korrekturen“ in der Bergpredigt oder im Hebräerbrief).

Wieder kann ich nur hoffen, daß die Bausteine Mut machen zum eigenen Forschen in der Schrift und zum gemeinsamen Gespräch in Bibelkreisen. Sie sind und bleiben erst Bausteine und wollen verarbeitet werden.

Jürgen Blunck

1. Mose 1,26-2,4a
Zu Höherem berufen

Begriffe

▪ Zum Bilde Gottes

Mit diesem Ausdruck wird die Wesensbestimmung des Menschen ausgedrückt. Er wurde als einziges Schöpfungswesen mit der Möglichkeit einer direkten Beziehung zu Gott geschaffen. Im Menschen will Gott in dieser Welt gegenwärtig werden; durch den Menschen will Gott dieser Welt sein Bild aufprägen. Weder eine äußerliche Ähnlichkeit noch eine Gleichheit der geistig-seelischen Beschaffenheit mit Gott ist also mit „Bild Gottes“ ausgedrückt, sondern die dem Menschen mitgegebene Bestimmung, Beauftragter Gottes auf Erden zu sein und den Willen Gottes auf Erden zu verwirklichen.

▪ Gott schuf

Die hebräische Sprache kennt zwei Worte für „Schaffen“. Das hier gebrauchte ist ausschließlich für das Schaffen Gottes reserviert. Es meint ein Schaffen aus dem Nichts, eine totale Neuschöpfung, ohne daß der Schöpfer von irgendwelchen Stoff- oder Umweltbedingungen bei seinem Schaffen abhängig sei.

▪ Heiligen

Heilig ist nur Gott selbst (Jes. 6,3). Was nun mit diesem heiligen Gott zusammengebracht und ihm zur Verfügung gestellt wird, das hat damit Anteil an Gottes Heiligkeit, das ist geheiligt. So kommt „heiligen“ zu der Bedeutung „eine Sache oder einen Menschen Gott ganz zur Verfügung stellen, für Gott aussondern“. Im Neuen Testament werden die Christen „Heilige“ genannt, weil sie Gott ganz gehören.

Zusammenhänge

1. Jeder Bibelleser kann leicht feststellen, daß in den beiden ersten Kapiteln des 1. Mosebuches offenbar zwei verschiedene Männer oder Frauen Gottes an der Schöpfungsgeschichte geschrieben haben. Schon in Sprache und Ausdrucksweise sehen wir einen Unterschied bei A: 1. Mose 1,1-2,4a; B: 1. Mose 2,4b-25.
A spricht immer von „Gott“, B von „Gott der Herr“. A sagt „Himmel und Erde“, weil für ihn auch der Himmel und das ganze Universum

wichtig sind. B sagt „Erde und Himmel“, weil ihn nur die Erde und die Erschaffung des Menschen und dessen Lebensraum interessieren. Beide Schreiber(innen) Gottes aber offenbaren den selben Gott und die selbe Schöpfung, wenn auch mit unterschiedlichen Mitteln.

2. Bei der Schöpfung war keiner dabei. Man muß also diesen Bericht ähnlich verstehen wie den Offenbarungsbericht über die Endzeit dieser Welt: manches ist nicht wörtlich, sondern bildhaft zu verstehen. Gott pflegt uns Dinge, die wir nicht mehr oder noch nicht kennen, in einer Sprache zu offenbaren, die wir verstehen.

3. Zwei Hauptaussagen sind für den 1. Schöpfungsbericht wichtig: Gott selbst steht außerhalb der Schöpfung; er ist ihr souveräner Herr und Meister, der nicht den Gesetzen der Schöpfung (= Werden und Vergehen) unterliegt und darum auch nicht von der Schöpfung her zu beurteilen ist. Gott ruft die Schöpfung ins Dasein durch sein Wort. Das Wort und nicht die Hand (= Gewalt) schafft die Wirklichkeit. Das weist ins Neue Testament hinüber: Jesus wird dort das Wort Gottes genannt (Joh. 1,14; Offb. 19,13).

Aussagen

■ **1.** Erstaunlicherweise findet die Erschaffung des Menschen nicht an einem eigenen, besonderen Tag statt, sondern am gleichen Tag mit der Erschaffung der Säugetiere (24f.). Offenbar sieht die Bibel in aller Unbefangenheit die biologische Nähe des Menschen zum hochentwickelten Tier (die anderen Tiere sind am 5. „Tag“ erschaffen!). Das Besondere des Menschen liegt nicht im Biologischen, sondern in seiner besonderen Schöpfungsbestimmung: zum Bilde Gottes. Alle biologischen Erkenntnisse über Zusammenhang oder Nichtzusammenhang von Tier und Mensch sind sicher interessant, sagen aber gar nichts aus über die besondere Bestimmung des Menschen: Beauftragter Gottes zu sein.

■ **2.** Der Mensch ist von Gott her geschaffen auf das andersgeschlechtliche „Du“ hin (27b). Die Ehe ist also nicht eine „Einrichtung zur erlaubten Lustbefriedigung“, sondern führt in der Verbindung zweier verschiedener „Menschenhälften“ zum gottgewollten, vollen Menschsein in der gegenseitigen Ergänzung und Hilfestellung (vgl. Kap. 2,18 – mit anderen Worten die selbe Aussage).

■ **3.** Der Höhepunkt der Schöpfung ist nicht (wie immer wieder aus diesem Schöpfungsbericht herausgelesen wird) der Mensch. Der Höhepunkt ist der 7. Tag! Alle Schöpfung ist angelegt auf den Lobpreis

Gottes. Darum ist der Gottesdienst am Sonntag nicht nur irgendeine Veranstaltung, sondern will diesem gottgewollten Schöpfungshöhepunkt gerecht werden.

Fragen

Beim Lesen von Vers 26 stellt sich sofort die Frage, wieso hier von Gott in der Mehrzahl (Lasset uns ...) die Rede ist. Die gleiche Ausdrucksweise begegnet uns nochmals in Kapitel 3,22. Manche verstehen das als eine Andeutung der Dreieinigkeit. Doch scheint mir, daß man diese Frage wohl offen lassen muß und sich nicht an ihr festbeißen sollte. Es gibt wichtigere Fragen:

1. Entspricht der Mensch noch dem Bild Gottes? Ist er nicht ein unkenntlich gewordenes Bild Gottes geworden? Was hat dieses Bild Gottes im Menschen verdorben? Kann es wiederhergestellt werden? Wenn ja, wie?

2. Der Ausdruck Ebenbild Gottes taucht im Neuen Testament nochmals auf (Hebr. 1,3; Kol. 1,15; 2. Kor. 4,4). Wer ist dort damit gemeint? Was ist dort damit gemeint? Ist damit der Mensch als Bild Gottes endgültig ausgeschieden? Oder gerade nicht?

3. Das Stichwort „Bild Gottes“ ist ganz stark gekoppelt mit der Aufgabe, die der Mensch hat. Wie können wir heute dieser Aufgabe gerecht werden a) in unserem kleinen, überschaubaren Kreis (Familie, Gemeinde, Arbeitsstelle) b) im größeren Rahmen? Heißt „herrschen“ nur bestimmen oder nicht zugleich „sorgen für“?

4. Was können wir tun, um dem gottgewollten Schöpfungshöhepunkt zu entsprechen? Leben wir selbst in einer solchen Ruhe, wie Gott sie für uns geschaffen hat? Warum oft nicht? Wie kommt man dahin (vgl. dazu Hebr. 4,1-13)?

1. Mose 2,18-25
Einsam oder gemeinsam

Begriffe

■ Gott der HERR

Wörtlich: Gott Jahwe (frühere Lesart: Gott Jehova). Der Bibel geht es nicht um irgendeinen Gott. An irgendeinen Gott glauben fast alle Menschen. Der Bibel geht es um einen ganz bestimmten Gott, der sich dem Abraham, dem Mose und den Propheten offenbart hat. Um den Gott, der sich unter dem Namen „Jahwe“ vorgestellt hat. Darum wird zu dem Wort Gott meist dieser Offenbarungsname „Jahwe“ (= Ich bin, der ich bin) hinzugefügt, damit kein Mißverständnis entsteht, welcher Gott gemeint ist. Es kommt nämlich alles darauf an, daß wir an den einzig wahren Gott glauben, an den, der sich uns vorgestellt und bekannt gemacht hat.
Ca. 2 500 Mal wird im Alten Testament der Ausdruck Gott gebraucht, ca. 6 700 Mal sein Name „Jahwe“. In der Lutherbibel ist dieser Name immer mit HERR oder Herr wiedergegeben. Eigentlich schade. Die wörtliche Übersetzung wäre besser.

■ Gehilfin

Wörtlich: eine Hilfe „wie sein Gegenüber“ oder „ihm entsprechend“. Darin steckt sowohl das Gleichgeartete wie das Ergänzende, das dem Mann mit der Frau gegeben ist. Die Hilfe für den Mann besteht also nicht darin, daß die Frau seine Gehilfin oder Dienstbotin ist, sondern daß er ein ihm ebenbürtiges Gegenüber hat, daß er also nicht „mutterseelenallein“ das Leben bedenken und bestehen muß. In diesem Sinn ist der Mann dann genauso Gehilfe der Frau bzw. ein der Frau entsprechendes und passendes Gegenüber.

Zusammenhänge

Am Anfang der Bibel stehen zwei Berichte von der Schöpfung. 1. Mose 1,1-2,4a steht der erste, 1. Mose 2,4b-25 steht der zweite. Schon in der Sprache unterscheiden sich beide. Man kann es selbst nachprüfen: Der Erzähler in 1. Mose 1 redet immer nur von „Gott“, der Erzähler von 1. Mose 2 immer von „Gott der HERR“. Auch im Inhalt kann man selbst manche Unterschiede feststellen: Der Erzähler

von 1. Mose 1,9 lebt in einem Land, das von Wasserfluten bedroht ist. Aber Gott sorgt für ihn, Gott drängt das Wasser zurück, damit der Mensch Land zum Leben hat. Der Erzähler von 1. Mose 2,10 lebt in einem Land, das von Trockenheit bedroht ist. Aber Gott sorgt für ihn, Gott läßt Wasserströme zu dem Land des Menschen kommen, damit der Mensch Wasser zum Leben hat.
In beiden Berichten merkt man trotz aller Unterschiede doch das gleiche Ziel: das Bekenntnis zu dem Gott, dem wir Menschen alles zu verdanken haben, was wir haben; das dankbare Bezeugen der Liebe Gottes, die uns Menschen
- das Leben selbst (1,27; 2,7)
- die Lebensaufgabe (1,28; 2,15)
- die Lebensmöglichkeiten (1,9ff; 2,8ff)
- den Lebenspartner (1,27b; 2,18ff)
- die Lebensvollkommenheit (1,31; 2,25)

schenkt. Sprachen und Formen des Zeugnisses ändern sich, das Ziel bleibt das gleiche.

Aussagen

■ **1.** Gott erkennt die tiefste Not des Menschen: die Einsamkeit. Wir erkennen das heute auch wieder langsam und mühsam mittels psychologischer und soziologischer Untersuchungen. „Die einsame Masse“ lautet ein Buchtitel. Masse befreit noch lange nicht aus der Einsamkeit. Wer oder was hilft?

■ **2.** Gott will nicht, daß der Mensch einsam bleiben muß! Er legt alles daraufhin an, den Menschen aus der Einsamkeit herauszuholen. Er „bastelt“ sozusagen an einer Erfindung gegen die Einsamkeit. So ist unser Gott: kein Unterdrücker und Verbieter, sondern ein Helfer im Kampf gegen unsere Einsamkeit.

■ **3.** Der Mensch kann sich das Tier zähmen und dienstbar machen (Namensgebung = Beherrschung und Einordnung des Tieres in die Welt des Menschen). Doch wer sich einen Hund anschafft (auf den Hund gekommen ist) oder ein anderes Tier zum Spielgefährten erwählt, hat damit das Problem seiner Einsamkeit noch nicht gelöst.

■ **4.** Gottes großartige Erfindung (23): der andersgeschlechtliche Mensch! Das DU des Andersgeschlechtlichen ist die Entsprechung zum eigenen ICH. Ich + Du = Überwindung der Einsamkeit in der Zweisamkeit.

■ **5.** Gottes zweite großartige Erfindung (24): die Ehe! Zwei werden total eins, bilden erst zusammen ein Ganzes (24b). Es gibt nichts, aber auch gar nichts Trennendes zwischen ihnen, so sehr gehören sie vertrauensvoll zusammen (25).

Fragen

1. Für viele 14/15jährige Jungen ist das Motiv für eine Mädchenfreundschaft nicht in erster Linie ein sexuelles, sondern zuerst eine Sehnsucht nach Befreiung aus ihrer Einsamkeit. Wenn Gott selbst will, daß der Mensch nicht allein sei, ist dann eine solche Freundschaft schlecht? Ja und nein. Nein, weil eine solche Freundschaft ein richtiges Ziel im Blick hat: Gemeinsamkeit! Ja, weil man bis etwa 18/20 noch zu jung ist, um dieses Ziel voll verwirklichen zu können (24). Solche frühen Freundschaften sind notgedrungen Zwittergebilde und darum nahezu immer zum Scheitern verurteilt. Wie gewinnen wir die Geduld zum Warten?

2. Warum keine Ehescheidung? Warum nicht Gruppenehe? Warum nicht Vielweiberei oder Vielmännerei? Weil dies alles nur den Sex-Konsum steigern kann, aber den Menschen nicht aus seiner Einsamkeit herausholt. Das kann nur ein DU, nie die Masse, auch nicht die Sex-Masse. Geschlechtsgemeinschaft ist immer nur der Höhepunkt in einer bestehenden Gemeinsamkeit, nie aber Weg zur Gemeinsamkeit. Gibt es nicht unendlich viel Not und Einsamkeit, weil die gute Sexualität aus ihrer Einbettung in die Ehe herausgerissen wurde?

3. Was ist mit den Unverheirateten? Müssen sie einsam bleiben? Ein kleines Stückchen ja. Aber nur ein kleines Stückchen. Denn da ist Jesus und spricht: Ich bin bei dir alle Tage bis an der Welt Ende. Die Gemeinschaft mit ihm überwindet alle Einsamkeit und läßt mich fröhlich leben. Ja – ohne diese Gemeinschaft bleibt auch der Verheiratete in einer letzten Einsamkeit. Was können Verheiratete dazu beitragen, daß Unverheiratete nicht einsam sind?

1. Mose 3,1-13
So sind wir Menschen – leider

Begriffe

■ Schlange
In der Bibel vielfach als Bild für Hinterlist und Verderben gebraucht. Hier sogar als Bild, als „Verkleidung" für den Gegenspieler Gottes, den Satan benutzt. Unter dem gleichen Symbol der Schlange wird der Satan auch in der Offenbarung des Johannes gesehen (Offb. 12,9; 20,2).

■ Nackt
Der Zustand des Menschen im Paradies (2,25). Nacktheit ist nichts Böses, sondern etwas Paradiesisches. Erst die Entfremdung des Menschen von Gott macht auch die Nacktheit problematisch. Sie weckt offenbar Gedanken, die die Nacktheit nicht mehr ertragen lassen, so daß der Mensch sie verhüllen muß.

■ Adam
Kein Name, sondern das hebräische Wort für Mensch und Menschheit. Dies ist für jede Auslegung wichtig. Hier geht es also nicht bloß um die Geschichte irgendeines Menschen, sondern um die Geschichte jedes Menschen, egal wie er heißt. Wenn im Biologie-Unterricht den Schülern ein Skelett gezeigt wird, dann spielt es absolut keine Rolle, wer dieser Mensch einmal war, ob Mann oder Frau, ob arm oder reich. Sondern an diesem Skelett wird demonstriert: So ist der Mensch gebaut, so bist du auch. So hält uns die Bibel mit Adam also nicht ein fremdes Menschenbild vor Augen, sondern unser eigenes: So bist du auch!

Zusammenhänge

1. Mose 1+2 zeigen uns die Herrlichkeit der göttlichen Schöpfung. Nun zeigt uns unsere Erfahrung aber etwas anderes: viel Elend und Not, Streit und Unfrieden, Krankheit und Tod. Wie passen Gottes Schöpfung und unsere Wirklichkeit zusammen? Darauf gibt uns Kapitel 3 die Antwort: Der Mensch ist das Problem. Der Mensch, der eigentlich im Auftrag Gottes diese Schöpfung verwalten und gestalten (2,15: bebauen und bewahren) sollte nach den Richtlinien Gottes, hat

versagt. Dem Menschen haben wir all unsere Probleme zu „verdanken“, er ist das eigentliche Problem dieser Welt.
Viele Leser stoßen sich an den märchenhaften Zügen der Erzählung und wollen darum auch ihren Inhalt nicht wahrhaben. Hören wir dazu den wohl bedeutendsten Theologen und Alttestamentler unseres Jahrhunderts, Gerhard von Rad: „... eine Geschichte, ein Stück eines begangenen Weges, der nicht mehr zurückgegangen werden kann, wird beschrieben. Es ist also daran festzuhalten, daß hier ein Tatsachenbericht gegeben werden soll. Von Tatsachen allerdings, die sehr verborgener, hintergründiger Art sind. Sie liegen auf dem Feld, auf dem sich die Geschichte des Menschen mit Gott abspielt, und die Darstellungsmittel, die zur Veranschaulichung solcher Vorgänge dienen, sind dementsprechend andere, als sie der Historiker verwendet ... das bedeutet natürlich nicht, daß sie nicht durchgehend ‚Wirkliches‘ berichten wollen“ (ATD 2/4, Seite 60).

Aussagen

■ 1. Die Versuchung (1-5)

Versuchung gehört zum Leben des Menschen. Sie kommt von außen auf ihn zu, durch das andere Geschöpf. Sie kommt auf Jesus zu durch Petrus (Mt. 16,22+23), auf Petrus durch die Magd (Mt. 26,69ff), auf Eva durch die Schlange. Die Übertreibung der Schlange reizt zum Widerspruch (2-3), ermöglicht aber zugleich zum ersten Mal, Gottes Gebote infrage zu stellen: Sollte Gott gesagt haben? Die Fortsetzung (4-5) stellt dann Gott selbst infrage bzw. seine Motive. Nun sind Motive nicht nachprüfbar. Es geht also um Vertrauen. Das ist die Versuchung im Leben, dem Widerspruch gegen Gott mehr zu vertrauen als dem Zuspruch Gottes. Dabei wird der Mensch gelockt mit der Möglichkeit, sich selbst total zu verwirklichen (ihr werdet sein wie Gott).

■ 2. Die Sünde (6-7)

Wort steht jetzt gegen Wort. Nun ist der Mensch allein mit seinen Gedanken an die „andere“, die verbotene Möglichkeit. Die Sünde beginnt damit, daß der Mensch seinen Gedanken freien Raum läßt. Der materielle Gesichtspunkt (gut zu essen), der ästethische (Lust für die Augen) und der philosophische (weil er klug machte) werden bedacht. Im Banne seiner eigenen Gedanken entwickelt sich das Mißtrauen gegen Gottes gute Absicht mit seinem Gebot – und er gibt diesem Mißtrauen nach. Und alsbald wird der Mitmensch – nicht ohne eigene Schuld! – in das zerstörte Gottesverhältnis mit hineingezogen. Damit ist aber auch das Verhältnis zwischen beiden nicht mehr so frei und offen wie vorher (Scham: 7).

■ **3. Die Selbstrechtfertigung** (8–13)
Sünde gebiert Furcht vor Gott. Und die Furcht gebiert Flucht vor Gott. Doch Flucht vor Gott ist ein zwar oft geprobtes, aber immer vergebliches Unternehmen. So kommt es zum „Schwarze-Peter-Spiel". Um sich selbst zu rechtfertigen, wird der Nächste beschuldigt, ja Gott selbst (das *du* mir zugesellt hast, 12) und schließlich der Satan (13). Doch nur das Zugeben der Schuld bringt alles in Ordnung (1. Joh. 1,9), denn es läßt uns teilhaben an der Erlösung durch Jesus.

Fragen

1. Denke ich manchmal „Das könnte mir aber nicht passieren"? Überschätze ich mich nicht, wenn ich meine, ich sei der Versuchung entweder nicht so ausgesetzt oder doch besser gewachsen? Habe ich nicht das gleiche „adamitische" Wesen in mir?

2. Lasse ich meinen Gedanken freien Spielraum bei unguten und verführerischen Dingen (bei bestimmten Witzen, bestimmten Filmen, bestimmten Büchern)? Wie aber bekommt man seine Gedanken in den Griff? Ob Jesus uns darum jene Bitte im Vaterunser gegeben hat: „und führe uns nicht in Versuchung"? Ob Beten hilft – auch und gerade in den Stunden der Versuchung?

3. Welche „Freunde" habe ich, die mich immer wieder in Versuchung bringen durch ihre Art? Wie kann ich mit ihnen umgehen? Wann muß ich sie meiden, ohne sie jedoch zu mißachten? Habe ich nicht auch eine Aufgabe an ihnen? Wie kann ich meiner Aufgabe gerecht werden, ohne selbst in die Sünde mit hineingezogen zu werden?

4. War Jesus auch in Versuchung vor seiner Kreuzigung? War sein Gebet die Rettung vor der Sünde des Weglaufens? Wie muß ich noch ganz anders beten lernen? Ist Beten sich einfach dem Willen Gottes ausliefern – im Vertrauen, daß es gut ist, wie er es auch macht?

5. Wo versuche ich, mich selbst zu rechtfertigen, wenn ich versagt habe? Wie kann ich es üben, geradezu einüben, alle unguten Dinge schnell zu bekennen, damit ich nicht noch andere mit hineinziehe in die Sünde?

1. Mose 4,1-16
Gnade für den Mörder

Begriffe

■ Opfer

Das Darbringen und Verbrennen von Nahrung zur Ehre Gottes. Solches Opfer kann verschiedene Beweggründe haben: Dank, Hingabe, aber auch den primitiven Wunsch, Gott sich dadurch gefällig zu machen. In Israel unterschied man in späteren Zeiten verschiedene Arten von Opfer: Brandopfer (3. Mose 1), Speiseopfer (3. Mose 2), Dankopfer (3. Mose 3), Sünd- und Schuldopfer (3. Mose 4-5) u.a. Im Alten Testament sind alle Opfer Hinweise auf das eine kommende Opfer, das Jesus im Neuen Testament durch seinen Kreuzestod selbst gebracht hat. Das Selbstopfer Jesu schenkt uns die Versöhnung mit Gott. Darum sind seit Jesus auch die alttestamentlichen Opfer abgeschafft, weil keine Hinweise mehr nötig sind. Denn das einzig wahre Opfer ist nun geschehen.

■ Blut

Blut ist der Sitz des Lebens und damit das Leben selbst. Blut und Leben aber gehören allein Gott. Er hat die alleinige Entscheidungsbefugnis über Blut und Leben, nicht der Mensch. So läßt sich vergossenes Blut auch nicht zuschaufeln.

■ Kainszeichen

Oft mißverstanden als ein Zeichen zur Kennzeichnung eines Mörders. Hier jedoch eindeutig verstanden als Zeichen zur Kennzeichnung eines, der unter dem besonderen Schutz Gottes steht! Auch das Blut des Mörders ist nicht der Bestrafung des Menschen freigegeben, sondern bleibt in Gottes Besitz. Damit ist die Todesstrafe auch für Mörder von der Bibel abgelehnt.

Zusammenhänge

Die Kapitel 1-11 des 1. Buch Mose bezeichnen wir als die Urgeschichte der Bibel. Danach beginnt mit den sogenannten Vätergeschichten (ab 1. Mose 12: Abraham usw.) die Heilsgeschichte Gottes mit den Menschen. Was ist der Sinn dieser Urgeschichte? Will sie uns etwas erzählen über längst verstorbene Menschen, mit denen wir heute doch eigent-

lich nichts mehr zu tun haben? Nein. Was dann? In der Urgeschichte sind einige alte Geschichten ausgewählt, die typisch sind nicht nur für damals, sondern für jeden Menschen zu jeder Zeit. In der Urgeschichte wird uns gezeigt, wie der Mensch bis heute ist, wenn nicht das Heil Gottes ihn packt und aus ihm einen neuen Menschen macht. So ist diese Urgeschichte nichts anderes als eine Unheilsgeschichte. An ihr kann man sehen, wie der Mensch sich immer weiter von Gott entfernt: Ungehorsam (3,6), Angst (3,10), Neid (4,5), Mord (4,8), Massenmord (4,23), allgemeine Bosheit (6,5), bewußte Gottlosigkeit (11,4). So ist der Mensch bis heute. Gott aber sieht nicht tatenlos zu. In dieser und mit dieser gottlosen Menschheit beginnt er seine Heilsgeschichte (Kap. 12).
Kain und Abel werden bereits außerhalb des Paradieses (3,24) geboren. Sie sind damit von Anfang an den gleichen Bedingungen dieser Welt ausgesetzt wie wir alle. Aus ihrem übrigen Leben erfahren wir auch nichts als diese eine Geschichte, die in ihrer Art eben eine typische Unheilssteigerung darstellt.

Aussagen

■ 1. Die Freiheit Gottes

Es wird kein Grund angegeben, warum Gott Abels Opfer gnädig ansieht und Kains nicht. Der Grund liegt auch nicht in der Person Kains (man darf da nichts hinein-vermuten an schlechten Gedanken bei Kain), sondern in der Freiheit Gottes. Gott hat das Recht, dem einen Menschen zu geben, was er dem anderen verwehrt, z.B. Intelligenz, Kraft, Erfolg usw. Hier: gnädige Annahme eines Opfers.

■ 2. Die Warnung Gottes

Der Mensch (Kain) ist nicht einverstanden mit den Entscheidungen Gottes. Er rebelliert dagegen. Er wird neidisch auf seinen Bruder, den Gott diesmal (!) bevorzugt hat. Neid gegen Menschen ist Rebellion gegen Gottes Gnade! Aber Gott läßt auch den neidisch gewordenen nicht einfach in sein Unglück laufen. Gott warnt. Gott redet und gibt Tips zur Hilfe (6f). Frommsein heißt nichts anderes als Ja-Sagen zu Gottes Entscheidungen. Wer fromm ist, kann Gott frei entgegensehen – auch wenn Gott ihn scheinbar hängen läßt!

■ 3. Die Gnade Gottes

Der Mensch läßt sich nicht warnen. Er pflegt lieber seinen Neid, bis er umschlägt in Gewalttätigkeit. Und dann versucht er noch, frech zu leugnen (9) und so zu tun, als ob er keine Ahnung habe. Doch irgendwann ist er am Ende (13 u. 14). Dann schlägt Frechheit um in Verzweiflung und Angst und Selbstmitleid. Gottes Gnade aber gilt auch diesem Kain! Gottes Gnade gibt sogar sichtbare Zeichen, an die sich der Mensch halten darf. Mit Gottes Gnade darf der Mensch noch einmal sein Leben beginnen.

Fragen

1. Verstehe ich die Gerechtigkeit Gottes auch so, daß Gott allen Menschen das gleiche geben muß? Wäre eine solche Gerechtigkeit wirklich schön? Wie sähe die Welt, unser Leben wohl aus, wenn Gott allen Menschen den gleichen Verstand, die gleichen Begabungen usw. geben würde? Wenn Gott zur selben Zeit allen gnädig und zur selben Zeit allen nicht gnädig wäre?
Vergleiche zur Frage der Freiheit Gottes auch Paulus in Römer 9,14-23.

2. Wo bin ich neidisch? Wie wirkt es sich in meinem Verhalten aus, wenn ich auf jemanden neidisch bin? Rede ich dann anders über den Betreffenden? Mit dem Betreffenden? Wie wirkt sich mein Neid auf mein Verhalten gegenüber dem Betreffenden aus?

3. Ab und zu reagiert sicher auch mein Gewissen bei irgendwelchen Gelegenheiten – wie behandle ich dann die Stimme meines Gewissens? Lasse ich mich von meinem Gewissen beeinflussen? Setze ich meinen Kopf durch? Bespreche ich diese zwiespältige Situation mit jemand anderem, vielleicht einem Christen aus meiner Gemeinde? Versuche ich einfach, mein Gewissen zu beruhigen?

4. Daß ich mit Mord und Totschlag nichts zu tun habe, kann ich das auch noch sagen, wenn ich Jesu Auslegung zum Gebot „Du sollst nicht töten" in Matthäus 5,21.22 gelesen habe?

5. Wie begegne ich den heutigen Kains (z.B. den straffällig Gewordenen oder ehemaligen Mitarbeitern der Stasi oder ...)? Wie Leuten, die unter dem Schutz Gottes stehen? Oder wie Fremden, die man schnell wieder los werden will?

1. Mose 11,1-9
Zu hoch hinaus

Begriffe

■ **Land Schinar**

Name für Babylonien (Gebiet zwischen Euphrat und Tigris). 1. Mose 10,10 nennt die wichtigsten Städte dieses Gebiets: Babel, Erech, Akkad und Chalne (vgl. Landkarte). Heute: Irak.

■ **Babel**

Auch Babylon genannt, war die Hauptstadt des Babylonischen Reiches, das seine erste Blütezeit unter Hammurabi (ca. 1700 v.Chr.) hatte, dann jahrhundertelang im Schatten des übermächtigen Assyrischen Reiches stand und schließlich einen neuen und letzten Höhepunkt unter dem auch in der Bibel bekannten Nebukadnezar (ca. 600 v.Chr.) hatte.
Die Babylonier selbst haben den Namen Babel als „Gottespforte“ aufgefaßt. Man kann ihn aber auch, wie unser Text es tut, von dem babylonischen Wort für „zerstreuen“ ableiten.
Bei dem hier genannten Turm handelt es sich vermutlich um den Treppenturm Etemenanki am Tempel des Gottes Marduk.

■ **Einerlei Zunge und Sprache**

Unsere heutigen Sprachschwierigkeiten sind nicht schöpfungsmäßig von Gott gewollt. Sie sind Ausdruck des Gerichts Gottes über eine Menschheit, die ihre sprachliche Gemeinsamkeit nicht zum Lobe Gottes, sondern zum eigenen Lob mißbraucht. Man hat heute fast den Eindruck, als ob sich das Gericht Gottes noch fortsetzt, so daß sich nicht einmal mehr die Menschen einer gemeinsamen Sprache richtig verstehen.

Zusammenhänge

Bevor die Bibel die große Heilsgeschichte Gottes erzählt, wie Gott sich einen Menschen, den Abraham, erwählt, um mit ihm sein Volk zu beginnen und durch die Geschichte der Menschheit zu begleiten, zeigt sie in vier großen Urgeschichten das Versagen der Menschheit auf:
Adam und Eva (1. Mose 3);
Kain und Abel (1. Mose 4);

die Menschheit zur Zeit Noahs (1. Mose 6-9);
die Menschheit in Babel (1. Mose 11).
Ob es sich nun dabei um Einzelgestalten handelt oder um ganze Menschengruppen – ihr Handeln bleibt sich immer gleich. „Sie sind allzumal Sünder." So, wie in diesen vier Urgeschichten – so ist der Mensch. Dabei geht es in diesen Geschichten immer zugleich um *die Schuld des Menschen:* Konkreter Ungehorsam gegen Gott (3,6), Mord (4,8), allgemeine Bosheit (6,5), Ruhmsucht (11,4);
das Gericht Gottes: Vertreibung aus der Mühelosigkeit des Arbeitens in die Mühsal (3,16.17), Sinnlosigkeit und Einsamkeit (4,12), Tod und Vernichtung (6,7), Sprachverwirrung und Zerstreuung (11,7ff).
In allem Gericht wird zugleich ein helfendes Handeln Gottes sichtbar, *ein gnädiger Neuanfang:* Fürsorge (3,21) und am Lebenlassen trotz 2,17; Schutzzeichen für den Mörder (4,15); Noahs Errettung (6,8) und der Regenbogen als Zeichen eines neuen Bundes (9,13); Erwählung Abrahams mit dem Ziel des Segens für alle Menschen.

Aussagen

■ **1.** Vers 3 zeigt deutlich, wie der Mensch klüger und erfinderischer wird als seine Vorfahren. Aber über diesem Erfindungsreichtum verliert der Mensch sein Ziel aus dem Auge: da zu sein zur Ehre des Namens Gottes und nicht zur Ehre des eigenen Namens. Statt den Namen Gottes zu rühmen und zu danken für die Möglichkeiten, die Gott dem Menschen geschenkt hat, wird der Mensch stolz und rühmt sich selbst.

■ **2.** Vers 4b zeigt, wie im Hintergrund des menschlichen Handelns die Angst um das eigene Leben steckt. Die Angst ist immer der schlechteste Ratgeber. Menschen, die sich zu Jesus bekehrt haben, brauchen keine Angst zu haben. Weder vor Zerstreuung noch vor Hunger noch vor Krieg, noch vor Krankheit. Mögen diese Dinge und noch Schlimmeres kommen – immer stehen wir in der Hand unseres guten Gottes.

■ **3.** Vers 5 zeigt die feine Ironie der biblischen Schriftsteller. Das Große, was die Menschen schaffen, ist so klein, daß es von Gott aus gar nicht zu sehen ist! Gott braucht geradezu eine Lupe! Wie albern sind doch die Menschen in ihrem Größenwahn.

■ **4.** „Irret euch nicht, Gott läßt sich nicht spotten!" muß Paulus an die Galater schreiben (6,7). Es gibt auch heute in christlichen Kreisen ein Reden von der Liebe Gottes, das nur Gnade und Barmherzigkeit

Gottes kennt. Das klingt sehr schön, aber es ist nicht biblisch. Es gibt auch ein Gericht Gottes. Nur da gibt es Rettung vor dem Gericht, wo ein Mensch sich von Herzen zu Jesus bekehrt.

Fragen

1. Auch heute gibt es unzählige Menschen in Wirtschaft und Politik, ja sogar in Kirche und Gemeinde, die wollen sich mit ihrer Arbeit selbst einen Namen machen. Wie steht es mit mir? Warum arbeite ich in der Gemeinde Jesu mit? Um den Namen Jesu zu verherrlichen oder um selbst angesehen zu sein? Was sind meine geheimsten Motive?
Oder umgekehrt: Warum arbeite ich bei bestimmten Aufgaben nicht mit?

2. Sind Erfindungen schlecht? Sind große Leistungen schlecht? Ist der Turmbau selbst schlecht? Oder was ist an diesem Turmbau schlecht? Wie kann ein Christ Maßstäbe finden, mit Neuerungen und Erfindungen richtig umzugehen (z.B. Stichwort Gentechnik)?

3. Woher kommt eigentlich die Angst der Menschen in Vers 4b? Gehört Angst einfach zum täglichen Leben dazu wie das Atmen, oder ist Angst Folge der inneren Loslösung von Gott? Ist Angst also im Grunde eine Art von Neurose, d.h. eine seelische Erkrankung als „Ergebnis falsch oder nicht verarbeiteter Erlebnisse, die im Unterbewußtsein Eindrücke und Nachwirkungen hinterlassen haben, aus denen Fehleinstellungen und -verhalten entstehen" (Wörterbuch zur Sexualpädagogik, S. 285)? Ist umgekehrt die Angstlosigkeit Jesu Folge der inneren Verbundenheit mit Gott (vgl. Mark. 4,38-40)?

4. Ist die Sprachverwirrung der Menschen nunmehr ständiges Schicksal der Menschen, oder gibt es im Neuen Testament eine „Gegengeschichte", die diese Sprachverwirrung wieder aufhebt (vgl. Apg. 2)?

1. Mose 12,1-9
Von Gott zu neuem Leben berufen

Begriffe

■ **Der Herr**
Übersetzung des hebräischen Gottesnamens JAHWE. In 2. Mose 3,13-15 wird die Bedeutung dieses Namens Gottes angegeben: „Ich bin, der ich bin" oder „Ich bin da". In vielen Eigennamen (zum Beispiel Jesa-ja, Jeremi-ja Hiski-ja u.a.) wie auch in gottesdienstlichen Rufen (zum Beispiel Hallelu-ja = Preist den Herrn) erscheint die Kurzform des Gottesnamens.

■ **Land Kanaan**
Älteste Bezeichnung für das heutige Israel, das Gebiet westlich des Jordan bis zum Mittelmeer (vgl. 4. Mose 33,51). Die Urbewohner dieses Gebietes führen ihren Namen Kanaaniter auf einen Enkel Noahs zurück (1. Mose 10,6; 10,15-19). Etwa um das Jahr 1200 v.Chr. wurden die Kanaaniter von den Israeliten auf Gottes Befehl aus diesem Land weitgehend vertrieben.

■ **Altar**
Keine speziell biblische Einrichtung. Bei allen Religionen und Völkern im Mittelmeerraum war es in der Antike üblich, den Gottheiten Opfer zu bringen. Dazu benutzte man einen ca. 50 cm hohen Felsblock oder einen aus Steinen und Lehm erbauten „Tisch", der in der Mitte eine Vertiefung hatte für das Opfertier. Dieser „Tisch" wird Altar genannt. Später (zum Beispiel beim Brandopferaltar vor dem Tempel in Jerusalem) nehmen Höhe und Ausmaße des Altars stark zu (2. Chron. 4,1: 5 m hoch!). Sinn aller Altarbauten: Gott die Ehre geben. Wir opfern auf unseren Altären heute keine Tiere mehr, weil Jesus sich ein für allemal selbst geopfert hat für uns. Darum steht sein Kreuz auf unseren Altären.

Zusammenhänge

1. Mose 1-11 nennen wir die Urgeschichte der Menschheit. Es ist eine Geschichte des ständigen Versagens der Menschheit:
– Adam (= Mensch bzw. Menschheit) und Eva (= Mutter alles Lebendigen) werden Gott ungehorsam (Kapitel 3).

– Kain mißgönnt seinem Mitmenschen die (scheinbare) Bevorzugung und tötet ihn (Kapitel 4).
– Die Menschheit zu Noahs Zeiten kümmert sich weder um Gott noch um seine Gebote (Kapitel 6-8).
– Die Menschheit nach Noah ist nicht besser und will Gott im Himmel entthronen (Turmbau zu Babel, Kapitel 11).
Diese Geschichte ist aber zugleich eine Geschichte des strafenden und dennoch liebenden Gottes:
– Adam und Eva müssen die Nähe Gottes (das Paradies) verlassen, und doch sorgt Gott für ihre Kleidung (3,21).
– Kain muß fliehen auf Gottes Ausweisung hin, und doch macht Gott sein Zeichen des Schutzes an seine Stirn (4,15b).
– Die Menschheit wird vernichtet, doch Gott will dies nie wieder tun, obwohl er weiß, daß auch der kommende Mensch nicht besser sein wird (8,21).
– Nur beim Turmbau zu Babel ist allein von der Strafe Gottes die Rede. Die Menschheit ist sprachlich verwirrt.
Hier setzt unser heutiger Abschnitt ein. Gott beginnt einen ganz neuen Weg zur Errettung seiner Menschheit. Mit Abraham tritt Gott heraus aus dem Dunkel der Urgeschichte in das Licht der historisch greifbaren Geschichte, die sich nun mit dem Volk Israel zuspitzt auf Christus hin, dem Höhe- und Schlußpunkt der Liebe Gottes.

Aussagen

■ 1. Gott selbst macht den Anfang

Nicht Abraham hat eine fromme Idee. Gott ruft. Der Mensch bleibt ungefragt, ob er will. Gott will. Es geht auch heute nicht um meine frommen oder halbfrommen Gedanken und Pläne. Gott ruft mich! Gott fragt mich nicht, ob ich geneigt bin. Gott bestimmt über mein Leben. Es gibt heute so viel selbstgemachte Religion. Da meint der Mensch, aus sich heraus zu wissen, was vor Gott taugt. Unsinn! Ohne daß ein klarer Ruf Gottes ergeht und gehört wird, gibt es keinen christlichen Glauben. Also: Laß mich hören, was Gott mit mir vorhat.

■ 2. Gottes Berufung lohnt sich

Gottes Ruf führt Abraham aus seinem kleinen und bürgerlichen Horizont heraus. Abrahams Leben ist zu mehr zu gebrauchen als nur zum Drehen um das eigene Ich und die eigene Familie, den eigenen Besitz und ein bißchen Alltagsabwechslung. Gott kann auch mein Leben für sein Reich gebrauchen. Er hat mit mir etwas vor, das wichtig ist für die

Ausbreitung des Reiches Gottes. Durch mich sollen andere Menschen von Gott erfahren und von Gott gesegnet werden. Mein Leben soll ungeahnt reich werden. Reich durch Sich-verschenken im Dienst Gottes.

▪ 3. Gott gehorsam werden ist Glaube

Abraham geht los. Scheinbar ins Ungewisse. Aber geführt von Gott. Frau und Habe werden mitgenommen und damit der Rückweg abgeschnitten. Der Gehorsam gegen Gottes Ruf bestimmt auch den Umgang mit Familie und Besitz. Dabei ist die öffentliche Ehrung Gottes mitten unter Heiden (Altarbau!) ganz wesentlich. Nicht nur stiller Gehorsam ist gefordert, sondern lauter, bekennender Gehorsam.

Fragen

1. Warum heißt Abraham in diesem Abschnitt „Abram"? Wann und warum kommt es bei ihm zu einer Namensänderung (vgl. 17,4-5)? Kenne ich andere Namensänderungen in der Bibel? Welche Bedeutung haben diese Namensänderungen? Gibt es heute in der Christenheit auch noch solche Namensänderungen – wo, bei welcher Gelegenheit? Was denke ich in diesem Zusammenhang über Goethes Spruch „Name ist Schall und Rauch ...?

2. Gibt es irgendwelche besonderen Voraussetzungen, die den Abraham in Gottes Augen dazu geeignet machten, mit ihm ganz neu einen Heilsweg für die Menschheit zu beginnen? Welchen Grund hatte Gott nach 5. Mose 7,6-9 für diese Erwählung Abrahams? Gibt es heute irgendwelche Voraussetzungen, die ein Mensch mitbringen muß, damit Jesus ihn im Namen Gottes beruft? Was folgt daraus für mich?

3. Welche Bedenken hätte Abraham dem Ruf Gottes entgegenhalten können? Wenn heute ein Fremder mir diese Verse 1 bis 3 sagen würde, wie wäre meine Reaktion? Nun, es kommt zu mir auch heute eine Stimme, aber keine unbekannte, sondern die Stimme Jesu. Sie fordert mich auch zu manchen Veränderungen in meinem Leben auf – welche Bedenken habe ich? Was hindert mich, wie Abraham gehorsam zu werden?

4. Was bedeutet es, daß Abraham überall, wo er hinkommt, einen Altar baut? Wie könnte für uns heute „einen Altar bauen" aussehen? Die Missionare haben überall, wo sie hinkamen, eine Kirche gebaut. Aber was könnte in meinem Leben dem entsprechen?

2. Mose 15,11-18
Ein mächtiger Gott

Begriffe

■ Götter

Bezeichnung für die heidnischen Götzen. Es gibt zwei Formen, wie die Menschen der Bibel den heidnischen Gottheiten begegneten:
1. Sie gebrauchten eine andere Bezeichnung für sie (zum Beispiel Götzen), um den Qualitätsunterschied deutlich zu machen, der zu dem wahren Gott besteht (Hes. 30,13; 1. Thess. 1,9).
2. Sie benutzten das gleiche Wort „Gott“, um zu einem Vergleich mit unserem Gott anzuregen, damit auf diese Weise der Qualitätsunterschied selbst herausgefunden wird. So in unserem Text. So auch bei Elia am Karmel (1. Kön. 18,20ff).
In beiden Fällen ist den Menschen der Bibel die heutige Frage, ob es solche anderen Götter überhaupt gibt, unwichtig.

■ Wohnung, heilige

Ort, an dem Gott sich sprechen läßt. Heilig werden in der Bibel Orte, Dinge, Menschen genannt, von denen Gott Besitz ergreift und wo er sich nun finden läßt. So wird auf dem Weg durch die Wüste das Zelt der Stiftshütte zur heiligen Wohnung (2. Mose 40,34). Später wird es der Tempel in Jerusalem (1. Kön. 8,10ff). Dann aber war die heilige Wohnung Gottes nicht mehr ortsgebunden, sondern personengebunden: In Jesus wohnte Gott unter uns (Joh. 1,14; 14,10; Kol. 1,19). Ja, durch den heiligen Geist will Gott Wohnung nehmen in den Herzen seiner Gläubigen (1. Kor. 3,16; 6,19).

■ Eigentum

Nicht sich selbst gehörend, sondern einem anderen. Israel gehört Gott. Gott hat die Verfügungsgewalt darüber. Doch nicht in dem negativen Sinn, daß er damit machen kann, was er will; sondern in dem positiven Sinn, daß er für sein Eigentum sorgt. Gott läßt sein Eigentum nicht in den Wirren der Völkergeschichte verloren gehen.

Zusammenhänge

Das Volk Israel hat die entscheidende Grunderfahrung seines Lebens hinter sich, die von nun an für seine ganze Zukunft maßgebend sein wird: die Errettung aus Ägypten. Diese Grunderfahrung war menschlich gesehen unmöglich, gegen alle Berechnung und Vernunft – und

doch hatte der lebendige Gott seine Zusagen wahr gemacht und Israel aus der Hand der Ägypter errettet. Da kann der errettete Mensch nur noch staunen, loben und anbeten. Jede andere Reaktion wäre tiefste Gottlosigkeit. Das Singen zur Ehre Gottes, das singende Bekenntnis seiner Hilfe ist die einzig angemessene Antwort.
Dies Danklied der Erretteten ist nicht eine einmalige, punktuelle Sache, bald wieder über den neuen Problemen des Alltags in den Hintergrund gedrängt. Gott selbst hat es Israel im Vorspruch zu den 10 Geboten als seine Glaubensbasis eingeprägt: „Ich bin der Herr, dein Gott, der ich dich aus Ägyptenland, aus der Knechtschaft, geführt habe. Du sollst ..." (2. Mose 20,2f – leider in Luthers Katechismus verkürzt). Man wird die 10 Gebote immer nur als Zwang sehen, wenn man sie von diesem Hintergrund der erfahrenen Liebe Gottes trennt. Auf diesem Hintergrund der Errettung aber werden die 10 Gebote zu einer Weiterführung der Liebe Gottes.
Diese Urerfahrung der Errettung durch den lebendigen Gott hat Israel auch in seine alten Bekenntnisformeln übernommen: 5. Mose 6,20ff; 26,5ff. So wie für uns Christen die Errettung Jesu aus dem Tod zur Urerfahrung der Macht und Liebe Gottes und der Anerkennung Jesu als seines Sohnes geworden ist.

Aussagen

■ 1. Unser Gott scheut keine Vergleiche (11)

Allen Ernstes frage ich jeden Gegner Jesu immer wieder: Wen oder was hast du denn sonst in diesem Leben zu bieten? Hilft etwa die Ideologie des Marxismus (auch in ihrer reinsten Kultur) besser als Jesus? Oder bringt etwa Geld und Karriere mehr Frieden in dein Leben? Oder heilt eine New Age-Spielart die Wunden deines Lebens besser? Sieh doch hinter die Kulissen!

■ 2. Unser Gott hat seine Liebe bewiesen (13)

Wir reden nicht von unseren Glaubens*gedanken* und *-ideen*. Viele wollen uns schachmatt setzen mit dem Wort: „Das denkst du dir so, ich denke mir das anders." Falsch! Wir haben uns nichts ausgedacht. Sondern: Gott hat in der Geschichte der Menschheit Wunder getan: Israel aus Ägypten herausgeführt, Jesus von den Toten auferweckt. Das ist Beweis genug. Darum loben wir Gott.

■ 3. Ohne unseren Gott wird das Leben voller Angst (14–16)

Die Angst der Heiden ist sprichwörtlich geworden („Er hat eine Heidenangst"). Warum haben wir auch in unserem Volk seit Jahren zunehmende Angst und Angstgefühle? Angst, die nicht schlafen läßt, die zum Psychiater gehen läßt, die alle Freude aus dem Leben bringt? Warum? Weil die Menschen versuchen, ohne Gott zu leben.

■ **4. Unser Gott führt uns sicher durch alle Schwierigkeiten** (17f)
Gott hat uns nicht nur einen guten Start gegeben und läßt uns dann allein laufen (und stolpern und fallen). Er läuft mit und stützt und hebt wieder auf. Auf ihn ist Verlaß, auch wenn wir gefallen sind. Er läßt uns bei sich selbst Wurzeln schlagen, so daß eine lebendige Verbindung zu ihm da ist. Gelobt sei Gott!

Fragen

1. Dies ist ein Loblied – welche Rolle spielt das Singen und das lobende Bekennen Jesu in meinem Leben? Ist es bei mir zu Hause – in meiner Familie – üblich zu singen? Rede ich über meinen Glauben in meiner Familie, im Freundeskreis, auf der Arbeitsstelle? Lade ich in meinem Freundeskreis ein zu Gemeindeveranstaltungen? Hat das Lob Gottes seinen täglichen Platz in meinem (Gebets-)Leben?

2. Weiche ich Gesprächen über den Glauben aus, weil ich meine, mit meinem Christsein wäre ich nicht „konkurrenzfähig"? Haben andere mehr zu bieten als ich? Denke ich, Jesus sei nicht so mächtig, als daß er nicht auch mich „kleines Würstchen" mit seinem heiligen Geist (und mit Antworten auf die Anfragen anderer) füllen könnte?

3. Habe ich schon einmal hinter die „Fassade" der Menschen ohne Gott geschaut? Oder sehe ich nur ihre „große Klappe", hinter der sie Lebensangst und Sinnlosigkeit verstecken? Will ich sie in dieser Angst und Sinnlosigkeit stecken lassen? Oder sollen wir nicht – in Jesu Auftrag – *allen* Menschen helfen, von ihrer Angst loszukommen? Wie geht das anders als durch Einladung zu dem Jesus, der sagt: „In der Welt habt ihr Angst, aber seid getrost, ich habe die Welt überwunden"?

4. Wie hat Gott an Israel seine Verheißung von Vers 17 wahr gemacht? Welche Widerstände hat Gott dabei überwunden? Welche äußeren und welche inneren Widerstände (innere = im Volk Israel selbst)? Was spricht dagegen, daß Gott auch mit meinen Widerständen, Ängsten, Nöten fertig wird? Warum darf Gott bei seinen Wegen nicht andere Strecken mit mir gehen, als ich mir für mein Leben gedacht habe?

2. Mose 32,1-14

Es ist nicht alles Gold, was glänzt

Begriffe

■ **Aaron**

Bruder des Mose. Ursprünglich als der Beredtere der beiden Brüder dem Mose zur Seite gestellt gegenüber Pharao und dem Volk (vgl. 2. Mose 4,10-16). Doch hat Mose schnell das Reden selbst übernommen. Dann wurde Aaron auserwählt als Priester für die Stiftshütte (den „transportablen“ Tempel der Wüstenzeit): 2. Mose 28.

■ **Gegossenes Kalb**

In Anlehnung an die ägyptischen Stierbilder, die man noch gut in Erinnerung hatte, formte man aus dem gespendeten Gold einen Stier. Mit dem Wort „Kalb“ soll wohl etwas geringschätzig darauf verwiesen werden, daß dieses Stierbild gegenüber seinen ägyptischen Vorbildern doch etwas klein geraten ist. Nicht geklärt ist, ob Gott selbst als Stier dargestellt werden soll oder ob der Stier nur das Postament für den unsichtbaren Gott abgeben soll. Doch so oder so verstößt dies gegossene Kalb gegen den Gott, der in keiner Weise sich sichtbar machen will – außer erst im Neuen Testament in Jesus Christus. Da nimmt er nicht Tier-, sondern Menschengestalt an.

■ **Brandopfer, Dankopfer**

In Israel gab es verschiedene Arten von Opfern, die in 3. Mose 1-5 ausführlich beschrieben sind. Der wesentliche Unterschied zwischen Brandopfer und Dankopfer war der, daß beim Brandopfer das ganze Tier mit all seinen eßbaren Stücken geopfert, d.h. verbrannt wurde auf dem Altar. Beim Dankopfer dagegen stand der größte Teil des Opfers den Opfernden zu fröhlicher Mahlzeit zur Verfügung.

Zusammenhänge

Erst vor gut drei Monaten ist der Auszug aus Ägypten geschehen. Die überragenden Erlebnisse müssen noch frisch in aller Gedächtnis sein. Da bricht im Volk Gottes Panik aus. Mose, ihr Führer, war immer noch nicht zurück von seinem Gang auf den Berg Sinai. 40 Tage und Nächte waren bereits vergangen (2. Mose 24,18). Es ist immer wieder erschreckend, wie schnell sich Gottes Volk (auch heute!) trotz aller guten Erfahrungen in seiner Geschichte aus der Glaubensbahn werfen läßt. Was muß eigentlich alles geschehen, damit der Gläubige nun auch fest wird im Glauben? Es ist offenbar ein weiter Weg. Während also „oben" (auf dem Sinai, vgl. 31,18) Gott und Mensch sich ganz nahe kommen, und der Mensch die Wegweisung für sein Leben in Form der zwei Gesetzestafeln mit den Zehn Geboten empfängt, gehen „unten" am Fuß des Sinai Gott und Mensch weit auseinander, indem der Mensch sich seine eigene Form von Religion zurechtbastelt. Dabei erweist sich Religion immer wieder als eine Mischung von Wahrem und Falschem. Wahr ist die Erinnerung an die große Rettungstat Gottes: „... der uns aus Ägyptenland geführt hat" (V. 1). Falsch ist die Form eines sichtbaren Gottes, die man aus dem Heidentum übernommen hat. Diese Vermischung von Wahrem und Falschem ist das eigentlich Betrügerische, Selbstbetrügerische in dieser Geschichte. Die Halbwahrheiten sind immer wieder das Verführerische – Motto: „Man kann das doch nicht so einfach verurteilen; schließlich ist doch immerhin auch etwas Richtiges dabei ..."

Aussagen

■ 1. Man will nicht gottlos leben (1)

Auch ohne Mose will man nicht gottlos leben. Aber wie lebt man im rechten Glauben, wenn der Mittler zu Gott nicht mehr da ist? Man macht es dann halt ohne den Mittler. Auch heute meinen ja viele, sie brauchten den Mittler Jesus nicht. Wozu Jesus? Hauptsache Gott – so sagen viele. Hauptsache Gott – sagt man auch damals. Und dann macht man sich bis heute seinen Gott nach dem Motto „Man nehme ... ein bißchen eigene Tradition, ein bißchen heidnische Tradition ..." Hauptsache: man glaubt! Wirklich? Ist nicht mehr wichtig, woran man glaubt und ob das wahr ist?

■ 2. Eine „glänzende" Opferbereitschaft (2-6)

Die Opferbereitschaft ist hervorragend, im doppelten Sinn „glänzend". Oh, wenn doch die Christen so opferbereit wären! Manchmal kann man Sektierer oder Heiden oder Abgefallene bewundern in ihrer Opferbereitschaft. Sie meinen es doch ernst! Das ist unbestritten. Aber meine Ernsthaftigkeit und Opferbereitschaft ersetzen nicht Gottes Offenbarung und Gottes Wahrheit.

■ **3. Es ist nicht alles Gold, was glänzt** (7-10)
Gott sieht das glänzende Gold ganz anders. Für ihn ist es Gift. Gift, das die Herzen verdorben hat. Und nun kennt die Gradlinigkeit Gottes nur eins: vertilgen. Gott mag keine halben Sachen. Auch keine halben Menschen. Gerade weil Gott sich ganz dem Menschen zugewandt hat, erwartet er eine ganze Zuwendung des Menschen zu ihm.

■ **4. Der rettende Mittler** (11-14)
Einer wirft sich zwischen Gottes Zorn und die verlorenen Menschen. Dieser eine wird in der Tat zum Mittler. Ihm ist es zu verdanken, daß es noch einmal gut wird. Dieser eine war damals Mose. Er wird damit zum Abbild für den großen Mittler und Retter, der nicht nur in einer Situation, sondern in jeder Situation es nochmal gut macht: Jesus, der von Gott gesandte Mittler. Ohne Jesus wären wir Gottes gerechtem Zorn ausgeliefert – auch mit unseren religiösen Bemühungen. Jesus allein rettet. Nahe und Ferne, Religiöse und Nichtreligiöse, Juden und Heiden.

Fragen

1. Wo vermische ich in meinem Glauben Biblisches und Unbiblisches? Greife ich für meinen Glauben vielleicht auch zurück auf fremde, modernistische, allgemein gültige Inhalte und Formen? Wo übernehmen wir in unserer Kirche und Gemeinde Dinge, die zwar in der Umwelt üblich sind, aber dem Wesen Gottes widersprechen? Was kann man dagegen tun? Kann man überhaupt etwas dagegen tun?

2. Zeigt sich nicht die gleiche Vermischung von Richtigem und Falschem auch in der Festfeier Vers 6, wie es vorher in der Gottesanbetung gewesen war? Was ist an dieser Feier richtig und was verkehrt? Wo ist in unsere Feiern etwas Verkehrtes hineingeraten? Christliche Feste sollten sich von nichtchristlichen Festen sicher nicht durch einen Mangel an Freude „auszeichnen" – aber wodurch dann?

3. Mose bringt in seiner Fürbitte drei verschiedene, zugkräftige Argumente. Welches Argument bringt er in Vers 11? Warum ist das so zugkräftig? Welches Argument wird in Vers 12 genannt? Inwiefern könnte man dies ein „missionarisches" Argument nennen? Und worauf beruft Mose sich mit Vers 13?

4. Spielt in meinem Leben die Fürbitte für Schuldiggewordene eine Rolle? Sollte das nicht meine Aufgabe sein, weil ich ja kein Mose bin? Was könnte der Grund sein, dennoch ein Fürbitter zu sein (werden)?

5. Mose 6,1-9
Gott ernst nehmen

Begriffe

■ Israel

Name, den Jakob nach seinem Kampf am Jabbok erhielt (= Gotteskämpfer; vgl. 1. Mose 32,29). Von daher Name für das Volk, das von Jakob abstammt. Nach der Teilung in zwei Reiche wird Israel auch zum politischen Begriff für das Nordreich. Daneben behält es allerdings seine alte religiöse Bedeutung für das gesamte Volk Gottes. So muß man bei den Propheten vor dem Untergang des Nordreichs (z.B. Jesaja und Micha) bei manchen Stellen fragen, ob sie hier nun das politische Nordreich oder das gesamte Volk in Nord und Süd meinen.

■ Land von Milch und Honig

Diese Bezeichnung für das verheißene Land in Palästina soll zum Ausdruck bringen, daß Israel dort Nahrung im Überfluß zu erwarten hat. Diese Aussage erscheint einerseits im Vergleich zu anderen Ländern und Landstrichen sehr übertrieben. Andererseits muß man diese Aussage im Vergleich sehen zu den Wüstengegenden, aus denen Israel als Nomadenvolk kam.

■ Merkzeichen

Wörtlich: Stirnband. Der Sinn dieses Stirnbandes war es, Israel immer daran zu erinnern, daß es zu Gott gehört und diese Bindung an Gott sein entscheidendes Kennzeichen ist.

■ Höre, Israel

Hebr.: Schema Jisrael ...: Vers 4 und 5 sind bis heute das liturgische Bekenntnis des Judentums, das in keinem Synagogengottesdienst fehlt.

Zusammenhänge

Das 5. Buch Mose nennt man in der Wissenschaft das Deuteronomium (= Wiederholung des Gesetzes), weil hier weithin bereits früher genannte Gesetze wiederholt werden. Am bekanntesten ist die Wiederholung der Zehn Gebote in 5. Mose 5.

Dennoch ist dieses Buch wesentlich mehr als ein „Einpauken“ von „trockenen und strengen“ Gesetzen. Es stellt eine letzte große Rede des Mose dar, bevor er sein Volk verläßt. Er wirbt noch einmal um dieses Volk, das ihm selbst so viel Kummer gemacht hat. Er wirbt um Israel im Namen Gottes. Nicht die Gebote sind darum das erste, sondern Gottes befreiende Tat an seinem Volk. Die Liebe Gottes wird hier gerühmt wie im Neuen Testament (7,7f). Und diese Liebe Gottes ist das Motiv für alle Gebote Gottes und allen Gehorsam des Menschen. Weil Gott sich so ganz und vollständig an Israel gebunden hat, weil er durch alle Untreue Israels hindurch dennoch treu geblieben ist, darum kann und soll auch Israel sich voll und ganz an seinen Gott binden. Israel ist nicht mehr ein Volk wie jedes andere. Seine Zukunft hängt davon ab, wie es die Treue Gottes beantwortet. Darum werden nun auch die Gebote so nachdrücklich betont. Dabei geht es in unserem Text um die Grundgebote Israels: die Alleinverehrung Gottes (V. 4) und die Liebe zu Gott (V. 5). Man kann sich dies gar nicht genug einprägen, denn es geht hier um Leben und Tod (30,15ff).

Aussagen

■ **1.** Toleranz, Toleranz! so lautet ein wichtiges Schlagwort heutzutage. Man muß doch alles gelten lassen – wer wird denn so anmaßend sein, nur für sich Geltung und Wahrheit zu beanspruchen? Wer? Höre, Israel, unser Gott ist so „anmaßend“! Er will ganz allein unser Gott sein. Diese Botschaft war in der antiken Umwelt genau so herausfordernd wie heute. Jede andere Religion ließ nämlich damals mehrere Götter, ja sogar mehrere Religionen nebeneinander gelten. Eine richtig schöne Toleranz. Nur Israels Gott spielte nicht mit. Das war ärgerlich. Auch Jesus spielt diese Art von Toleranz nicht mit: „... niemand kommt zum Vater denn durch mich!“ Toleranz? Entscheidung!

■ **2.** Israels Gott ist nicht nur „anmaßend“, sondern dazu auch noch „anspruchsvoll“: liebhaben von ganzem Herzen, nicht nur ein paar religiöse Pflichtübungen! Nicht nur ein paar fromme Worte oder ein bißchen Humanismus und Mitmenschlichkeit! Das ist billig. Liebhaben von ganzem Herzen. Also totales Christsein. Auch Jesus hat dies Gebot aufgegriffen (Mark. 12,29f). An Petrus hat er diese Frage gestellt (Joh. 21,15ff). Die Gemeinde zu Ephesus spricht Jesus auf dieses Gebot hin an (Offb. 2,4).

■ **3.** Vers 7 wäre gar nicht schlecht als Motto für die gesamte christliche Arbeit. Da werden uns die Perspektiven wieder zurechtgerückt für das, was wichtig, und das, was unwichtig ist.

Fragen

1. Welche Einstellung habe ich zu den Geboten? Auch eine negative? Halte ich sie auch für einengend beschwerlich, hinderlich für eine freie Lebensentfaltung? Merkwürdig – Mose hat eine ganz andere Sicht der Gebote. Er hält sie gerade für förderlich zur freien Lebensentfaltung (V. 3: auf daß dir's wohlgehe ...). Ob meine Sicht der Gebote vielleicht falsch sein könnte? Zumindest sollte ich sie einmal überprüfen!

2. Habe ich eigentlich schon die Tiefendimension der Gebote Gottes gesehen? Sie wollen nämlich nicht nur äußerlich gehalten werden, sondern aus Liebe zu Gott. Übrigens erkennt man daran auch die Liebe Gottes zu uns. Wenn er uns nicht liebhätte, genügte ihm ein äußerlicher Gehorsam. Liebe aber ist auf Gegenliebe aus. Fehlt meinem Halten der Gebote Gottes vielleicht diese Tiefendimension? Ist mein Halten der Gebote Gottes vielleicht nur ein bißchen angelernt, aber nichts Eigenes, Tiefgehendes?

3. Warum wohl diese Aufforderung in Vers 8 und 9? Haben wir solche Merkzeichen nötig? Offenbar ist Gott der Meinung, daß wir recht vergeßlich sind. Jedenfalls vergeßlich in bezug auf Gott. Für Verabredungen, Termine usw. haben viele ein Notizbuch, damit sie ja nichts vergessen. Sollten wir uns nicht auch Gottes Termine gründlicher merken? Auf irgendeine Art und Weise? Welche spielt keine Rolle.

1. Samuel 2,1-10
Ich lobe meinen Gott

Begriffe

■ Heilig

Etwas von den gewöhnlichen Dingen und Menschen Getrenntes. Wenn Gott „heilig" genannt wird, dann ist damit seine Unvergleichlichkeit und Andersartigkeit zu allem Menschlichen betont. Dies gleiche Wort kann auf Menschen übertragen werden (zu Vers 9 vgl. 1. Kor. 1,2). Das bedeutet, daß auch diese Menschen von dem gewöhnlichen Menschsein getrennt und mit dem heiligen Gott verbunden sind. Ihre Lebensrichtung ist nicht mehr das, was „man" üblicherweise tut, sondern das, was der heilige Gott von ihnen will.

■ Gottlose

Bezeichnung für Menschen, die „los von Gott" leben. Dabei können solche Leute durchaus ehrbare Leute sein, die sogar „glauben", daß es einen Gott gibt. Nur ihr praktischer Alltag und ihr Sonntag vollziehen sich ohne Gott. Da Gott sich aber keinem Menschen aufdrängt, sind sie Gott nun los.

■ Richten

Gott überläßt diese Welt nicht ihrem eigenen Lauf, vielmehr
– merkt er (3), was Menschen reden und tun. Gott ist ein stiller und genauer Beobachter aller Menschen (vgl. Ps. 34,16; Spr. 24,12);
– wägt er das Tun der Menschen (3). Gott sammelt also nicht nur Erkenntnisse über uns Menschen, sondern ordnet sie auch, gewichtet sie;
– fällt er ein endgültiges Urteil (9-10). Dieses Gericht verändert die Machtverhältnisse so, daß alle Gottlosen vernichtet werden und nur der Gesalbte Gottes (Jesus!) alle Macht erhält.

Zusammenhänge

Der Christ ist ein Mensch, der immer wieder im Gespräch mit Gott ist; dessen Leben von solchem Gespräch mit Gott sowohl die Ausrichtung als auch die Kraft empfängt. Wie aber kann solches Beten recht geschehen? Gibt es nicht auch ungezählte Heiden, die beten? Wann ist ein Gebet nicht mehr heidnisch, sondern christlich?
Die Bibel gibt uns als Hilfe eine ganze Reihe Gebete (z.B. in den Psal-

men finden wir viele Gebete). Das Schöne ist, daß die Bibel uns nicht nur Gebete gibt, die „immer richtig" sind, sondern uns auch zeigt, wie Menschen in ganz bestimmten Situationen frei gebetet haben. An ihnen kann ich sehen, wie Christen mit Gott im Gespräch sind und wie also auch wir mit Gott umgehen dürfen. Man kann diese Gebete wörtlich nachbeten. Besser aber: Man lernt aus diesen Gebeten, worin rechtes Gebet besteht und drückt es dann in eigenen Worten aus.
Das Gebet der Hanna in unserem Text ist solch ein biblisches „Muster-Gebet". Es ist nicht ihr erstes Gebet. Schon früher hatte sie in ihrer Not sich an Gott gewandt und um seine Hilfe gebetet (1. Sam. 1,10-11). Gott hatte sie erhört. Sie hatte einen Sohn bekommen (1,20). Da erfüllte Hanna auch ihrerseits ihr Gelübde und gab den Sohn ab an den Priester Eli, damit er ganz für den Dienst Gottes zur Verfügung stünde (1,24-28). Ob ihr das nicht schwer fiel? Wieder ist ein Gebet von ihr berichtet (unser Text): Es ist ein einziger Lobpreis Gottes!

Aussagen

Hanna spricht hier aus, was sie an diesem Gott zum Lob bringt:

■ **1. Er ist ein frohmachender Gott** (1)

Von außen betrachtet erscheint Gott manchem wie ein fordernder Gott und Christsein wie ein lebenslanger Verzicht. „In dem Herrn" = von innen betrachtet aber erfährt man große Freude. Man kann im Leben plötzlich den Kopf hochtragen („mein Haupt ist erhöht", nicht die Nase!), weil Gott das Leben heil gemacht hat.

■ **2. Er ist ein einzigartiger Gott** (2f)

Er hält jeden Vergleich aus. Ich brauche mich seiner nicht zu schämen. Wo in der Welt gibt es denn so etwas, daß einer sein Leben am Kreuz für meine Schuld dahin gibt? Wo gibt es das, daß mich jemand bedingungslos liebt? Es gibt zwar manche großspurigen Redner – aber was haben sie denn wirklich als Alternative zu meinem Gott anzubieten? Nichts! Nur ihr eigenes Rühmen und Trotzen. Da kann ich nur sagen: Nein danke! Ich habe viel mehr.

■ **3. Er ist ein mächtiger Gott** (4-8)

Er kann alles verändern. Ich brauche in keiner Lage zu verzweifeln, als ob er sie nicht ändern könne. Wenn er sie nicht ändert, dann ist es nicht sein mangelndes Vermögen, sondern seine bessere Einsicht in das, was mir für mein Leben nutzt.

■ **4. Er ist ein richtender Gott** (9f)
Zugegeben – es gibt viel Unrecht auf Erden. Doch keine Sorge: mein Gott bringt alles ins rechte Lot. Er richtet alles (richten = wieder richtig machen). Und er hat jemanden vorgesehen, der seinen Plan machtvoll durchführen wird: Jesus, der Gesalbte Gottes.

Fragen

1. Wo habe ich beten gelernt? Schule ich mein Beten in Praxis oder in Theorie? Oder bin ich noch auf dem selben „Gebetsstand" wie vor einigen Jahren? Weiß ich, ob mein Beten wirklich christlich ist, oder ob da nicht manch heidnische Praxis mitschwingt?

2. Welche Gebetshilfen kenne ich (sind mir die Gebete im Anhang des Gesangbuches schon einmal aufgefallen)? Habe ich Bücher mit modernen oder alten Gebeten? Vor allem: Nutze ich die Gebete aus der Bibel, um mich daran zu orientieren, oder kenne ich die gar nicht (Abrahams Bitte für Sodom, Salomos Bitte um ein gehorsames Herz, Daniels großes Bußgebet, Jeremias Verzweiflungsgebet, Jesu Gethsemanegebet)?

3. Spielt das Lob Gottes eine Rolle in meinem Gebet? Oder halte ich mich nur mit Bitten auf? Wenn ich ähnlich Hanna ein Lobgebet formulieren würde, was würde ich dann besonders an Gott loben? Was wäre an meinem Lobgebet anders als in Hannas Gebet, weil ich um Jesu Opfertod am Kreuz weiß?

4. Kenne ich Hannas frohmachenden Gott aus meinem eigenen Leben? Was hat mich an Gott frohgemacht? Wenn ich diesen frohmachenden Gott nicht kenne, woran könnte das liegen? Entziehe ich mich ihm? Oder erwarte ich etwas anderes als Gott für mein Leben vorgesehen hat? Habe ich mit anderen Christen schon einmal darüber gesprochen, daß mein Glaube mich nicht froh macht? Oder meine ich, daß Gott ausgerechnet bei mir keine Freude schenken will?

1. Samuel 3,1-10
Gott will wieder mitreden in der Kirche

Begriffe

▪ Samuel

Der Name Samuel bedeutet „Erhört von Gott“. Die Eltern gaben ihm diesen Namen, weil die Mutter lange Jahre unfruchtbar war und in ihrer Traurigkeit immer wieder um ein Kind gebetet hatte. Schließlich sagt ihr der Priester Eli im Namen Gottes die Erfüllung ihrer Bitte zu. Aus Dankbarkeit für das geschenkte Kind stellen sie Samuel später ganz für den Dienst im Tempel frei.

▪ Eli

Name des amtierenden leitenden Priesters in Silo (Stadt auf dem Gebirge Ephraim, ca. 30 km nördlich von Jerusalem, damals Zentrum des israelitischen Gottesdienstes und Kultus). Zugleich war Eli 40 Jahre lang Richter in Israel (es war die Zeit, bevor Könige in Israel herrschten). Weil er dem gottlosen Treiben seiner Söhne keinen Einhalt geboten hat, trifft ihn selbst das Gericht Gottes (3,12f).

▪ Lade Gottes

Die Bundeslade, die Israel auf seiner Wanderung durch die Wüste begleitet hat. Sie war das Zeichen der Gegenwart Gottes bei seinem Volk. Die Lade stand jeweils am zentralen Kultort Israels. Bei der Zerstörung des jerusalemischen Tempels im 6. Jh. v.Chr. ist auch die Lade zerstört worden.

▪ Lampe Gottes

Vor dem Vorhang des Allerheiligsten mit der Lade brannte eine sogenannte „ewige Lampe“, die gespeist wurde vom reinen Öl zerstoßener Oliven.

Zusammenhänge

Der Zerfall des Priestertums zur Zeit Elis ist offensichtlich. Das Priestertum war im alten Israel erblich. So sind die Söhne Elis, Hophni und Pinhas, ebenfalls Priester. Aber sie sind es nur dem Namen und nicht der Sache nach, nur von Berufs wegen und nicht aus Berufung. Trotz ihres Amtes

a) haben sie kein echtes Interesse an Gott und Gottes Willen (2,12);
b) nehmen sie keine Rücksicht auf die Pflichten eines Priesters (2,13ff);
c) gehen sie notfalls gewalttätig vor, um ihren eigenen Willen durchzusetzen (2,16);
d) lassen sie sich auf sexuelle Abenteuer ein (2,22).

Ihr Vater, als der verantwortliche Priester zu Silo, ist bereits zu alt und nachgiebig, um diese Zustände zu ändern. Zu mehr als einer schwachen Rüge reicht es nicht (2,23f).

Die Sache Gottes scheint am Ende. Menschlich gesehen ist auch nichts zu erwarten. Macht die Kirche nun pleite? Nein, denn die Kirche lebt letztlich nicht von Menschen, sondern von ihrem Herrn. Gott selbst greift ein. Er schickt irgendeinen, ungenannten Boten (2,27ff).

Zweierlei kündigt der Bote Gottes an:

a) das Gericht über das bisherige Priestertum (2,30ff);
b) die Berufung eines treuen Priesters (2,35).

Gott ist nicht am Ende, wenn Menschen am Ende sind. Gott beginnt ein Neues. Mit Samuel. Und später dann mit Jesus. Davon leben wir: von den Neuanfängen Gottes mit uns.

Aussagen

■ **1.** Der Tempelbetrieb in Jerusalem läuft – aber „des Herrn Wort war selten". Beschneidungen (Taufen heute), Opfer (Kirchensteuer heute), Gottesdienste, alles das rollt wie eh und je ab – aber „es gab kaum noch Offenbarung" (V. 1). Das ist das Unheimliche, daß der Mensch einen christlichen Betrieb aufrechterhalten kann, auch wenn Christus selbst kaum noch zu Wort kommt.

■ **2.** Gott will mit Samuel reden – aber Samuel merkt es gar nicht. Er ist so sehr mit seinem innerkirchlichen Betrieb beschäftigt, daß er gar nichts anderes denken kann. Er ahnt nicht einmal, daß Gott Wert darauf legt, mit uns persönlich zu reden. Selbst der Chefpriester Eli begreift es erst beim dritten Mal.

■ **3.** Gott gibt nicht auf! Viermal ruft er, bis Samuel endlich hört. So gibt sich Gott unendlich viel Mühe um uns. Wie der Vater des verlorenen Sohnes, der wartet und wartet, bis er endlich seinen Sohn von ferne sieht und ihm entgegeneilt. So ruft er mich immer wieder. Bis ich endlich höre.

■ **4.** Samuel hat nun die richtige Wellenlänge für sein Leben eingestellt. Es ist wie beim Fernsehen oder Radio. Man muß die Wellenlänge genau eingestellt haben, damit man das Programm klar empfängt. „Rede, Herr, dein Knecht hört" – das ist die Einstellung. Nun kann Gottes Programm mit Samuel beginnen. Und es beginnt auch!

Fragen

1. Wie ist es eigentlich mit unseren Kreisen in CVJM, Gemeinschaft und Gemeinde? Läuft da auch immer ein großartiges Programm ab – aber „des Herrn Wort ist selten"? Sport, Feste, Basteln, Quiz, Diskothek – und welchen Stellenwert hat Christus bei uns? Kommt er noch zu Wort? Oder haben nur Menschen das Wort? Was macht die Bibelarbeit bei uns?

2. Samuel kannte sicher die Geschichten von Mose und Josua und den anderen Gottesmännern. Er wußte auch, daß Gott mit denen persönlich geredet hatte. Aber er rechnete nicht damit, daß Gott auch bei ihm Wert legte auf ein ganz persönliches Verhältnis. Weiß ich, daß Gott auch bei mir nicht nur ein paar christliche Formen will, sondern eine ganz persönliche Verbindung? Weiß ich, daß Gott mich so hoch einschätzt, daß er mit mir persönlich reden will? Einem toten Gott genügen tote Formen, unser Gott aber lebt und möchte lebendigen Umgang.

3. Wie sieht das eigentlich aus, wenn Gott mit uns redet? Wie können wir ihn heute hören? In der Bibel! Aber ist die nicht von Menschen geschrieben? Doch. Aber durch dies Menschenwort kann und will der lebendige Gott reden (vgl. 1. Thess. 2,13). Mit dem Gebet „Rede, dein Knecht hört" darf ich die Bibel aufschlagen. Und er wird reden. Mit mir persönlich.

1. Samuel 16,1-13

Ausgerechnet der Jüngste

Begriffe

■ **Verwerfen**

Eine Sache oder Person von ihrem bisherigen Standort oder Wirkungsbereich wegnehmen. Hier: Saul aus dem Königsamt entfernen. So wie Gott Saul eines Tages in das Königsamt berief, so wird er nun wieder abberufen. Allerdings ist ein wesentlicher Unterschied: Die Berufung erfolgte ohne jeden Grund. Die Abberufung hat einen Grund (vgl. 15,23): Saul hat seinerseits eine Abberufung vorgenommen – er hatte gegen Gottes Befehl verstoßen, d.h. Gott sozusagen „abgesetzt“. Nun setzt Gott ihn ab.

■ **Salböl, salben**

In Israel üblich bei besonderen Anlässen, vor allem bei freudigen Ereignissen: Ausgießen (oder Einreiben) von Öl auf den Kopf des zu Salbenden. Das Alte Testament berichtet von Salbungen bei Königen (1. Sam. 10,1; 16,1), Priestern (2. Mose 30,30) und Propheten (1. Kön. 19,16). Da der kommende Erlöser alle drei Funktionen übernehmen wird, wird er im Judentum bis heute „der Gesalbte“ (hebr. Messias!) genannt. Er ist dann der von Gott selbst zum Heilskönig Gesalbte.

■ **Opfer**

Meist eine Tier- (seltener eine Früchte-)Gabe an Gott, immer verbunden mit Anbetung und Anrufung Gottes. Ort des Opfers sind Altar oder Tempel. Die Anlässe für ein Opfer können sehr verschieden sein: Dank und Lobpreis – Bekenntnis von Schuld mit Bitte um Vergebung – Bitte um Hilfe – Einsetzung eines Priesters u.a. Das Dankopfer war immer mit einer Opfermahlzeit verbunden, bei der der größte Teil des Fleisches des Opfertieres von den Teilnehmern der Opferung verzehrt wurde.

Zusammenhänge

Eigentlich hatte Israel sich auch durch die äußere Staatsform von allen heidnischen Staaten unterscheiden sollen. Zweihundert Jahre lang war das auch so gewesen, daß Israel keinen König hatte. Ein jeweils von Gott neu berufener sogenannter „Richter“ brachte Gottes Willen und

Gesetze zur Geltung. Der Richter war ein Mann ohne Hofstaat, ohne Minister, ohne Leibwache, ohne Truppen, ohne Gehalt, ohne Palast. Er war und blieb ein einfacher Bürger – aber hochangesehen und höchste Autorität in ganz Israel. Sein Wort galt unumschränkt, obwohl er keinerlei Machtmittel zur Durchsetzung seines Wortes hatte. Dies Richteramt war auch nicht erblich. Nach seinem Tod berief Gott ganz neu einen Menschen (einmal übrigens auch eine Frau: Debora, Richter 4,4) in dieses weltweit einmalige Amt.
Doch dann war Israel es plötzlich leid, immer so anders als die anderen zu sein. Sie wollten auch einen König „wie ihn alle Völker haben" (1. Samuel 8,5 u. 19-20). Dies ist im Grunde ein Mißtrauen gegen Gottes künftige Führung seines Volkes. Sie wollen durch einen König lieber ihr Geschick selbst in die Hand nehmen. Und dann wird im Losverfahren der König gewählt (1. Sam. 10,17ff). Gott selbst hatte Israels Begehren keinen Stein mehr in den Weg gelegt, obwohl er es nicht gut hieß. Saul wurde der erste König. Zunächst scheint alles gut zu gehen. Doch dann steigt dem Saul der Erfolg zu Kopf. Und so kommt es, daß bei aller äußeren Kirchlichkeit Saul doch tut, was er selbst für richtig hält und nicht mehr nach Gottes Willen fragt. Gott aber will sein Volk nicht ins Unglück laufen lassen. So beruft er einen neuen König: David.

Aussagen

■ **1. Christen sollen nach vorne sehen** (1-3)
Der alte Samuel trauert um den verstoßenen König Saul. Er blickt zurück: Wie hätte es doch schön sein können! Hätte, hätte ... Gott aber blickt nach vorn. Und seine Leute sollen auch nach vorne sehen. Es gibt Positives zu tun! Man braucht nicht vergangenen Möglichkeiten nachzutrauern. Gott hat neue Möglichkeiten. Auch in meiner Stadt! Auch in meiner Gemeinde! Auch in meinem Leben! Samuel hat Einwände. Er rechnet noch zu sehr mit der Macht der Menschen. Doch Gott richtet seinen Blick nach vorn. Auch meinen.

■ **2. Christen sollen nicht auf Äußerlichkeiten sehen** (4-10)
Samuel taxiert die Menschen nach Äußerlichkeiten: Welche menschlichen Begabungen und Stärken bringen sie mit? Aber machen wir es anders? Sehen wir in der Gemeindearbeit nicht auch allzusehr nach Äußerlichkeiten? (Nicht nur) Samuel muß umlernen. Obwohl er schon alt ist, lernt er es. Ob ich es noch lerne? Mancher ist schon in jungen Jahren ungeheuer stark festgelegt. Von Äußerlichkeiten, von Vor-

dergründigem läßt er sich abstoßen oder anziehen. Lernen wir, den Dingen auf den Grund zu gehen, auf das Herz der Menschen zu schauen. Achten wir darauf, ob ihr Herz bei Jesus ist!

■ **3. Christen sollen auf Gottes Stimme hören** (11-13)
Scheinbar gibt es keine Möglichkeit mehr; alle ordentlichen, infragekommenden Söhne waren da. Und nun? Samuel schöpft jede Möglichkeit aus – und horcht dabei auf das, was Gott zu sagen hat. Und wenn Gott redet, dann handelt Samuel. Das ist ein gutes Handeln, das nicht aus der eigenen guten Absicht kommt, sondern aus dem Hören auf Gottes Stimme. Dazu bedarf es eines geschulten und geübten Ohres. Darum sollte ich jeden Morgen mein Ohr im Hören auf Gottes Stimme schulen.

Fragen

1. In manchen Ohren mag Vers 1 etwas herzlos klingen – ist eigentlich an der Trauer des Samuel etwas positiv? Warum ist es trotzdem gut, diese Art der Trauer zu beenden? Gibt es vielleicht auch in meinem Leben Traurigkeiten, die ich besser beenden und abschließen sollte? Manchmal braucht man dazu die Hilfe eines anderen – wen könnte ich um Hilfe bitten?

2. Wieviel sinnlose Rückblicke gibt es doch in der Gemeindearbeit! „Ja, früher, da ...!" heißt es dann oft. Oder: „Wenn doch damals", und: „Hätte nicht ..., dann wäre ..." Wer kennt solche Sprüche nicht? Äußere ich vielleicht manchmal selbst solche Sätze? Ist daran etwas falsch? Gibt es nicht manch andere biblische Geschichten oder Worte, die in die gleiche Richtung gehen (z.B. Luk. 9,62)?

3. Hätten die älteren Brüder Davids nicht neidisch sein können, daß ihr kleiner Bruder vorgezogen wurde (vielleicht waren sie es auch)? Bin ich manchmal neidisch auf andere? Auf deren Gaben und Begabungen? Auf deren Stellung und Ansehen? Auf deren (ungerechtfertigte?) Bevorzugung? Welche Gründe sprechen gegen allen Neid (bei den Brüdern und bei mir)? Wie wird man mit Neid fertig?

4. Die Frage ist nicht, ob ich lern*fähig* bin, sondern ob ich lern*willig* bin. Ob man mit Gottes Hilfe lernen kann, mehr auf die Herzen der Menschen zu achten als auf äußeren Schein?

5. Was macht mein tägliches Hören auf Gottes Stimme in der Bibel? Setze ich mich dem Reden Gottes aus? Darf Gott mein Verhalten korrigieren?

1. Könige 8,1-13
Wo Gottes Herrlichkeit sichtbar wird

Begriffe

▪ König

Ursprünglich hatte das Volk Israel im Gegensatz zu allen anderen Völkern keinen König als Staatsoberhaupt. Denn Gott gab die Gesetze und Ordnungen in Israel (2. Mose 20). Das zeigt sich auch noch in vielen Psalmen (Ps. 47; 93,1; 97,1.8; 99,1f). Gott, der König, gab seine Gesetze durch Propheten und Richter. Dann aber wollten die Israeliten einen König haben „wie ihn alle Heiden haben" (1. Sam. 8,5-9.19-20). Salomo ist der dritte König in Israel nach Saul und David. Mit ihm beginnt bereits der Niedergang der Königszeit Israels, die schließlich in der babylonischen Gefangenschaft endet.

▪ Bundeslade/Lade des Herrn

Ein aus Akazienholz angefertigter und mit reinem Gold überzogener Behälter (2. Mose 25,10ff), in dem die beiden Gesetzestafeln vom Sinai aufbewahrt wurden, die Mose von Gott empfangen hatte. Sie wurde von den Priestern als das Allerheiligste auf dem ganzen langen Wüstenzug getragen, später auch als Wahrzeichen der Gegenwart Gottes mit in die Kriege genommen. Doch bekannte sich Gott nicht immer dazu, weil eine äußere Ehrung der Gesetzestafeln nichts nutzt, wenn nicht der persönliche Gehorsam gegen Gottes Gebote daraus folgt (1. Sam. 4,1-11).

▪ Cherubim

Halb mensch-, halb tiergestaltige Wesen, die die Aufgabe haben, heilige, allein Gott gehörende Bezirke zu bewachen und zu beschützen (vgl. 1. Mose 3,24).

Zusammenhänge

Dieses Kapitel berichtet die Tempeleinweihung durch König Salomo. Schon sein Vater David hatte den Plan gehabt, für Gott ein festes Haus zu bauen (2. Sam. 7,1f). Bis dahin wurde die Bundeslade immer noch in dem provisorischen Zelt aus der Wüstenzeit untergebracht. Nachdem der Prophet Nathan zunächst begeistert war von Davids Plan (2. Sam. 7,3), verwehrte Gott es jedoch (7,4ff). Erst Davids Sohn und Nachfolger sollte nach Gottes Willen ein „Haus Gottes“ (Tempel) bauen (7,12f). Als Platz zum Tempelbau wurde der Berg Morija gewählt (2. Chron. 3,1) – der Berg, auf dem Abraham seinen Sohn Isaak opfern sollte und ihn doch von Gott wiederbekam (1. Mose 22). Diese Stelle war schon David von Gott benannt worden als Opferstätte (2. Sam. 24,18). Heute ist der Tempelplatz 500 x 300 m groß, war ursprünglich jedoch kleiner. Der Tempel selbst war nicht übermäßig groß, er hatte eine Höhe von 15 m, eine Länge von 30 m und eine Breite von 10 m. Das Gebäude war unterteilt in Vorhalle, Heiliges und Allerheiligstes. Im Allerheiligsten wurde die Bundeslade aufbewahrt. Vorgelagert waren vor den Tempel zwei Vorhöfe, jeweils durch Mauern getrennt (1. Kön. 6,36; 7,12). Zum Tempelbau hatte Salomo das kostbarste Baumaterial seiner Zeit beschaffen lassen und die besten Fachleute, auch aus dem Ausland, beauftragt. Der Tempelbau dauerte insgesamt sieben Jahre. Er blieb dann fast 370 Jahre bestehen, bis er im Jahre 587 v.Chr. von den Babyloniern zerstört wurde.

Aussagen

■ **1. Die Ehre Gottes** ist Salomo wichtig. Darum denkt er nicht nur an seine Privat- und Staatsbauten, sondern vor allem an einen Bau für Gott und zur Ehre Gottes. Es soll sichtbar sein, wem Israel sein Dasein verdankt. Auch nach der Zerstörung des Tempels hat Israel Wert darauf gelegt, vor allem den Tempel zur Ehre Gottes wieder aufzubauen (vgl. Haggai). Auch heute ist es nötig, daß Gott nicht nur im privaten Gebet geehrt wird, sondern in aller Öffentlichkeit. Dazu sollen uns keine Zeit und Kraft und Geld zu viel sein!

■ **2. Der Wille Gottes** ist das Zentrum im Tempel. Alles dreht sich um die Bundeslade mit den Geboten Gottes. Man kann Gott nur ehren, wenn man seinen Willen ernst nimmt. Als Paulus Jesus begegnete, da lernte er auch, nach dem Willen Gottes zu fragen (Apg. 22,10). Und Jesus hat seinen Jüngern dies immer wieder eingeschärft: Es werden nicht alle, die zu mir „Herr, Herr“ sagen, ins Himmelreich kommen, sondern die den Willen Gottes tun! (Matth. 7,21, vgl. 7,24-27).

■ **3. Die Herrlichkeit Gottes** wird dort sichtbar (1. Kön. 8,10f), wo Menschen Gott die Ehre geben. Bei Salomo in der sichtbaren Form der Wolke, die an die Begleitung durch die Wolke in der Wüstenzeit erinnern sollte (2. Mose 13,21f). Heute in der Form, daß uns der

Friede Gottes erfüllt und unser Leben verändert, so daß wir nun ohne Angst (Röm. 8,15) leben und Gott gerne dienen (1. Kor. 15,10). An uns kann und soll die Welt die Herrlichkeit Gottes ablesen, die allen Menschen in Jesus geschenkt ist (2. Kor. 4,6).

Fragen

1. Einige Fragen zum besseren Verständnis des Textes:
– Wo liegt der Zion (V. 1)? Ein (Bibel-)Lexikon oder ein Stadtplan von Jerusalem (in den meisten Bibeln im Kartenteil vorhanden) hilft zur Beantwortung der Frage. Wie lang ist der Weg bis zum Tempel?
– Welche Geräte (V. 4) gehörten zum Tempel und wurden dann dort aufgestellt (vergleiche 1. Kön. 7,48ff)?
– Was bedeutet die Aussage am Ende von Vers 8: „Dort sind sie bis zum heutigen Tag"? Wann ist dieser Teil der Bibel also spätestens geschrieben worden?
– Ist Vers 13 so zu verstehen, daß Gott im Tempel wohnt wie wir in unseren Wohnungen und Häusern? Was könnte sonst gemeint sein? (Vergleiche dazu 1. Kön. 8,27-30).

2. Trage ich mit meinem Leben zur sichtbaren und öffentlichen Ehrung Gottes bei? Alleine mag das vielleicht etwas viel verlangt sein. Also: Welche Leute mobilisiere ich, um gemeinschaftlich zur Ehre Gottes in aller Öffentlichkeit beizutragen? Wie könnte das ganz praktisch aussehen?

3. Spielt der Wille Gottes in meinem Leben eine Rolle? Welche? Wird er nur feierlich mit großen Worten betont oder auch im Alltag in den vielen kleinen Dingen praktiziert? Zum Beispiel im Verhalten gegenüber der Familie oder am Arbeitsplatz. Oder im Bekennen zu Jesus? Was kann ich tun, um dem Willen Gottes in meinem Leben (noch) gerechter zu werden? Wo ist mir Gottes Wille unklar? Wen kann ich um Rat fragen? Oder scheue ich mich manchmal vor der Klarheit, weil dann Gehorsam gefordert ist?

2. Könige 22,1-13
Ein frommer König

Begriffe

▪ Josia
König über Juda, das Südreich von Gesamtisrael, von 640 bis 609 v.Chr. Sein Name lautet übersetzt: Der Herr hilft. Josia war einer der wenigen wirklich frommen Könige Israels und Judas.

▪ Schreiber
Hier der persönliche Sekretär des Königs.

▪ Haus des Herrn
Bezeichnung für den Tempel zu Jerusalem. Schon unter David geplant (2. Sam. 7) fand er seine Verwirklichung erst unter Davids Sohn Salomo (1. Kön. 5-8). Plünderungen, Entweihungen durch Götzendienst und Renovierungen kennzeichnen die wechselvolle Geschichte des Tempels. Im Jahre 586 v.Chr. völlig zerstört, wurde er nach der babylonischen Gefangenschaft größer und schöner wieder aufgebaut. Haus des Herrn bedeutet nicht, daß der Tempel als Wohnung Gottes verstanden wurde (1. Kön. 8,27). Vielmehr ist es das Haus, das in besonderer Weise Gott geweiht sein soll und wo sich das Volk Gottes zum Lob Gottes versammelt.

▪ Gesetzbuch
In der theologischen Forschung wird allgemein vermutet, daß mit dieser Bezeichnung das 5. Buch Mose gemeint ist.

▪ Kleider zerreißen
Eine Sitte im Orient, die sowohl Trauer als auch Entsetzen und Abscheu, als auch Buße zum Ausdruck bringen konnte.

Zusammenhänge

Josia wird König in einer Zeit vielfacher politischer Wirren. Außenpolitisch ist Israel völlig unfrei. Schon Josias Großvater Manasse hatte dem mächtigen Assyrien Tribut gezollt. Mit zunehmender Regierungszeit Josias nimmt Assyriens Macht ab, und es ergeben sich neue außenpolitische Möglichkeiten.
Viel schwieriger ist die innenpolitische Lage. Manasse hatte um der

Assyrer willen alle heidnischen Religionen und religiösen Bräuche nach Israel hineingelassen. Ja, er hatte offenbar durch solche Aktivitäten versucht, sich bei den Heiden Liebkind zu machen und so etwas mehr außenpolitischen Spielraum zu bekommen. Das aber brachte natürlich im Innern die Frommen auf den Plan (1. Kön. 21,10ff). Im Namen des lebendigen Gottes können sie einem solchen Staat der Gottlosigkeit keine Zukunftshoffnungen mehr machen. Die Vernichtung auch des Südreiches (das Nordreich war bereits vernichtet) wird angekündigt.
Die innenpolitischen Wirren steigern sich nach dem Tod Manasses. Kaum zwei Jahre ist sein Sohn Amon König, da fällt er einer Verschwörung zum Opfer. Die Verschwörer ihrerseits aber haben genau so wenig politisches Glück. Eine Erhebung ländlicher, frommer Kreise bereitet auch ihnen ein schnelles Ende. So kommt Josia, der Sohn Amons, mit 8 Jahren an die Regierung, gefördert und erzogen von den Frommen im Lande. Wie 2. Chronik 34,3 zeigt, wirkt sich dieser Einfluß auf den jungen König sehr positiv aus: mit 16 Jahren bekehrt er sich bewußt.

Aussagen

■ **1.** Es hat manche frommen Könige in Juda gegeben, von denen die Bibel sagt „er tat, was dem Herrn wohlgefiel". Bei den meisten von ihnen setzt die Bibel allerdings sogleich einen schwachen Punkt hinzu „nur daß er ..." (z.B. 2. Kön. 12,4; 15,4). Zwei Ausnahmen gibt es: Hiskia und Josia. Bei diesen beiden heißt es „und wandelte *ganz* in dem Wege ..." (V. 2). Solche Leute sucht Jesus auch, die aussteigen aus einem Christsein zu 50 oder 80 oder 90 Prozent, die vielmehr ganze Sache machen. Die Sache Jesu treiben auf dieser Erde nur die voran, die ganz bei Jesus einsteigen.

■ **2.** Josia kümmert sich als Politiker höchstpersönlich um die Renovierung des Gotteshauses. Er legt Wert auf den Gottesdienst und nicht nur auf eine private Frömmigkeit. Daß nicht nur das Gottesdienstgebäude, sondern auch der Gottesdienst selbst sehr am Boden lag, wird aus Kapitel 23 noch viel deutlicher. Josia aber sorgt wieder für das öffentliche und gemeinsame Lob Gottes.

■ **3.** Als bei der Renovierung des Tempels verloren gegangene Teile der Bibel (so weit war es gekommen!!) wieder entdeckt werden und Josia den Inhalt dieses ihm bisher unbekannten Teils der Bibel hört, ist er sehr erschrocken. Erschrocken, weil er bisher trotz aller Frömmigkeit einen Teil des Willen Gottes nicht getan hat. Josia rechnet noch mit dem Ernst des Gerichtes Gottes. Josia kann und will sich nicht einfach mit Unwissenheit vor Gott entschuldigen. Er fragt Gott, ob es einen Ausweg gibt.

Fragen

1. Vergleiche zu unserem Text die Parallele in 2. Chronik 34,1-21! Welche näheren Angaben über die geistliche Entwicklung Josias finden sich dort? In welchem Alter gab es dort Wendepunkte? Welche Aufgaben wurden in welchem Alter in Angriff genommen? Kann ich auch in meinem Leben von bestimmten, einschneidenden Zeiten berichten, zu denen ich ganz bestimmte Dinge im Reich Gottes begonnen habe, an denen mir ganz bestimmte Dinge im Blick auf das Reich Gottes wichtig geworden sind?

2. Josia gibt für die Renovierung des Tempels eine ganz ungewöhnliche Verfügung für die Abrechnung (V. 7). Aus welchem Grund? Was beabsichtigt er damit? Sollte man dies Verfahren auch heute in der Gemeindearbeit üben? Was spricht dafür, was dagegen?

3. Zum Thema Gottesdienst: Was tue ich zur Verbesserung des Gottesdienstes? Liegt er bei uns heute nicht auch sehr am Boden? Woran liegt das? Was können einzelne oder ganze Gemeindegruppen praktisch zur Erneuerung des Gottesdienstes tun? Ist der Gottesdienst überhaupt so wichtig? Aus welchem Grund?

4. Bei uns ist äußerlich sicher kein Stück der Bibel verlorengegangen. Wie ist es aber mit unserer Kenntnis der Bibel? Und wie erst mit dem Tun? Lesen wir doch mal nur Matthäus 5. Ist das nicht auch ein Stück verlorengegangener Bibel bei mir?

2. Könige 23,4-8.21-25
Die erste Tempelreinigung

Begriffe

■ Baal

Wörtlich „Besitzer, Herr". Name des kanaanäischen Fruchtbarkeitsgottes. Als „Besitzer" von Wald, Berg, Acker, Quellen, Tieren usw. wurde er verehrt und angebetet, damit er von seiner Fruchtbarkeit den Menschen abgäbe.

■ Aschera

Frau des höchsten Gottes El, Mutter von Baal. Ihr Name wird auch in manchen außerbiblischen Texten erwähnt. Sie genoß neben Baal hohe Verehrung bei den Kanaanäern. Vor allem seit Ahab und Isebel (um 840 v.Chr.) wurden auch ihr in Israel Altäre und Opfer gewidmet. Dies trug wesentlich zur Entstehung des Prophetentums bei, das diese Verehrung aufs schärfste als Abfall von Israels Gott Jahwe brandmarkte.

■ Priester

Bezeichnung für diejenigen, die in den antiken Religionen ihren jeweiligen Gottheiten die Opfer darbrachten (Tier- und Speiseopfer). In Israel war das Priestertum beschränkt auf die Nachkommen Aarons, des Bruders Moses'. In der neutestamentlichen Gemeinde gibt es kein Priestertum mehr, nachdem Jesus sich selbst geopfert hat. Jeder Gläubige ist nun berufen zum Priester (vgl. 1. Petr. 2,9). Das Opfer, das wir zu bringen haben, ist die Verkündigung des Opfers Christi an unser Statt am Kreuz.

■ Passa

Jüdisches Fest zur Erinnerung an die Befreiung Israels aus Ägypten. Noch heute werden die Sitten und Gebräuche gehalten wie in 2. Mose 12 beschrieben. Jesus hat die Passafeier am Gründonnerstag „umfunktioniert" zur Abendmahlsfeier (vgl. Luk. 22,1-23).

Zusammenhänge

Mit der sogenannten salomonischen Aufklärung (um 950 v.Chr.) war zunehmend heidnisches Gedankengut in Israel eingeflossen – wie übrigens ähnlich mit der europäischen Aufklärungszeit um 1750 n.Chr.!

Dies führte dazu, daß auch heidnische Religionen nach Israel kamen, ja daß viele Israeliten in ihrem Glauben wankelmütig und gleichgültig wurden. Die Gebote Gottes gerieten im Laufe der Jahrhunderte immer mehr in Vergessenheit. Trotz aller prophetischen Mahnungen verweltlichte die israelitische Kirche. Man dachte pluralistisch (= alle Religionen sind letztlich gleichwertig; jeder kann schließlich auf seine eigene Weise selig werden).
Bekehrungsrufe der Propheten schlug man in den Wind. So ging es schließlich auch politisch und gesellschaftlich bergab. Da bestieg mit Josia im Jahre 639 v.Chr. ein erst 8jähriger Knabe den Königsthron in Jerusalem. In seinem 16. Lebensjahr kommt es zur entscheidenden Wende in seinem Leben. Er wird von Herzen fromm. Er hatte begriffen, daß alles, was ein Mensch ohne Gott im Leben versucht, letzten Endes zum Scheitern verurteilt ist. Mit 20 hat das erste Auswirkungen auf seine Regierungstätigkeit (2. Chron. 34,3). Mit 26 Jahren kommt es zur Wiederherstellung des Tempels und Wiederbelebung des Gottesdienstes (wer ging denn da noch hin?). Das Hören auf Gottes Wort ist A und O für ein Volk, wenn es bestehen will. Dabei entdeckt man längst vergessene Teile der Bibel (vgl. 2. Kön. 22). So geht die Erneuerung vom Gottesdienst aus hinein in den gesamten Alltag Israels. Glaubenserneuerung ist immer auch Lebenserneuerung.

Aussagen

■ **1. Was gehört nicht in die Kirche?** (V. 4.6)
Eine angeblich so tolerante und menschenfreundliche Kirche hat viel Heidnisches in sich aufgenommen. Das muß wieder raus! Wo es um die Wahrheit Gottes geht, darf man nicht von Toleranz reden („Was tun denn die Baalsfiguren im Tempel Böses?"). Solche Rede wäre Mißachtung des wahren Gottes!

■ **2. Sind Berufsverbote nötig?** (V. 5)
Der junge König entläßt die Götzenpriester, die noch seine Vorgänger angestellt hatten (die waren doch so tolerant!). Darf Josia Menschen arbeits- und brotlos machen? Um der Ehre Gottes willen darf es im Volk Gottes nicht jeden Beruf geben! Um der Ehre Gottes willen dürfen Ungläubige nicht in Diensten der Kirche stehen, muß ein ungläubiger Pastor entlassen werden.

■ **3. Dürfen heidnische Gottesdienste bleiben?** (V. 7.8)
Auch außerhalb Jerusalems und des Tempels läßt Josia keinen Platz für heidnische Feiern und Opfer. Er will keine Zweiteilung: hier ein from-

mer Bereich, dort ein heidnischer Bereich – und alles im selben Volk. „Sei ganz sein oder laß es ganz sein" hat mal ein alter Christ einem jungen Bruder gesagt.

■ **4. Wie feiert man Gottes Feste richtig?** (V. 21.22)
Man hat damals Passa gefeiert – aber wie? Man feiert heute Weihnachten und Ostern und Pfingsten – aber wie? Feiert wieder nach biblischen Maßstäben! Nehmt euch Zeit zum rechten Lob Gottes!

■ **5. Erst 26 Jahre alt!** (V. 23)
Alter spielt keine Rolle. Niemand ist zu jung, um Gott mit allem Ernst und allem Einsatz zu dienen.

Fragen

1. Ist das nicht viel zu radikal, wie Josia hier vorgeht? Kann man einfach Menschen entlassen, heidnische Kultstätten zerstören, Symbole aus den Kirchen entfernen (die doch manchem heilig sind)? Oder sind wir vielleicht viel zu wenig radikal? Verleugnen wir vielleicht mit unserer Lauheit und Halbheit Gottes Wollen und Wirken unter uns? Ist Toleranz vielleicht nur ein schöner Deckmantel für geistliche Faulheit und Verweltlichung?

2. Wo ist bei uns heute heidnisches Denken und heidnisches Handeln in unsere Gemeinden und in die evangelische Jugendarbeit eingedrungen? Vielleicht in unser sexuelles Verhalten („wir leben doch schließlich im 20. Jahrhundert"; „so eng kann man das doch heute nicht mehr sehen"; „was ist denn schon dabei?")? Vielleicht in unser Karrieredenken (erst kommt der Beruf, dann – wenn ich Zeit habe – die Gemeinde)? Vielleicht in unser Gelddenken (wieviel opfere ich von meinem Geld für die Armen der Welt?)? Vielleicht in unsere Theologie (Jesus war doch auch nur ein Mensch)? Vielleicht in unser Missionsdenken (Wozu Mission? Laß sie doch auf ihre Weise glücklich werden)?

3. Für Josia war das Passafest, das Fest der Befreiung so wichtig – welche Bedeutung hat für mich das Abendmahl (= neutestamentliches Passafest)? Ist für mich die Befreiungstat Gottes am Kreuz Jesu die Mitte meines Lebens?

Nehemia 1
Betroffen von der Not der Mitchristen

Begriffe

▪ **Zwanzigstes Jahr**
Gemeint ist das 20. Jahr des Königs Artahsasta (griechisch: Artaxerxes), also das Jahr 445 v.Chr. (vgl. 2,1).

▪ **Susa**
Winterresidenz der persischen Könige, etwa 250 km nördlich vom Nordende des Persischen Golfs gelegen. Der in 1,1 genannte Monat Kislew ist auch ein Wintermonat (etwa November/Dezember). In Susa spielt sich auch die Esther-Geschichte ab (Est. 1,2).

▪ **Entronnene**
Bezeichnung für die Rückkehrer aus der babylonischen Gefangenschaft nach 538 v.Chr. Noch fast 100 Jahre später also sprach man von diesen Rückkehrern als den Entronnenen. So sehr hatte Israel dies Ereignis geprägt. Dabei hatte es nicht wenige Juden gegeben, die trotz des Befreiungserlasses nicht nach Jerusalem „entronnen" waren, sondern freiwillig in Babylon bzw. nunmehr dem persischen Reich geblieben waren. Einige von ihnen hatten es dabei zu hohen politischen Positionen gebracht, wie man an Nehemia sieht.

▪ **Mundschenk**
Hoher Hofbeamter am Königshof mit der Aufgabe, für die Versorgung der Hoftafel mit Getränken zu sorgen. Da es in der Antike viele Giftmordversuche gab, bedeutete diese Position eine ausgesprochene Vertrauensstellung. Manche Könige ließen aus Vorsicht auch bei jedem neuen Pokal zuerst den Mundschenk daraus trinken, sozusagen als Sicherheitsmaßnahme gegen etwaige Mordversuche.

Zusammenhänge

Das Buch Nehemia ist nicht das Buch eines Propheten, sondern das Buch eines Politikers, der seine eigene politische Geschichte erzählt. Allerdings erzählt er sie nur in den Teilen, die den Wiederaufbau Jerusalems und seinen Anteil daran betreffen. So ist dies Buch auch in weiten

Teilen im Ich-Stil geschrieben (Kap. 1-7.13). Eine Besonderheit dieses Buches ist es, daß sein Verfasser Nehemia es offenbar Gott selbst zugedacht hat – so muß man jedenfalls aus verschiedenen Bittgebeten schließen (5,19; 13,14.22.31b). Diese Bittgebete haben den Charakter einer Weihung dieses Buches an Gott.
Nehemia gehört zu den Juden, deren Vorfahren nach Beendigung der babylonischen Gefangenschaft im Jahre 538 v.Chr. durch den Perserkönig Kyrus nicht wieder in ihre Heimat zurückgekehrt waren. Nehemia selbst hatte es in seiner politischen Laufbahn im Perserreich weit gebracht, bis zum Mundschenk. Erst eine jüdische Delegation im Winter 445 v.Chr., die an den Königshof der Winterresidenz in Susa kam (2),, brachte die Wende im Leben des Politikers Nehemia. Auch wenn er sicher im allgemeinen Sinn gläubig war und die Religion seiner Vorfahren beibehalten hatte, so kommt es doch durch das Hören dessen, was sich in Jerusalem zutrug, zu einem neuen, tiefen Gebetsleben und schließlich zu dem Entschluß, seine politische Karriere am persischen Königshof aufzugeben, um seine politischen Möglichkeiten in den Dienst des Wiederaufbau Jerusalems zu stellen. Zwar war der Tempel bereits 516 v.Chr. wieder errichtet worden, doch die Stadtmauern lagen immer noch zerstört am Boden.

Aussagen

■ 1. Eine geistliche Traurigkeit (2-4)

Der Bericht, den Nehemia aus der Heimat seiner Vorfahren, aus Jerusalem hört, erschüttert ihn. Es berührt ihn zutiefst, daß das Volk Gottes so darniederliegt. Es ist schon eine vom Geist Gottes gewirkte Sache, wenn uns die Not der Kirche nicht mehr kalt läßt und wenn wir nicht mehr einfach zur Tagesordnung übergehen können, wenn es mit der Kirche Jesu in unserem Land immer mehr bergab geht. Und es ist eine geistliche Traurigkeit, wenn uns diese Erschütterung dann in das intensive Gebet treibt.

■ 2. Ein gutes Gebet (5-10)

Es gibt viele Gebete, die nicht gut sind. Da sieht man nur die äußere Not. Da dreht sich alles um das eigene Ich. Dieses Gebet ist gut. Aus zwei Gründen:
– es nennt die eigene Schuld des Volkes beim Namen. Und Nehemia stellt sich mit unter diese Schuld (7: Wir ...). Wie Jesus beim Gichtbrüchigen erst die Sünde vergab (Mark. 2,1ff) und dann die äußere Not heilte, so muß auch hier erst die Schuld bereinigt werden.

– es beruft sich auf Gottes eigene Worte, mit denen er eine Umkehr erlaubt und zu honorieren versprochen hat (8.9). Ein rechtes Gebet orientiert sich immer an dem, was Gott zugesagt hat, nimmt Gott beim Wort.

■ **3. Ein klarer Entschluß** (11b)
Ein rechtes Gebet hat nicht zur Folge, daß der Mensch sich nun faul und beruhigt zurücklehnt. Nehemia ist bereit, etwas zu wagen und zu riskieren für sein Volk. Was, wird noch nicht verraten, ist Nehemia vielleicht in diesem Moment selbst noch nicht klar. Deutlich aber ist, daß er seinen Einfluß bei dem König („vor diesem Mann“) für sein Volk nutzen will.

Fragen

1. Interessiert mich, wie es den Christen in anderen Ländern geht, oder reicht es mir, wenn es bei mir einigermaßen gut geht? Kümmert mich das Geschehen auf dem Missionsfeld? Nutze ich die Gelegenheit, wenn asiatische oder afrikanische Christen in unser Land kommen, mit ihnen über ihre Heimatkirche zu reden?

2. Treibt mich die Not auf den Missionsfeldern auch ins Gebet? Wie intensiv ist dies Gebet? Wie intensiv war Nehemias Gebet (vgl. V. 4)? Was verband Nehemia eigentlich mit den Jerusalemern so sehr? Was verbindet mich mit Christen in der sogenannten Dritten Welt?

3. Ist die Schuld meiner Vorfahren und meines Volkes eigentlich auch meine Schuld? Muß ich mich unter das stellen, was doch lange Zeit zurückliegt und vor meiner Lebenszeit stattfand? Was bewegt Nehemia, als „Unbeteiligter“ in der Wir-Form die Sünde zu bekennen?

4. Wird mein Gebet nur von meinem eigenen Denken und Wünschen geleitet? Oder gehe ich aus von den Zusagen Gottes, die er gegeben hat und bei denen ich ihn „festnageln“ darf im Gebet? Darf man als Mensch überhaupt Gott so beim Wort nehmen? Ist das nicht ein bißchen unverschämt?

5. Was kann ich tun zur Abhilfe von kirchlichen Notständen? Habe ich nicht auch einen kleinen, wenn auch nur geringen, Einflußbereich, in dem ich meinen Mund auftun könnte? Wo habe ich ihn (Familie? Firma? Nachbarschaft? Bekanntenkreis?)? Will ich mich engagieren?

Nehemia 3,33-4,17
Bauen mit Vertrauen

Begriffe

■ Sanballat; Tobija

Führende Leute der umliegenden Völker und Kleinstaaten, die alle eifersüchtig darauf achteten, daß Jerusalem nicht zu mächtig wurde. Sanballat war verantwortlich in Samarien, Tobija bei den Ammonitern (einem Volk im Gebiet des heutigen Jordanien mit seiner Hauptstadt Amman).

■ Verbrannte Steine

Trümmersteine, noch von der Zerstörung Jerusalems aus dem Jahre 587 v.Chr. herrührend, also ca. 140 Jahre alt. Trümmersteine haben weder den gleichen Wert noch die gleiche Haltbarkeit wie neue Steine. Daher der Spott, daß schon ein Fuchs beim Überklettern der Mauer diese einreiße (3,35).

■ Mauerbau

In der Antike und bis hinein ins Mittelalter ist die Mauer das Kennzeichen einer Stadt. Die Mauer ist dabei nicht als Stadtgrenze gedacht, sondern als Stadtsicherheit. Dementsprechend waren die Mauern an ihren Fundamenten oftmals bis zu 10 Meter stark und hatten vielfach auch eine entsprechende Höhe. Die spätere, herodianische Jerusalem-Mauer war im Tempelbereich sogar an einer Stelle ca. 40 Meter hoch! Die übliche Stärke einer Mauer betrug ca. 2 Meter. Reste der Nehemia-Mauer sind dank der archäologischen Ausgrabungen in Jerusalem noch heute zu sehen (natürlich nur in ihren Fundamenten).

■ Posaune

Ein gebogenes Rinder- oder Widderhorn, auf dem man im allgemeinen nur einen einzigen Ton blasen konnte. Es wird als Signalinstrument benutzt, sowohl im Krieg und auf der Wache als auch bei Festlichkeiten (Thronbesteigung des Königs).

Zusammenhänge

Jerusalem war auch 140 Jahre nach seiner Zerstörung (587 v.Chr.) noch ohne Mauer und damit keine Stadt im antiken Sinn. Sie war wehrlos

allen Feinden ausgeliefert und bot auch den umwohnenden Juden keinen Schutz im Kriegsfall. Der jüdische Politiker am persischen Königshof namens Nehemia erfährt davon und ist über die Not seiner Brüder und Schwestern zutiefst betroffen. So gibt er seine politische Karriere am persischen Königshof auf und läßt sich in die Provinz versetzen. Er nutzt alle seine Möglichkeiten, um die Mauer Jerusalems wieder aufzubauen. Als erstes läßt er sich vom Perserkönig Baumaterial schenken (2,8), dann gewinnt er die Jerusalemer Ratsherren für seinen Plan (2,17.18). Schließlich entwickelt er einen sorgfältigen Bauplan, der alle an einer konkreten Stelle beteiligt (3,1ff).
Was sich zunächst wie eine bloße Mauerbau-Geschichte liest, ist bei näherer Betrachtung ein Gleichnis für den Gemeindebau. Und in der Tat geht es dem Politiker Nehemia ja nicht um eine politische Aufgabe, sondern um eine geistliche. Der Mauerbau war für ihn nur ein Mittel zum Zweck des Gemeindeaufbaus. Die Gemeinde Gottes in Jerusalem sollte sich wieder entfalten können, sie sollte wieder ein Licht in dieser Welt sein, sie sollte wieder die Ehre Gottes darstellen und ihr Glanz geben. Das ist doch auch unsere Aufgabe heute, der Gemeinde Jesu Raum und Entfaltung zu verschaffen zur Ehre Gottes. Und dazu gibt uns das Beispiel Nehemias wertvolle, geistliche Hilfen.

Aussagen

■ **1. Die Welt lacht über uns** (3,33-38)
Zuerst lachen sie nur über Nehemias Bemühungen. Was Christen klein anfangen, scheint oft so lächerlich. Es sieht auch nicht so aus, als ob es jemals Erfolg haben könnte. Doch Christen wissen: „Der im Himmel wohnt, lachet ihrer“ (Ps. 2,4), und: „Wer zuletzt lacht, lacht am besten.“

■ **2. Die Welt ist auf Zerstörung aus** (4,1-5)
Wenn die Welt sieht, daß Christen Unmögliches möglich machen, dann will sie zerstören. Manche erweckliche Gemeinde hat man erst verlacht, aber hinterher, als sie Erfolg hatte, versucht zu zerstören. Der Teufel mag es nicht, wenn Gottes Reich gebaut wird. Und seine irdischen Handlanger mögen es auch nicht. Christen sollten gewappnet sein. Ruhige, passive Christen sind wohl gelitten, missionarische, aktive aber nicht – so hatte es schon Jesus seinen Jüngern auf den Weg mitgegeben (Matth. 10,17-25).

■ **3. Christen bleiben nüchtern** (4,6-17)
Während das Volk ängstlich wird und die Brocken hinschmeißen

möchte (4), bleibt Nehemia ganz ruhig. Erst wird allen Menschen in geistlicher Weise Mut gemacht (8), dann wird sorgfältig strategisch gehandelt und der bisherige Bauplan umgestellt (10), selbst beim Bauen für Bewaffnung gesorgt (11), die „Warnanlagen" verbessert (14), auf Heimtransporte verzichtet (16), das Schlafen auf ein Minimum eingeschränkt (17). Der Verstand ist eine Gabe Gottes und also auch ganz für Gott und den Bau seiner Gemeinde zu nutzen. „Wir nehmen gefangen alles Denken in den Gehorsam gegen Christus", sagt Paulus 2. Kor. 10,5.

■ 4. Der rote Faden allen Bauens

Entscheidend ist nicht, was wir tun, sondern wem wir vertrauen: unseren guten Ideen oder dem lebendigen Gott und seinen Verheißungen. Viermal wird der rote Faden des Nehemia sichtbar: 3,36.37; 4,3; 4,8; 4,14. Das Reden mit Gott, das Vertrauen zu Gott. Dies Vertrauen bannt alle Angst und befreit zu nüchternem Handeln.

Fragen

1. Warum fällt es mir so schwer, mich um meines Christseins willen verspotten zu lassen? Warum kneife ich mit meinem Bekennen an Orten, wo ich Spott vermute? Wovon bin ich abhängig? Fürchte ich vielleicht, daß die Spötter am Ende recht behalten könnten, daß ich mit meiner Mühe für Jesus doch scheitern könnte und dann blamiert dastehe?

2. Wo bekomme ich Widerstand um meines Christseins willen und wo um meiner menschlichen Unzulänglichkeiten willen? Ist nicht mancher Widerspruch auch berechtigt – nicht bei Nehemia, aber bei mir?

3. Viele Jahrzehnte lang waren die Jerusalemer zu schwach im Glauben (oder auch nur zu faul), um an den Mauerbau zu gehen – wo sind wir heute zu schwach, etwas zum Bau der Gemeinde Jesu zu wagen? Wo warten wir darauf, daß einer von außen kommt und die Sache in die Hand nimmt? Warum tun wir nicht selbst etwas? Was könnte ich z.B. in meiner Kirche, Gemeinde, Gruppe beginnen? Was bekümmert mich, weil es keiner in Angriff nimmt, und warum nehme ich es dann nicht in Angriff?

4. Ist mein Alltagsleben auch so von Gebet durchzogen wie bei Nehemia? Bringe ich so selbstverständlich wie Nehemia bei den alltäglichsten Dingen das Vertrauen auf Jesus ins Spiel? Mache ich anderen Mut, indem ich sie auf die Kraft Jesu verweise?

Nehemia 8,1-12
Ein überraschendes Gemeindefest

Begriffe

■ **Wassertor**
Jerusalem hatte zu allen Zeiten mehrere Stadttore, die alle einen eigenen Namen trugen. Wieviele Tore es zur Zeit Nehemias waren, wissen wir nicht. Das Wassertor jedenfalls führte vom Kidrontal aus auf den Platz zwischen der alten Davidsstadt und dem Tempelgelände. Durch dieses Tor ging man zur Gihonquelle zum Wasserholen.

■ **Esra**
Kein Schriftgelehrter im Sinne des Neuen Testamentes, sondern eher ein Sekretär am persischen Königshof (vgl. Esra 7,1-6), dem die Aufgabe des Gesetzesstudiums, auch des jüdischen, oblag und der zuständig war für religiöse Angelegenheiten der Juden. Er handelte in Jerusalem im Auftrag des Perserkönigs (Esra 7,11ff). Esra ist rund 13 Jahre vor Nehemia nach Jerusalem gekommen (Esra 7,8 = 458 v.Chr.).

■ **Gesetzbuch**
Wir wissen heute nicht mehr, um welchen Teil der Bibel es sich hierbei handelt. Es müssen aber umfangreiche Gesetzestexte aus den fünf Büchern Mose gewesen sein, wie die lange Lesedauer zeigt.

■ **Leviten**
Die Nachkommen von Levi, einem der zwölf Söhne Jakobs. Dieser Stamm Levi bekam bei der Landnahme keinen eigenen Landbesitz, sondern wurde auserwählt zum Tempeldienst. Aus diesen Leviten wurden Aaron (der Bruder des Mose) und seine Nachkommen zu Priestern erwählt, aus denen auch später der jeweilige Hohepriester stammte, während die übrigen Leviten den Priestern untergeordnet waren. Der Ausdruck Levit bezeichnet seitdem immer diese untergeordnete Gruppe, die nur zu Hilfsdiensten herangezogen wurde.

Zusammenhänge

Ein Fest ist angesagt. Der Mauerbau wurde sechs Tage vorher beendet (6,15: Elul ist der sechste Monat). Jetzt wird gefeiert. Wie feiert das Volk Gottes? Es ist schon überraschend, dies mitzuerleben. Das Fest

hat zwei Teile. Der Vormittag gehört ganz einem intensiven Bibelstudium (8,3: vom lichten Morgen bis zum Mittag). Während Esra den jeweiligen Abschnitt vorlas von einer eigens dafür errichteten „Feldkanzel“ (3.4), legten die Leviten offenbar gruppenweise diesen Abschnitt dann aus (7.8). Man kann sich das Ganze vorstellen wie eine Art Sonntagsschulsystem (Kindergottesdienst-Gruppen). Der Nachmittag diente dann dem Festessen. Wobei wiederum überraschend ist, daß nicht nur die Gekommenen an diesem Festessen Anteil hatten, sondern ausdrücklich betont wird, daß die Gekommenen hingehen sollen, um auch den Ferngebliebenen etwas zu bringen von diesem großen Fest (10). Die hörende Gemeinde und feiernde Gemeinde ist immer auch eine gesandte Gemeinde.
Daß dies keine einmalige Sache ist, zeigt der folgende Abschnitt. Schon am nächsten Morgen kam man wieder zusammen zum Bibelstudium. Dabei entdeckt man manche Anweisungen, die im Laufe der Kriegs- und Nachkriegswirren in Vergessenheit geraten waren. Ohne langes Zögern schreitet man zur Änderung (14.15). Und auch an den folgenden Festtagen war das intensive Bibelstudium A und O für das Fest (18). Also nicht wie bei uns, wo für das Weihnachtsfest ein einmaliger Gottesdienstbesuch am Heiligabend für drei Tage reicht ...

Aussagen

▪ 1. Hören auf Gottes Wort (1-8)

Die äußere Sicherheit muß gefeiert werden. Man kann sie nicht feiern ohne Dank an Gott. Wie dankt man Gott am besten? Indem man auf sein Wort hört. Gott will nicht irgendwelche Opfer von uns, sondern daß wir ihm zuhören und auf ihn hören. Das mußte auch Marta lernen, als sie fleißig für Jesus war. Maria machte es richtig, als sie sich erstmal Zeit zum Zuhören nahm (Luk. 10,38-42). Ohne Hören ist unser Tun „für die Katz“. Dann tun wir nämlich nur, was uns gerade einfällt und nicht das, was Gott schon längst eingefallen ist.

▪ 2. Betroffen von Gottes Wort (9)

Die Leviten hatten sich alle Mühe gegeben, daß es nicht eine Predigt über die Köpfe hinweg war. Sie legten alles „klar und verständlich aus“ (8). So kam es zu einer persönlichen Betroffenheit. Die Gewissen hatten gehört, nicht nur die Ohren. Für sich selbst hatten sie gehört, nicht nur für den Nachbarn. Keiner von uns kommt darum herum – wenn er richtig zuhört – sich vor Gott als Sünder zu erkennen. Das mag schmerzlich sein, aber es ist doch der Weg zur Neuordnung unseres

Lebens. Äußere Sicherheit allein genügt nicht. Innere Klarstellung ist nötig.

■ **3. Freude an Gott selbst** (10-12)
Gott will unsere Betroffenheit nicht, um uns klein zu machen und klein zu halten, sondern damit unsere Freude ungetrübt und klar begründet ist. Unsere Freude kann nicht darin bestehen, daß wir etwas geleistet haben (Mauerbau – gute Werke), sondern darin, daß wir einen Gott haben, der uns vergibt. Nicht unsere Leistung macht uns stark, sondern seine Gnade und Barmherzigkeit. Diese Freude bezieht dann auch die anderen mit ein und läßt sie nicht draußen. Gerettetsein gibt Rettersinn.

Fragen

1. Welchen Stellenwert hat bei mir das Wort Gottes? Habe ich wirklich Zeit dafür? Oder lese ich nur mal eben schnell die Losung, um mein Gewissen zu beruhigen? Lese ich, um zu verstehen oder um eine Pflicht zu erfüllen? Habe ich Helfer zum Verstehen?

2. Das Bibelstudium war die Hauptsache an diesem (und den anderen) Morgen, aber was gehörte noch dazu (6)?

3. Inwiefern ist dieser Tag „heilig dem Herrn", wie hier mehrfach betont wird (9.10.11)? War es das Datum des Tages (2) oder der Anlaß des Tages? Oder vielleicht das Ergebnis der Lesungen? Was machte diesen Tag zu einem „heiligen"? Was bedeutet überhaupt „heilig"?

4. Welche Anregungen kann ich aus diesem Kapitel auch für meine ganz privaten Feste (Geburtstag, Weihnachten, Hochzeit) übernehmen? Und welche für die Gemeindefeste? Was kann man nicht übertragen in unsere heutige Situation? Was läßt aufhorchen auch im Blick auf unsere weltlichen, öffentlichen Feste?

5. Nehemia, der eigentliche Held des Mauerbaus, tritt hier merkwürdig in den Hintergrund – wissen wir immer rechtzeitig, wann wir in den Hintergrund zu treten haben? Wann tritt er aus seinem Hintergrund heraus? Und warum?

Hiob 30,1-17
Einsam und verlassen

Begriffe

▪ Das Buch Hiob

Dieses Buch nimmt im Alten Testament eine Sonderstellung ein. Es gehört zur sogenannten Weisheitsliteratur und ist seiner Form nach ein Meisterwerk hebräischer Dichtung. Nur die Rahmenerzählung (Kap. 1,2 und 41) ist in Prosa geschrieben, alle Reden der Kapitel 3-41 in dichterisch-poetischer Form. Verfasser und Abfassungszeit des Buches sind unbekannt. Die Vermutungen darüber gehen weit auseinander. Das zentrale Problem, um das sich der ganze Inhalt des Hiobbuches dreht, ist die Frage nach dem Leid in dieser Welt: Wieso gibt es Leid und Not? Wie paßt das zu Gottes Gerechtigkeit?

▪ Die Person Hiob

Hiob ist eine Gestalt der Patriarchenzeit im Volk Israel (Abraham, Isaak, Jakob), auch wenn seine Geschichte erst viel später niedergeschrieben wurde. Er ist ein reicher und mächtiger Scheich bzw. Viehbesitzer (1,3). Das Land Uz, in dem er siedelt, wird im heutigen Süd-Syrien vermutet, auf jeden Fall außerhalb des Gelobten Landes. Wesentlich für Hiob ist seine unbestrittene Frömmigkeit. Aus Gottes eigenem Mund wird die Ernsthaftigkeit und Redlichkeit seines Glaubens gerühmt (1,8; 2,3). Dieser gläubige Mann wird vom Satan (!) auf die Probe gestellt. Die „Hiobsbotschaften" (1,13ff) treffen ihn Schlag auf Schlag. Trotz allem unbegreiflichen Leid bleibt Hiob zunächst fest im Glauben und Loben (1,21ff), selbst als seine Frau Gott absagt (2,9f). Dann aber treibt es auch ihn gegenüber seinen Freunden ins Klagen und Fragen (Kap. 3ff).

Zusammenhänge

Die Freunde Hiobs versuchen, sich und Hiob dieses plötzliche, unbegreifliche Leid zu erklären. Das kann doch nur als Strafe Gottes zu verstehen sein, meinen sie. Irgendwo muß doch im Leben des Hiob heimliche Schuld sein – Gott hat doch bestimmt nicht ohne Grund so leidvoll gehandelt. Er ist doch gerecht. Hiob aber wehrt sich leidenschaftlich dagegen. Er ist sich wirklich keiner Schuld bewußt. Natürlich be-

zweifelt er auch nicht, daß der Mensch vor Gott schuldig ist. Doch dieses unsagbare Leid – dafür sieht er wirklich keinen Anlaß.
Seine Frömmigkeit ist und war ehrlich. Wo bleibt also Gottes Gerechtigkeit? Seine Klage wird stellenweise zur Anklage. Und doch verläßt ihn in allem nicht eine letzte Gewißheit, daß Gott ihn erlösen wird (16,19; 17,3; 19,25-27). In drei großen Redewechseln (4-14; 15-21; 22-27) wehrt Hiob die „leidigen Tröster“ (16,2) ab. Ihr Trost enthält doch nur versteckte Vorwürfe. In einer letzten großen Rede (29-31) blickt er nochmals auf die früheren schönen Zeiten (29) zurück und vergleicht damit die schreckliche, grauenvolle Gegenwart (30). Und er kann doch zugleich nur schwören, daß er sich vor Gott rein gehalten hat (31).
Während seine drei Freunde vor so viel Leid und offensichtlich ehrlichen Unschuldsbeteuerungen verstummen (32,1), versucht ein junger Theoretiker und Rechthaber doch nochmals, Hiobs Schuld aufzuzeigen (32-37). Doch erst Gott selbst bringt die Lösung des Konflikts (38-42) – wenn auch keine verstandesmäßig einsehbare.

Aussagen

■ 1. Der Blick auf die Spötter (1-15)

Zum Leid kommt der Spott. Der Spott derer, die den Frommen noch nie gegönnt haben, wenn es ihnen gut ging. Der Spott derer, die ihr eigenes Leben nur vergammelt haben, aber die Schuld nicht bei sich suchen. Der Spott der Neider, die nun, wo Hiob sich nicht wehren kann, ihn sogar anspucken (10). Der Spott der Gehässigen und Kriminellen (8). Der Spott der Taugenichtse (2). Wer immer heute sich verspottet sieht, möge an Hiob denken. Unser Verspottetwerden ist nichts gegen das, was Hiob widerfuhr.

■ 2. Der Blick auf sich selbst (16f)

Da ist keine Kraft mehr. Keine Hoffnung. Kaum ein nächtliches Vergessen, da selbst der Schlaf ihm nur wenig vergönnt ist. Wer immer seine eigene Unfähigkeit und Schwäche sieht, möge wiederum an Hiob denken. Da vergeht uns das Jammern über uns selbst.

■ 3. Der Blick auf Jesus am Kreuz

Es gibt keine Antwort auf die Frage des Leids in dieser unserer Welt. Darum muß der Blick weitergehen. Am Kreuz hat Gott seinen eigenen Sohn in unsagbares Leid geschickt. Am Kreuz hat Gott erduldet, daß sein eigener Sohn verspottet wurde und körperlich schwach war. Nicht nur Hiob, nein, sein eigener Sohn! Nicht nur ins Leid, sondern in den Tod. Warum? Damit du und ich in unserem Leid nicht mehr verzweifeln müssen. Mehr: Damit wir trotz unserer Schuld (wir sind nicht wie Hiob!!) Zugang zum Vater im Himmel und Vergebung unserer Schuld haben können. Das Leid Hiobs betraf nur Hiob selbst. Das Leid Jesu betrifft auch uns. Gott sei Dank!

Fragen

1. Wenn ich mein Leid mit dem Hiobs vergleiche – müßte ich dann nicht ganz schnell den Mund halten? Was ist denn diesem großen Leid gegenüber mein kleines bißchen Leid? Haben wir uns nicht in unserer Zeit der geringen Leiden so gut daran gewöhnt, die kleinen Schwierigkeiten ganz schön hochzuschaukeln? Wenn ich ernsthaft das Leid in der sogenannten Dritten Welt ansehe – müßte ich dann nicht ganz schnell aufhören zu jammern über meine Eltern oder den Ehepartner, über meine Arbeitskollegen oder die Gemeinde?

2. Die Verse 1-8 schildern Leute, die wir heute „Asoziale" nennen würden. In Kap. 24,4ff schildert er ganz ähnliche Leute. Wie aber redet Hiob dort von ihnen? Warum redet er hier anders (häßlicher) von ihnen? Welcher Unterschied besteht zwischen den Leuten dort und hier?

3. Welche Antwort auf all das Leiden finde ich in dieser Welt ohne das Kreuz Jesu? Welche Antwort finde ich durch das Kreuz Jesu? Ist dies eine Antwort, die jeder Mensch einfach mit seinem Verstand annehmen kann? Oder auf welchem Wege ist sie anzunehmen?

4. Wie könnte ich andere in ihrem Leid trösten, ohne daß ich ein „leidiger Tröster" bin? Wie kann man trösten lernen (vgl. auch dazu 2. Kor. 1,3.4)? Wie unterscheidet man Trösten und Vertrösten? Wodurch wird ein gutgemeintes Trösten zum falschen Vertrösten?

Psalm 1,1-6
Lust auf Gottes Wort

Begriffe

■ Gottloser
Bezeichnung für einen Menschen, der sein Leben gelöst von Gott (= los von Gott) führt. Dabei gibt es diese Gott-losigkeit in verschiedenen Formen: man hat sich nur von Gott selbst gelöst, aber doch viele seiner Gebote beibehalten (humanistische Form), man hat sich auch von den meisten seiner Gebote gelöst (unmoralische bis zur kriminellen Form) oder man hat sich eine eigene Gottesvorstellung gemacht (religiöse Form).

■ Gesetz des Herrn
Nicht nur Bezeichnung für die Zehn Gebote oder alle Gebote der Bibel, sondern zugleich Bezeichnung für alles Heilshandeln Gottes. Das Neue Testament spricht oft von „dem Gesetz und den Propheten". Da sind mit Gesetz also die ganzen Geschichtsbücher gemeint, Gottes rettendes Handeln, das natürlich immer auch mit Geboten verknüpft ist. Wie es umgekehrt kein Gebot Gottes gibt, das nicht zum heilen Leben des Menschen dient.

■ Gerechter
Bezeichnung für einen Menschen, der im Gegensatz zum Gottlosen sich bewußt an Gott bindet. Auch diesen Gerechten gibt es in verschiedenen Formen: einer mehr gereiften (geheiligten) und einer noch ungereiften (fleischlichen) Form.

■ Spötter
Ein Gottloser (s.o.), der zusätzlich zu seiner Gottlosigkeit nun auch noch die Christen aufs Korn nimmt und versucht, ihnen ihren Glauben mies zu machen oder gar ihren Glauben durch den Kakao zu ziehen. Psychologischer Hintergrund dieser Haltung: der Gottlose ist sich seiner eigenen Gottlosigkeit sehr unsicher. Er gönnt darum auch den Christen nicht ihre Geborgenheit und Gewißheit in Jesus.

Zusammenhänge

Die Psalmen sind die Lieder und Gebete des alttestamentlichen Gottesvolkes. In seiner heutigen Form ist der Psalter (Buch der Psalmen) eine

Zusammenfassung von verschiedenen kleineren Psalmensammlungen, wie z.B. des „Davidspsalters“ (Ps. 3-41), des Chorbuches der Korahiter (Ps. 42-49), des kleinen „Wallfahrtsliederbuches“ (Ps. 120-134) u.a. Dabei wurden nicht alle bekannten Psalmen in den Psalter aufgenommen. Wir finden an verschiedenen Stellen des Alten Testaments weitere Psalmen (z.B. Jes. 38,10-20; 2. Mose 15,1-18; Jona 2,3-10). Andererseits konnte es auch vorkommen, daß auf diese Weise ein Psalm doppelt überliefert wurde (vgl. Ps. 14 und Ps. 53) oder ein ursprünglich einheitlicher Psalm in zwei Psalme zerlegt wurde (Ps. 42 und 43 haben den gleichen Kehrreim) oder auch zwei verschiedene Psalme zu einem zusammengezogen wurden (Ps. 19 und 24 vermutlich).
Inhaltlich kann man verschiedene Arten von Psalmen unterscheiden: Vertrauenspsalme (z.B. Ps. 23), Klagepsalme, Dankpsalme, Bußpsalme (z.B. 32 und 51), Schöpfungspsalme usw. Unser Psalm 1 ist ein sogenannter Lehr- oder Weisheitspsalm. Er wurde bei der Sammlung der Psalmen bewußt an den Anfang gestellt. Zum einen, weil er mit einer Seligpreisung beginnt: „Wohl dem ...“ Zum anderen, weil er deutlich macht, daß es bei aller Klage und Dank, Buße und Vertrauen, Lob und Anbetung letzten Endes nur auf ein einziges ankommt: daß ein Mensch von dem falschen Weg der Gottlosigkeit herunterkommt und den Weg des Gerechten beschreitet. Daneben sind alle sonstigen Unterschiede belanglos.

Aussagen

■ **1. Ein klares Nein ist nötig** (1)
Ein Glückwunsch wird ausgesprochen (wohl dem). Wem? Dem, der „nein“ sagen kann. Ein Nein zu den Ratschlägen, die einem die Nichtchristen geben. Können die denn nicht in weltlichen Dingen sehr klug sein? Schon – aber ihnen fehlt eben die letzte und alles entscheidende Weisheit, das Wissen um den Willen Gottes. Ein Nein zu jeder Beteiligung an sündigen Dingen und Geschäften. Ein Nein auch zu einer bloß schweigenden Beteiligung an spöttischen, lästerlichen oder „schweinischen“ Reden. Schon das schweigende Dabeisitzen macht mitschuldig.

■ **2. Ein klares Ja ist nötig** (2)
Nicht ein erzwungenes, unfreiwilliges Ja, sondern ein „lustvolles“ Ja. Wozu? Zum Bibellesen und zum Verwirklichen des Gelesenen im Alltag. Das biblische Wort ist sozusagen das tägliche Brot der Seele. Nicht die frommen Gefühle und nicht die frommen Ideen sind das Lebens-

brot des Christen, sondern das klare Wort unseres Gottes. Gefühle und Ideen wechseln, Gottes Wort bleibt. Mancher hat ehrlich im Glauben begonnen, aber dann seine Seele verhungern lassen. Darum ist ein klares Ja nötig.

■ **3. Ein klares Ziel ist vorgezeichnet** (3-6)
Von diesem Ja und Nein hängt es ab, an welches Ziel ich in und mit meinem Leben gelange: in Gericht und Verlorenheit oder in ein für Gott fruchtbares und bei Gott geborgenes Leben. Gott kümmert sich um seine Leute; darauf ist Verlaß. Der Teufel dagegen läßt seine Leute allein wursteln.

Fragen

1. Bei wem hole ich mir Rat in den Fragen meines Lebens? Bei Christen oder bei Nichtchristen? Bei Gott im Gebet oder nur bei mir selbst in meinem Verstand?

2. In welcher Gesellschaft verbringe ich meine freie Zeit? Bei Menschen, die Gottes Wort und Gebote achten oder bei solchen, die schon mal darüber spotten und Witze machen? Und wenn, wie verhalte ich mich dann? Schweige ich oder nutze ich die Gelegenheit zum Zeugnis und Bekenntnis?

3. Wie ist es eigentlich, wenn man keine Lust hat zum Bibellesen? Soll man dann ohne Lust weiterlesen und darum beten, daß Gott einem neue Freude schenkt? Oder soll man solange nicht mehr lesen, bis neue Freude da ist? Wie mache ich es mit dem Essen bei Appetitlosigkeit? Wie macht es ein Arzt bei Schwerkranken, die keinen Appetit haben?

4. Woran könnte es liegen, wenn ich keine Lust zum Bibellesen habe? Vielleicht am schlechten Gewissen, daß ich zu wenig das tue, was ich lese? Oder am mangelnden Verstehen dessen, was ich lese? Warum frage ich dann nicht jemand, der mir manches erklären könnte?

5. Was meint der Vergleich der Gottlosen mit der Spreu? Sind sie so wertlos wie Spreu? Kann Gottes Urteil über einen Menschen wirklich so vernichtend sein, daß er einen Menschen als wertlos bezeichnet? Wann kommt es zu solch einem Urteil bei Gott (vgl. dazu ähnliche Urteile bei Jesus: Joh. 15,6; Matth. 5,13)?

Psalm 14

Wie kann man nur so töricht sein?

Begriffe

■ Die Toren

Torheit bezeichnet in der Bibel nicht mangelnde Intelligenz, sondern Gottlosigkeit, Sünde. Allerdings klingt darin zugleich die Überzeugung an, daß Gottlosigkeit letzten Endes die größte Dummheit ist, die ein Mensch begehen kann. Mehr noch: Wenn ein Mensch nur bereit wäre, ernsthaft über sein Leben nachzudenken, würde er unweigerlich nach Gott fragen. Insofern ist Gottlosigkeit zwar nicht ein Mangel an Intelligenz, aber ein Mangel an Bereitschaft, ernsthaft über sich und das Leben nachzudenken. Dieser Mangel an Denkbereitschaft ist bei Hochintelligenten wie bei Schwachbegabten zu finden.

■ Geschlecht der Gerechten

Nicht die Menschen, die kein Unrecht und keine Sünde tun. Sondern die Menschen, die mit ihrer Schuld und Sünde sich an Gott wenden, von ihm Vergebung und Besserung erbitten und erwarten. Also die Menschen, die sich von Gott Gerechtigkeit holen, um nun gerecht leben zu können.

■ Zion

Name der Festung, die David von den Jebusitern eroberte (2. Sam. 5,7), um sie anschließend auszubauen zur „Stadt Davids" (2. Sam. 5,9) – Jerusalem! Später wurde der Name Zion vor allem für die benachbarte Anhöhe gebraucht, auf der der Tempel gebaut wurde – deswegen ist vielfach vom „Berg Zion" die Rede.

■ Jakob

Sohn Isaaks, Vater von zwölf Söhnen (= zwölf Stämmen Israels). Jakob wird auch als Name für das Volk Israel gebraucht.

Zusammenhänge

Psalm 14 ist ein Psalm, der uns doppelt überliefert ist: Psalm 53 hat genau den selben Text – mit einer Ausnahme: wo in Psalm 14 HERR (hebr. Jahwe) steht, heißt es Psalm 53 Gott (hebr. Elohim). Das hängt zusammen mit der Entstehungsgeschichte des Psalters. Ursprünglich gab es in Israel (wie bei uns heute) mehrere Gesangbücher (Psalter = Gesangbuch Israels). Als diese schließlich im heutigen Psalter zusammengestellt wurden, konnte es vorkommen, daß einige Psalmen oder Psalmstücke doppelt hineingerieten (außer Ps. 14 = 53 noch: 40,14-18 = 70; 57,8-12 und 60,7-14 = 108). Dabei gab es offenbar ein Gesangbuch (die heutigen Psalmen 42 bis 83), in denen der Name Gottes (Jahwe = HERR) ersetzt war durch die allgemeine Bezeichnung „Gott".

In den Psalmen haben die Israeliten Gott ihr Lob gesungen, aber auch ihr Leid geklagt, haben sie missionarische Aufrufe an das ganze Volk losgelassen (z.B. 14,4) und Gott um seine Hilfe zur Erneuerung angerufen (14,7), haben sie Gott ihren Dank für erfahrene Hilfe dargebracht und auch schonungslos ihre eigene Schuld und Sünde bekannt und bereut.

Psalm 14 fällt nach Form und Inhalt etwas aus dem üblichen Rahmen der Psalmen. Er gehört nicht zu den Lob-, Klage-, Buß-, Dank-, Weisheitspsalmen (den gängigen Psalmarten), sondern erinnert vielmehr an prophetische Schelt- und Drohrede, die ausklingt in dem Ausblick auf die einzige Hoffnung Israels: Gott selbst (7).

Aussagen

■ 1. Die Gottlosigkeit des Herzens (1)

Hier ist von Leuten die Rede, die es nicht offen aussprechen, aber in ihren Herzen denken: Gott gibt es gar nicht. Es gibt nicht nur eine Gottlosigkeit des Mundes, sondern auch des Herzens. Die Gottlosigkeit des Herzens ist jedoch nicht harmloser. Sie hat unweigerlich Folgen für das praktische Handeln. Sie führt dazu, daß der Mensch unfähig und unwillig zum Guten wird. Darum gibt es nichts Dümmeres als die Gottlosigkeit des Herzens!

■ 2. Achtung – ich werde beobachtet! (2-4)

Worauf achtet Gott bei uns? Vers 2: ob jemand nach Gott fragt. Das heißt: ob jemand sich bei all seinem Reden und Tun fragt: Ist Gott damit einverstanden? Oder will Gott, daß ich etwas anderes rede oder tue? Gott achtet nicht so sehr darauf, ob mir alles gelingt oder vieles mißlingt – er achtet aber darauf, ob ich ihn ernsthaft in meine Lebensplanung einbeziehe.

■ 3. Gott ergreift Partei (5.6)

Und zwar für die Armen und Ohnmächtigen, die ihre Hoffnung auf

Gott setzen. Daran muß alle Macht der Gottlosen letzten Endes zerbrechen. Weil Gott Partei ergreift, braucht kein Machtloser zu verzweifeln. Er darf, ich darf meinen Gott um Beistand bitten (V. 4b)!

■ **4. Gefangen – worin?** (7)
Nicht unter fremde staatliche Mächte. Da könnte man sich eventuell selbst befreien durch Revolution oder Verhandlung. Gefangen in die eigene Gottlosigkeit mit ihren Folgen. Da aber hilft nur Gottes persönliches Eingreifen, indem er die Herzen anrührt und erweckt. „Herr, hilf doch!"

Fragen

1. Nach außen bin ich sicherlich kein Gottloser, kein Gottesleugner – warum sollte ich sonst diesen Text lesen? Aber wie sieht es in meinem Herzen aus? Was *denke* ich? Aus der Psychologie wissen wir, wie stark das Denken unser Handeln beeinflußt. Wenn also doch einmal der Gedanke kommt, „ob es Gott wirklich gibt" – kann oder soll man etwas gegen seine Gedanken tun?

2. Berücksichtige ich bei meiner Lebensplanung den Willen Gottes? Frage ich ehrlich danach? Einige „Knackpunkte": Mein Verhalten gegenüber dem anderen Geschlecht. Mein Gebrauch der Sexualität. Meine Eheplanung (oder Ehelosigkeit!). Meine Berufsplanung. Mein Umgang mit Geld. Mein Verhalten in der Familie. Was will Gott wohl? Und in der Gemeinde? Beteilige ich mich am Lob Gottes? Bin ich zur Mitarbeit bereit? Was will Gott wohl?

3. Wo ergreife ich Partei für die Armen und Machtlosen? Wo hätte ich in meinem Umfeld dazu die Möglichkeit, habe aber (noch) nie gehandelt? Bei aller Not weltweit: Wo könnte ich konkret handeln?

4. Von wem erwarte ich Hilfe in verfahrenen Situationen? Von wem erwartet sie David in diesem Psalm? Was müßte ich daraus lernen für meine Erwartungen?

Vergleiche auch: Die „Bausteine" zu Psalm 53!

Psalm 16
Deine Nähe macht mich froh

Begriffe

▪ Gott (einen anderen)

In Psalm 16 geht es nicht um die theoretische Frage, ob es überhaupt einen anderen Gott gibt, sondern um die praktische Frage, welche anderen Dinge die Stelle Gottes in meinem Leben einnehmen und als Lebensmittelpunkt betrachtet werden. Dabei können solche „anderen Götter" gänzlich unterschiedlicher Ausprägung sein:
– die religiöse Form: Götzenbilder und -statuen (so zur Zeit von Ps. 16)
– die materielle Form: Geld, Karriere, Sexualität, Macht usw. (so meistens heute)
– die geistige Form: Philosophie, Ideologogie, Religiosität usw.
„Andere Götter" meint also immer Dinge und Mächte, die dem einen, wahren Gott die „Schau" stehlen oder den alleinigen Vorrang nehmen wollen.

▪ Los

Kein Glückslos bei der Staatslotterie, sondern Bezeichnung für das von Gott einem zugedachte Lebensschicksal. Dies Lebensschicksal ist in Gottes Hand geborgen und wird nicht durch irgendwelche Gestirnsmächte oder andere Götter oder den „Gott Zufall" bestimmt. Damit ist nicht gesagt, daß Gott das Lebensschicksal im einzelnen festlegt, sondern daß es – wie es auch immer verläuft – in Gottes Hand geborgen ist.

▪ Tod/Grube

Ausdruck für den Zustand, durch den man in der Welt der Vergessenheit und der Bedeutungslosigkeit, ja der Vernichtung preisgegeben ist. Erst mit Jesus wird deutlich, daß der Tod nicht das Letzte ist. Durch Jesu Auferstehung ist auch für alle Jesusgläubigen der Tod zur Zwischenstufe zum ewigen Leben degradiert.

Zusammenhänge

Israel war von Gott in ein Land geführt worden, in dem schon vorher Menschen mit ihren vielerlei Göttern lebten. Kein Wunder, daß mancher Israelit sich auch dazu verführen ließ, diesen „alteingesessenen

Göttern" zu opfern. Dazu kam, daß durch politische Verbindungen zu den Nachbarvölkern auch deren Göttern ein Platz eingeräumt werden mußte. Das brachte weitere Verführungen mit sich. So gab es ständige Kämpfe der von Gott berufenen Propheten nicht nur gegen eine Verweltlichung in Israel, sondern auch gegen einen Abfall zu anderen Religionen. Dieser Kampf spiegelt sich bei einem der berühmtesten Propheten bereits in seinem Namen wieder: Elia (zu deutsch: mein Gott ist Jahwe!). Dieser Kampf zeigt sich auch in unserem Psalm. Zugleich wird in unserem Psalm deutlich: Dieser Kampf brachte auch Erfolge. Menschen fanden zurück zu dem wahren Gott.
Solches Zurückfinden suchte sich dann auch einen Ausdruck nach außen. Wo und wie konnte man das zu erkennen geben? Da bot sich in Israel der Gottesdienst an. Der Gottesdienst war nicht nur der Ort der Anbetung und des Hörens, sondern auch der Ort des Bekennens. Da konnte man seine Sünden öffentlich bekennen, aber auch seine Umkehr zu dem einen, wahren Gott. Und mit diesem Bekenntnis bekannte man zugleich in Lob und Dank sein neugefundenes Vertrauen zu dem Gott, der sich uns Menschen geoffenbart hat und der nicht nur eine Erfindung unserer eigenen Gedanken ist.

Aussagen

▪ 1. Eine klare Bekehrung (1-4)

Im hebräischen Urtext ist die Überlieferung von Vers 3 sehr unsicher. Zum richtigen Verständnis ist vermutlich folgende Überlieferung und Übersetzung am besten: „Im Land werden viele Götter verehrt, an denen auch ich meine Freude hatte. Jetzt aber sage ich:"
Zum fröhlichen Bekennen kommt es nicht ohne eine klare Bekehrung. Der Psalmist spricht offen aus, wie es vorher bei ihm bestellt war. Ihn stört es nicht, wenn sein Image bei manchen Leuten nun nicht mehr gut ist. Die haben dann noch nicht begriffen, daß Gott Freude hat über einen Sünder, der Buße tut, mehr als über 99 Gerechte (Luk. 15,7). Die Abkehr vom alten Leben ist bei ihm radikal (Vers 4b).

▪ 2. Freude in der Nähe Gottes (5-9)

Bevor man ins Wasser geht, erscheint es einem recht kalt; wenn man aber drin ist, ist man schnell warm. So geht es einem auch oft beim Christwerden. Vor der Bekehrung erscheint einem das Christsein entbehrungsreich, voller Verzicht und voller Verbote. Nach der Bekehrung aber bricht die Freude aus über das herrliche Los, das man bei Jesus gezogen hat (5.6), über die hilfreichen Wegweisungen fürs

Leben (7), über die Sicherheit, die die Nähe Gottes gibt (8), über die Geborgenheit bei Gott (9). „Wo ist solch ein Herr zu finden, der, was Jesus tat, mir tut?“

■ **3. Perspektiven für die Zukunft** (10.11)
Der Tod ist die große Lebensrealität, der kein Mensch ausweichen kann. Er unterwirft alles menschliche Tun der Vergänglichkeit und meist auch der Sinnlosigkeit. Doch wer zu Jesus gefunden hat, entdeckt auch hier eine neue Perspektive: Jesus will und kann mich nicht der Vernichtung preisgeben! Er nimmt mich mit in sein ewiges Glück. „Jesus, wie soll ich dir danken ...?“

Fragen

1. Andere Götter gibt es zu allen Zeiten. Sie verändern nur ihr Gesicht. Welches sind die anderen Götter unserer Zeit? Welche anderen Götter können mich nicht beeindrucken und welche üben auf mich eine geheime Anziehungskraft aus? Welche Opfer bringen die Menschen, bringe ich in unserer Zeit diesen anderen Göttern an Zeit/Geld/Gedanken usw.?

2. Was hindert mich an einer radikalen Abkehr von meinen anderen Göttern? Wo ist der Ort, an dem ich diese radikale Umkehr vollziehen und bekennen könnte? Inwiefern ist das eine Hilfe, seine Umkehr öffentlich zu bekennen? Wäre so etwas in unseren Gottesdiensten möglich? Was würden manche Leute dann denken?

3. Teilt Gott einem wirklich zu, was man braucht (5a)? Fehlt uns nicht oft auch Lebensnotwendiges (z.B. Arbeit, Anerkennung usw.)? Was halte ich von folgendem Bericht des japanischen Christen Kagawa: „Alles in diesem Armenviertel war häßlich und voller Krankheit. Hätte ich Gott nicht in meinem Herzen getragen, so hätte ich das Leben dort nicht ertragen. Aber weil ich an Gott glaubte, sah ich das Leben mit anderen Augen an, und ich versichere, ich lebte gern dort“?

4. Könnte ich einem anderen, der mich fragt, Dinge nennen, die mich bei Jesus froh machen? So richtig froh, daß ich davon leben kann und sich das auswirkt auf meine Aufgaben im Leben?

5. Und welche Perspektiven habe ich im Blick auf meinen Tod? Oder denke ich da lieber noch nicht dran? Warum eigentlich nicht?

Psalm 23
Tiefpunkte und Höhepunkte im Leben eines Christen

Begriffe

■ Hirte

In der Antike geachteter Beruf, der hohe Ansprüche an Umsicht, Mut und Verantwortungsbewußtsein stellte. Er hatte nicht nur geeignete Futter- und Wasserstellen zu suchen; er mußte sich auch durchsetzen gegenüber anderen Hirten mit ihren Herden, die ihm seine Plätze streitig machen wollten. Außerdem mußte er die ihm anvertrauten Tiere gegen Raubtiere schützen. Aus diesem geachteten Berufsstand stammten auch König David und der Prophet Amos. Von daher ergab es sich, daß Könige oft wegen ihrer Fürsorge-Pflichten für ein ganzes Volk mit Hirten verglichen wurden. Dabei unterschieden die Propheten zwischen guten und schlechten Hirten (z.B. Hes. 34,2ff), je nachdem, ob ein König mehr sein eigenes Wohl oder das der ihm anvertrauten Menschen im Blick hatte.
Schließlich wird dies Wort auch auf Gott selbst angewandt (Ps. 80,2; Jes. 40,11). Nur in Psalm 23 wird Gott ganz vertraut „mein" Hirte genannt. So nah darf der Glaubende sich Gott wissen!

■ Salben

Das Salben mit Öl fand in Israel bei verschiedenen Gelegenheiten statt, u.a. pflegte man bei Tisch auch einen angesehenen Gast dadurch besonders herauszuheben und zu ehren (vgl. Luk. 7,46), indem man dessen Haupt mit Öl einrieb, das gut duftete (vgl. Parfum heute).

■ Haus des Herrn

Im allgemeinen Bezeichnung für den Tempel in Jerusalem, dem Ort, den Gott sich in besonderer Weise auserwählt hatte, um seinem Volk seine Gegenwart anzuzeigen. Doch schimmert hier offenbar der Ausblick auf die ewige Heimat bei Gott durch („immerdar").

Zusammenhänge

Das Bild vom Hirten hat Jesus aufgegriffen und auf sich selbst angewandt: „Ich bin der gute Hirte" (Joh. 10,11ff). Damit stellt er sich als der Mann Gottes vor, als Gott selbst. Zugleich greift Jesus die prophetische Unterscheidung von guten und schlechten Hirten auf, wenn er sich selbst als „guten" Hirten kennzeichnet. Es ist das Kennzeichen des guten Hirten, daß er das Leben der ihm anvertrauten Lebewesen höher achtet als sein eigenes!

Jesus hat diesen Ausdruck „Hirte" dann auch auf seine Jünger übertragen, indem er zu Petrus sagt: „Weide meine Schafe!" So werden im Neuen Testament nicht nur die 12 Apostel, sondern auch die Gemeindeleiter als Hirten bezeichnet (Eph. 4,11; Apg. 20,28).

Um Jesus als den guten Hirten von den übrigen Hirten zu unterscheiden, kann er gelegentlich auch der Erzhirte genannt werden (1. Petr. 5,4). Dieser Ausdruck für die Gemeindeleiter hat sich in seiner lateinischen Form bis heute gehalten: Pastor ist das lateinische Wort für Hirte. Damit soll also die Fürsorgepflicht in ihrer umfassenden Form zum Ausdruck gebracht werden, nicht dagegen ist mit diesem Wort eine Abhängigkeit oder gar Unmündigkeit der anvertrauten Gemeindeglieder ausgedrückt (das widerspräche dem Priestertum aller Glaubenden).

Psalm 23 ist in der Christenheit (nicht zuletzt wegen des Pastorenbegriffs) zum bekanntesten Psalm der Christenheit geworden. Im rhein.-westfälischen Gesangbuch finden wir ihn gleich zweimal vertont: Lied 178 und 448. Es lohnt sich, diese Lieder zu singen!

Aussagen

■ 1. Das Alltagsleben des Christen (1-3)

Ein Christ hat nicht nur einen allgemeinen Gottesglauben, sondern ein ganz persönliches Gottvertrauen („mein" Hirte). Das läßt ihn ohne Angst vor der Zukunft leben (mir „wird" nichts mangeln). Gott wird ihn sowohl mit den äußeren Notwendigkeiten versorgen (2), als auch die nötige seelische Stärkung zukommen lassen (3a). So hat es Jesus auch seinen Jüngern in Matth. 6,25ff beigebracht. Ja, die gesamte Lebensführung (Beruf und Ehe) ist bei meinem Gott in guter Hand (3b). Er hat einen guten Plan mit mir.

■ 2. Tiefpunkte im Leben des Christen (4)

Der Glaube ist eine Lebensversicherung – allerdings nicht eine Lebensversicherung *vor* allem Leid und Schwierigkeiten, sondern *in* allem Leid und Schwierigkeiten. Finstere Täler mögen auf dem Lebensweg kommen (= Zeiten, wo ich nicht mehr sehe, wie es weitergehen soll und kann). Dennoch braucht ein Christ sich nicht zu fürchten. Auch in der Dunkelheit und Unsichtbarkeit ist Gottes Führung da! Allerdings haben die Tiefpunkte einen Vorteil: sie treiben verstärkt ins Gebet. Vers 2-3 sprachen von Gott in der 3. Person (er), Vers 4 in der 2. Person (du).

■ **3. Höhepunkte im Leben des Christen** (5.6)

Unerwartete Höhepunkte erlebt ein Christ in der Nachfolge. Während ich noch überlege, wie ich mich meiner Feinde erwehren kann, läßt Gott mir uneingeplant Gutes zukommen. Ja, sogar Ehrungen, auf die ich gar nicht aus war, werden mir zuteil (5). Doch das Schönste: Die Gottesdienste, das Hören und Loben Gottes nehmen immer breiteren Raum in meinem Leben ein, erfüllen immer mehr mein Herz mit Freude und Dankbarkeit.

Fragen

1. Wenn in Vers 1 steht, daß mir „nichts" mangeln wird – wie ist dies „nichts" gemeint? Es fehlt doch jedem von uns eine ganze Menge von dem, was man gern im Leben hätte – oder fehlt es uns doch nicht? Vergleiche diese Aussage mit der Vaterunser-Bitte „Unser täglich Brot gib uns heute!" Warum ist diese Bitte auf das tägliche Brot beschränkt? Fehlt uns denn nicht noch mehr? Oder?

2. Welchen Grund gibt Vers 3 dafür an, daß Gott dies alles an und für uns tut? Haben wir es durch bestimmte Leistungen verdient? Oder hat Gott Mitleid mit uns und kann nicht mehr mit ansehen, wie wir allein nicht klar kommen? Vgl. dazu 5. Mose 7,7.8; Hes. 20,8.9.14.22 und die Vaterunser-Bitte „Geheiligt werde dein Name".

3. Klingt Vers 4 („fürchte ich kein Unglück") nicht sehr großspurig? Wie paßt das zu Jesu Gebet in Gethsemane und zu Joh. 16,33? Habe ich schon mal in meinem eigenen Leben in einer dunklen Situation erlebt, daß plötzlich eine große Geborgenheit über mich kam, als ich betete? Kenne ich Beispiele aus der Kirchengeschichte, die diese Erfahrung Davids bestätigen?

4. Unerwartete Ehren? Ein Chinese wurde Christ. Daraufhin wollte er sonntags nicht mehr arbeiten, um Gottesdienst zu feiern. Sein nichtchristlicher Chef entließ ihn, nachdem der Christ durch nichts von seinem Gottesdienst abzubringen war. Ein anderer nichtchristlicher Chinese hörte das – und stellte ihn ein! Warum? Ein Mann, der so treu zu seinen Grundsätzen stand, mußte auch im Beruf zuverlässig sein. Traue ich meinem Gott solche unerwarteten Ehren zu?

Psalm 24

Gebt unserm Gott die Ehre

Begriffe

▪ **Berg des Herrn**

Bis zur Zeit Davids wurde mit Berg Gottes der Berg Sinai bezeichnet, weil Gott dort in der Wüste seinem Volk die Zehn Gebote als Hilfe und Wegweisung durchs Leben gab. Seit David bekam ein anderer Berg noch mehr Bedeutung: der Berg, auf dem der Tempel erbaut wurde. Darum wird er der „Berg des Herrn“ oder auch der „heilige Berg“ genannt. Er lag ursprünglich außerhalb des ältesten Jerusalem und etwas höher als diese Stadt. Erst später werden er und weitere Teile in das Stadtbild Jerusalems integriert. Heute, d.h. seit dem 8. Jahrhundert, steht an dieser Stelle der islamische Felsendom, die Omar-Moschee, die das Stadtbild Jerusalems prägt.

▪ **Heilig**

Heilig wird in der Bibel etwas genannt, was ausschließlich Gott zur Verfügung steht. So wurde nicht nur der Tempel selbst, sondern auch der ganze Boden des Tempelgeländes heilig genannt, weil dieser Boden nicht für Ackerbau und Viehzucht, sondern allein für Wallfahrten und gottesdienstliche Versammlungen zur Verfügung stand.

▪ **Segen**

Zusage der Gegenwart Gottes, auch wenn der Gottesdienst und das Gotteshaus (Tempel) wieder verlassen werden für die Aufgaben im Alltag. Gott wird mit dem Gläubigen in seinen Alltag gehen. Der gesegnete Mensch ist nicht alleingelassen.

▪ **König der Ehre**

Der König, dem Ehre gebührt und dem also Ehre zu erweisen ist. Im Gegensatz zu allen irdischen Machthabern und ihren Ansprüchen auf Ehrerbietung wird hier gefragt, wer der König ist, dem in Wahrheit Ehre gebührt. Antwort: Soli deo gloria – Allein Gott die Ehre.

Zusammenhänge

Nicht zufällig hat dieser Psalm als Vorlage für das bekannte Advents-

lied gedient: „Macht hoch die Tür, die Tor macht weit, es kommt der Herr der Herrlichkeit ...“
Dieser Psalm diente schon im alten Israel als Lied (evtl. als Wechselgesang – vgl. die Fragen in den Versen 3, 8a und 10a und die jeweils darauf folgenden Antworten) beim Einzug auf das Tempelgelände. Dabei stand im Mittelpunkt die Sehnsucht nach dem Einzug Gottes, des Herrschers über Himmel und Erde, auf diesen Platz, der ihm allein geweiht war. Darum der doppelte Aufruf, die Tore weit zu öffnen für sein Kommen (7.9). Darum auch die ehrliche Frage, wer überhaupt wert sei, bei diesem Einzug Gottes mit dabei zu sein und ihn mitzuempfangen (3). Viele Ausleger vermuten, daß dieser Psalm zur großen Liturgie des jährlich stattfindenden Bundesfestes im Herbst gehörte. Da wurde das Kommen (Advent) Gottes gefeiert in seiner doppelten Weise: im geschehenen Kommen, als er sich am Sinai offenbarte und mit Israel den Bund schloß, und im zukünftigen Kommen in Herrlichkeit und Macht. Doch diese Feier sollte kein Spektakel und Schauspiel für neugierige Gaffer sein. Zur Feier des Kommens Gottes gehören nicht nur ein heiliger Boden, sondern auch heilige Menschen. Darum der Hinweis in Vers 4, wie die Teilnehmer an diesem großen Fest beschaffen sein sollen. So heißt es auch in unserem Adventslied entsprechend in der 4. Strophe: „Macht hoch die Tür, die Tor macht weit, eur Herz zum Tempel zubereit ...“

Aussagen

■ 1. Wer ist der Gott, der gefeiert wird? (1.2)

In der Antike, auch in der Umgebung Israels, gab es viele Gottheiten. Jeder war für einen kleinen Teilbereich zuständig. So vielleicht auch der Gott Israels nur für dieses kleine Volk? Nein! Israels Gott ist der, dem die ganze Erde gehört mit allem, was darauf lebt. Ihm gehört sie, weil er sie geschaffen hat. Unser Gott teilt auch heute seine Macht nicht mit Buddha oder Mohammed oder sonst jemandem. Das hat nichts mit Mißachtung der andersgläubigen Menschen zu tun, sondern mit der Wahrheit und der Ehre Gottes.

■ 2. Wer darf mitfeiern? (3-6)

Klare Maßstäbe werden genannt. Christsein ist nicht irgendeine verwaschene, unklare Sache, an der irgendwie doch jeder beteiligt wäre. Nein, Christsein hat mit konkretem Gehorsam zu tun: Unrecht wird abgelegt, Lügen hat aufgehört. Mehr noch: auch im Verborgenen des Herzens wird alle Heuchelei ausgetrieben, das Gewissen von Schuld befreit. Wie so etwas möglich ist, wird hier nicht gesagt. Aber das Neue Testament weist darauf hin, daß dies ganz allein durch Jesus Christus und den Glauben an ihn möglich ist. Wer ohne Jesus diesem Anspruch in Vers 4 zu genügen meint, betrügt sich selbst.

■ **3. Wie wird gefeiert?** (7-10)
Nachdem das eigene Leben durch Jesus in Ordnung gebracht ist, dreht der Mensch sich nun nicht mehr um sich selbst und seine Sorgen und Ängste. Alles ist auf den lebendigen Gott ausgerichtet. Alles wird ihm zur Verfügung gestellt. Alle Erwartung gilt ihm.

Fragen

1. Wenn Gott wirklich die ganze Erde gehört mit allem, was darauf an organischem und anorganischem Leben ist – was folgt daraus für unseren Umgang mit dieser Erde? Ist das ökologische Nachdenken nur ein Modetrend, ein Zeitgeist, oder entspricht das durchaus dem biblischen Schöpfungsglauben, daß der Mensch eine Fürsorgepflicht auch für die Natur hat?

2. Was folgt für den Psalmisten aus dem Schöpfungsglauben? Nur eine Notwendigkeit zu ökologischem Handeln oder nicht vielmehr auch eine Notwendigkeit zur Anbetung dieses Schöpfergottes? Warum ist heute dies beides vielfach getrennt? Wann endlich lernen die Ökologen, jeden Sonntag Gott zu loben? Wann endlich lernen die Gottesdienstbesucher, ökologisch verantwortlich zu handeln und Gottes Erde zu schützen?

3. Wie steht es mit dem Unrecht, das meine Hände tun, und der Lüge, die mein Mund spricht? Weiß ich, daß mich das von Gott und seinen Gottesdiensten trennt? Warum lasse ich das nicht von Jesus in Ordnung bringen? Warum bekenne ich nicht einmal diese Schuld, damit sie mir vergeben wird und ich ein neuer Mensch werde, der sich freuen kann auf die Feiern Gottes?

4. Wie steht es mit meinem Herzen? Wo heuchele ich noch? Warum suche ich nicht einmal einen „Beichtvater" oder eine „Beichtmutter" auf, vor dem, vor der ich ganz offen alles auspacke, damit auch mein Herz endlich „ohne Falsch" wird? Übrigens: Könnte man nicht sinngemäß in den Versen 7 und 9 die „Tore" auch mit „Herz" übersetzen?

Psalm 53

Nur die Dummen sagen: Es gibt keinen Gott

Begriffe

■ Es ist kein Gott

Möglich, daß mit dieser Aussage ein offener Atheismus (Leugnung jedes göttlichen Wesens) gemeint ist. Wahrscheinlich aber, daß man schon „glaubt", daß es irgendein höheres Wesen = Gott gibt. Aber dieser Gott greift nicht in das menschliche Leben ein. Weder auf Erden noch im Tode. Man glaubt also an einen „Anfangsgott", der ähnlich funktioniert wie ein Starter bei einem Auto: Nachdem das Auto einmal gestartet wurde, läuft der Motor nun ohne Starter, bis der Motor kaputt ist. Und dann hilft auch kein Starter mehr, sondern nur ein neuer Motor.

■ Gutes

Damit meint die Bibel nie das, was der Mensch für gut hält oder durch Gesetzgebung für Recht erklärt, sondern das, was Gott in seinem Wort als gut ein für allemal festgesetzt hat. Die bekannteste Festlegung Gottes sind die Zehn Gebote und die Bergpredigt. Alle menschliche Rechtsprechung (einschließlich Strafgesetzbuch und Bürgerliches Gesetzbuch) muß sich also am göttlichen Recht messen lassen.

■ Gottes Volk

Das Volk Israel bzw. die „Nachkommen Jakobs" (Jakob erhielt von Gott den Namen Israel). Dies Volk hat sich Gott erwählt aus allen Völkern und es durch die Jahrtausende erhalten. Im Neuen Testament wird der Begriff „Volk Gottes" auf alle Nachfolger Jesu ausgeweitet. Durch Jesus sind auch Nicht-Israeliten ins Volk Gottes aufgenommen (vgl. Eph. 2,19.20).

■ Hilfe aus Zion

Bezeichnung für den erwarteten Messias Gottes, der in Jesus gekommen ist.

Zusammenhänge

Psalm 53 erscheint in der Bibel zweimal. Wer ihn mit Psalm 14 vergleicht, stellt fest, daß bis auf ein einziges Wort die beiden Psalmen

ziemlich gleich sind. Wo in Psalm 14 „der Herr“ steht, heißt es in Psalm 53 „Gott“. Was steckt dahinter? „Der Herr“ ist die deutsche Übertragung für Jahwe, den Namen Gottes. Dieser Name Gottes wurde den Juden in späterer Zeit so heilig, daß sie ihn im Alltag nie mehr gebrauchten. Nur noch im Gottesdienst im Tempel. Nun aber war ihnen der Psalm 14 so wichtig und so sehr ans Herz gewachsen, daß sie ihn auch weiterhin im Alltag gebrauchen wollten. Was tun? So wurde einfach der Name Gottes ersetzt durch „Gott“. Damit hatte man zwei Fassungen – eine für den Gottesdienstgebrauch und eine für den Alltagsgebrauch. Welch hohen Stellenwert dieser Psalm auch noch zur Zeit Jesu hatte, kann man daran erkennen, daß Paulus ihn in seinem Römerbrief zitiert (3,10-12). Was macht diesen Psalm so bedeutend?
In ihm wird in einer Radikalität und Klarheit betont, daß der Mensch aus eigener Kraft nichts Brauchbares vor Gott und für Gott leisten kann – auch der frömmste nicht. Und zugleich ist da die ganz feste und gewisse Hoffnung, daß der Mensch damit nicht verloren ist und verzweifeln muß. Sondern Gott selbst nimmt die Sache seiner Gläubigen in die Hand und wird sie erretten aus allem Schlamassel dieses Lebens. Es ist das Thema eines Passionsliedes: „Ja, mein Jesu, laß mich nie vergessen meine Schuld und deine Huld ...“

Aussagen

■ 1. Glaube ist Frage des Verstandes (2.3.5)
Erstaunlich, was der Psalmist hier mehrfach betont: Wer nicht mit Gott rechnet, ist unverständig (2), hat keinen Verstand (3). Verstand haben heißt: nach Gott fragen. Der Psalmist hat wirklich keine Minderwertigkeitskomplexe wie heute oft so viele Christen. Der läßt sich nicht sagen, er habe seinen Verstand an der Garderobe der Kirche abgegeben. Er dreht den Spieß um und sagt, die anderen hätten ihren Verstand verloren, wenn sie nicht im Leben und im Sterben mit Gott rechneten und nach ihm fragten. Der Verstand steht auf seiten des Glaubens!

■ 2. Glaube ist Frage des rechten Handelns (2.4.5)
Das eigentliche Interesse dieser Gottes-Ablehner ist ihr gottloses Handeln. Sie wollen die Frommen (Volk Gottes) ausbeuten, ausnutzen, übers Ohr hauen (5: „sie fressen mein Volk ...“). Sie wollen die Zehn Gebote (das Gute – 4) abändern. Modern gesprochen: das Töten soll unter bestimmten Umständen erlaubt sein (z.B. im Mutterleib!), die Ehe soll unter bestimmten Umständen geschieden werden dürfen, die

Eltern braucht man nicht unbedingt zu ehren (man kann sie sogar verklagen) usw.

■ 3. Glaube rechnet mit Gottes zukünftigem Eingreifen (6.7)

Mancher fragt: Was nutzt es mir, wenn ich recht habe, aber der andere hat die Macht? Antwort des Glaubens: Gott hat die Macht und wird sie schon zu seiner Zeit für sein Recht einsetzen. Gott hat jetzt schon sein Recht gegeben, seine Macht folgt hinterher. Oder: Wer zuletzt lacht, lacht am besten.

Fragen

1. Kann man den Verstand wirklich so ohne weiteres für den Glauben vereinnahmen, wie es der Psalmist hier tut? Oder kommt bereits diese Frage aus unserem so angeknacksten Selbstbewußtsein? Haben wir uns bereits so sehr von den Zweiflern und Gegnern ins Bockshorn jagen lassen, daß wir kaum noch wagen, mit dem Verstand an Gottes gute Nachricht heranzugehen, statt bloß zu sagen „Das muß man eben glauben"? Haben wir unseren Verstand verkümmern lassen in Richtung Glauben und gebrauchen ihn nur in Richtung eigene Karriere?

2. Erscheint nicht einiges in diesem Psalm übertrieben? Gibt es wirklich keinen, der „etwas" Gutes tut? „Etwas" Gutes tut doch wohl jeder – oder wie ist das gemeint? Sind wir wirklich „völlig" verdorben? Gibt es nicht doch Unterschiede unter den Menschen? Darf man alle so einfach über einen Kamm scheren? Wie soll man das richtig verstehen?

3. Es ist immer leicht, bei anderen die Fehler zu sehen – aber nehmen wir eigentlich Gott ernst in unserem Alltag? Wo sind meine Schwachstellen im Blick auf das Ernstnehmen Gottes? Wo fühle ich mich überfordert, etwas zu ändern, und wo könnte ich etwas ändern, wenn ich es nur ernsthaft wollte? Was hindert mich, an den Stellen einmal anzufangen, wo Änderung (wenn auch mit Kraftaufwand!) möglich ist?

4. Rechne ich mit Gottes Eingreifen? Vertraue ich darauf, daß Gott all unser Mühen einmal lohnen wird? Warum nicht?

Vgl. dazu auch die „Bausteine" zu Psalm 14.

Psalm 92
Es macht Freude, Gott zu danken

Begriffe

■ **Tiefe Gedanken**
Bei Gottes Gedanken kann man als Mensch immer nur das Ergebnis, sozusagen die Oberfläche, bzw. das, was am Ende dabei herauskommt, sehen. Aber die Hintergründe der Taten Gottes sind für uns unerkennbar, so daß wir ständig fragen „Warum? Wieso? Warum nicht?" Es ist wie bei einem Weltklasse-Schachspieler. Wir verstehen manche seiner Spielzüge nicht, weil wir nicht so weit vorauskombinieren können wie er. Wer diese Einsicht gewonnen hat, kann erwartungsvoll Gottes Wege mitgehen – am Ende erkennt er den Grund.

■ **Übeltäter**
Die Menschen, die Gottes Gebote mißachten (8). Kann man diese Menschen so allgemein „Übeltäter" nennen? Die Bibel tut es! Sie ist absolut überzeugt von der Richtigkeit der Gebote Gottes für ein heiles Leben. Wer dem zuwider handelt, stört das Heil, verbreitet Unheil. Also ist auch der, der Vater und Mutter nicht ehrt, ein Übeltäter? Ja! Auch der, der den Sonntag nicht heiligt, indem er nicht in der Gemeinschaft der Heiligen Gottes Wort hört und Gott lobt? Ja, auch der ist ein Übeltäter.

■ **Vertilgen**
Vernichten, entfernen. Die Übeltäter werden aus der Nähe Gottes entfernt, sie haben keinen Zugang mehr zu Gott. Wie gut, daß im Neuen Testament das die Botschaft ist: Auch Übeltäter dürfen nochmal einen neuen Zugang haben – Jesus ist die auch für Übeltäter geöffnete Tür zu Gott. Wohl dem, der davon Gebrauch macht!

■ **Recht machen**
Das Richtige tun; das tun, was am Ende zu einem guten Ergebnis führt und das Leben heil macht.

Zusammenhänge

„Das ist ein köstlich Ding ..." – natürlich macht das Christsein nicht immer Freude. Es gibt manche Schwierigkeiten und Hindernisse auf

dem Weg der Nachfolge Jesu. Warum soll es den Nachfolgern Jesu eigentlich besser ergehen als Jesus selbst? Dennoch – der Grundton der Nachfolge ist und bleibt die Freude! Dieser Grundton der Freude bricht sich in der Bibel immer wieder Bahn. Ja, mitten in den größten Schwierigkeiten des Lebens taucht dieser Grundton der Freude plötzlich auf und hüllt alles in ein neues Licht.
„Was du getan hast, Herr, macht mich froh ..." Das ist der Grund der Freude: die Taten Gottes. Das ist umgekehrt der Grund der Nicht-Freude. Das Starren auf das eigene Tun oder Versäumen. Wer sich an sich selbst „berauschen" will, wird auch immer wieder mit einem dikken „Kater" aufwachen. Wer aber das Tun Gottes in den Blick nimmt, der wird zur Freude gelangen. Der wird merken, wie Gott all sein Tun anlegt zu unserem menschlichen Heil und Wohl. Und damit ist tausendmal besser für uns gesorgt, als wenn wir selbst etwas in die Hand nehmen. Vor allem: Nur so werden wir auch erfahren, wie Gott alle Schwierigkeiten auf seine Weise aus dem Weg räumt. Das allein macht froh. Bei all unserem notwendigen Tun in Gemeinde und Jugendarbeit ist es wichtig, daß wir uns immer wieder auf das besinnen, was den Grundton der Freude lebendig erhält. Sonst fühlen wir uns eines Tages überfordert und fangen an, uns selbst zu bemitleiden und über die Faulheit der anderen zu schimpfen.

Aussagen

■ 1. Freude am Singen und Danken (2-4)

Jede Freude will sich ausdrücken. Auch die Freude des Christen. Wie? Im Lied! Mit Liedern kann man am einfachsten Gott loben. Jeden Morgen zum Frühstück nicht nur eine Tasse Kaffee, sondern ein Lied zur Ehre Gottes. Wer ein Morgenmuffel ist, kann es auch mittags oder abends machen. Aber kein Tag ohne Lob im Lied. Übrigens: der Psalmist macht es sogar morgens und abends. Das Singen ist das Zähneputzen der Seele. Da wird die Seele auf Gottes herrliche Taten eingestimmt.

■ 2. Freude trotz Widerspruch (5-12)

Natürlich gefällt solcher Lobgesang nicht jedem. Mancher hält das für übertriebene Frömmigkeit. Mancher fragt auch spitz zurück „Wo war Gott denn, als ... Und wie ist das mit deinem Gott zu vereinbaren, daß ... Und überhaupt gehst du mir mit deinem ewigen Loben auf den Keks!"

Der Psalmist läßt sich auch durch massive Drohungen (12) nicht einschüchtern. Er weiß: Wer zuletzt lacht, lacht am besten. Und er weiß, daß unser Gott ganz sicher das letzte Wort behält. Dies Wissen erhält seine Freude.

■ **3. Freude bis ins hohe Alter** (13-16)
Das Lob Gottes erhält jung. Nicht in dem Sinn, daß man nicht älter und schwächer wird. Aber in dem Sinn, daß man immer noch loben kann und dankbar ist. Da man es gelernt hat, sich im Leben nicht um sich selbst zu drehen, wird man auch im Alter nicht wehleidig, sondern ist offen und hilfsbereit für die anderen. Man ist immer noch ein fröhlicher Zeuge.

Fragen

1. Wann habe ich zum letzten Mal allein gesungen oder in meinem Kreis (Familie, Gruppe, Beruf) andere zum Singen von Jesusliedern angeregt? Welche Ausreden liegen mir gerade auf der Zunge, weil ich auf die erste Frage nur eine negative Antwort hatte? Gilt das wirklich vor Gott, daß jemand angeblich „nicht singen kann"? Könnte er dann nicht zur Ehre Gottes summen, brummen, pfeifen? (Übrigens: wenn ich heiser bin, habe ich im Gottesdienst sogar schon leise mitgepfiffen!) Warum habe ich keine Freude am Lob Gottes?

2. Wann und warum versteht ein Mensch nicht die Gedanken Gottes (vgl. 7)? Muß ein Mensch wirklich erst Gott „verstehen", ehe er an Gott glauben und ihm die nötige Ehre erweisen kann? Ist dieses Verlangen nach „Verstehen" nicht fast immer ein Sich-drücken vor dem „Gehorchen" (vgl. 7.8)? Was hindert mich am Gehorchen?

3. Wie wird der Psalmist mit der Tatsache fertig, daß es nicht nur einige, sondern offenbar viele (vgl. 8) Verächter Gottes gibt? Was erhält ihm die Freude bei allem Widerspruch? Was läßt ihn nicht mutlos werden? Woran kann ich mich also auch halten?

4. Kenne ich solche altgewordenen Christen, die noch im Alter glaubensfrisch geblieben sind, die noch als Pensionäre eifrig Gott dienen? Es gibt sicher viele, die sich nur um sich selbst und ihre Leistungen oder Krankheiten drehen – aber kenne ich nicht auch andere, die sich um Gottes Ehre drehen? Wenn nicht, liegt es daran, daß es bei mir keine gibt, oder daran, daß ich mich bisher nicht für Ältere interessiert habe?

Psalm 119,1-16
Alles richtig erkannt?

Begriffe

▪ Gesetz, Gebote

Beide Begriffe werden in der Bibel mit unterschiedlicher Bedeutung gebraucht:
1. Zehn Gebote vom Sinai
2. alle Anweisungen Gottes
3. Wenn Jesus vom „Gesetz und den Propheten" spricht, dann ist mit Gesetz der erste Teil des Alten Testaments gemeint, also auch die Berichte über Gottes rettendes Handeln.

In Psalm 119 liegt die letzte Bedeutung vor. Alle Offenbarung Gottes, alles Reden und rettende Handeln, kann mit einem einzigen Wort zusammengefaßt werden: Gesetz, Gebot, Mahnungen, Befehle, Ordnungen, Wort, Weisung, Zeugnis – alle acht verschiedenen Worte bezeichnen dasselbe. Sicher liegt der Ton auf dem fordernden Willen Gottes. Doch eben auf dem Hintergrund seines gnädigen Handelns an Israel wird auch die Forderung Gottes als gut und gnädig erkannt. Losgelöst von Gottes erfahrbarer Gnade erscheint das Gesetz immer nur als Last. Durch seine Errettung (für Israel: in der Befreiung aus Ägypten – für uns: in der Erlösung am Kreuz auf Golgatha) bekommen auch alle Gebote einen positiven Klang.

▪ Herz

Ursprünglich: der Kern einer Sache, der Mittelpunkt, das Wesentliche. So bezeichnet die Bibel mit Herz nicht nur das zentrale Organ des Blutkreislaufes, sondern zugleich das Zentrum der menschlichen Person, die Stelle, wo die Entscheidungen des Lebens fallen. Nicht umsonst wird Wert darauf gelegt, daß bei allem geistlichen Tun des Menschen eben diese Zentralstelle beteiligt ist. Ein bloß äußerliches Suchen (2.10), Danken (7) und Gottes Wort hören (11) wäre wertlos.

Zusammenhänge

Der Psalm 119 ist der mit Abstand längste Psalm. Sein einziges Thema: Das Lob des Gesetzes Gottes. Dieses Lob hat der unbekannte Dichter des Psalmes in kunstvoller Weise dargebracht. Entsprechend den

22 Buchstaben des hebräischen Alphabets finden wir 22 Strophen mit jeweils acht Versen. Die acht Verse einer Strophe beginnen jeweils mit dem gleichen Buchstaben. Mit jedem einzelnen Buchstaben wird also ein achtfaches Lob auf das Gesetz Gottes gesungen!
Immer wieder haben die Menschen des Alten Bundes das Lob des göttlichen Gesetzes gesungen (vgl. Psalm 1,1-3; 19,8ff; 40,9ff; 78,3ff). Sie empfanden es nicht, wie der moderne Mensch, als Einengung des menschlichen Lebens, als Zwang und Verbot. Im Gegenteil empfanden sie Gottes Gesetz als Befreiung. Es zeigte ihnen in dem rätselhaften Vielerlei dieses Lebens, in dem ichbezogenen Leben des einzelnen Menschen, das immer nur zu Streit und Neid und Tod führt, einen neuen Weg, einen gemeinsamen Weg. Ein Weg, wie man friedvoll miteinander leben kann, wie das Leben Sinn und Ziel bekommt.
Wie bei einer Hafenausfahrt die Bojen die Fahrt des Schiffes nicht einengen und beschränken, sondern im Gegenteil erst eine freie und ungefährdete Fahrt ermöglichen, so gewähren auch die Gebote Gottes freie und ungefährdete Lebensfahrt. Sie sind nicht Verbote, sondern Angebote. Angebote zu einem lohnenden Leben. Wer diese Angebote ausschlägt, schadet immer nur sich selbst (und seinen Mitmenschen). Wer sie begreift, lobt den Gott, der sie gegeben hat.

Aussagen

▪ 1. Ziel erkannt!

„Wohl denen ..." (1f) sagt der Psalmist. Er hat also begriffen, daß die Leute glücklich (= wohl denen) sind, die sich an Gottes Gesetz halten. Ich fürchte, viele haben noch gar nicht das Ziel erkannt, sondern gleichen einem Autofahrer, der plötzlich ganz woanders ankommt, als er vorhatte. So merken viele junge Menschen erst zu spät, daß Geld, Drogen, Alkohol, Kriminalität, bloße Sexualität nicht zum großen Glück führen. Das Ziel erkannt zu haben, ist wesentlich für ein glückliches Leben.

▪ 2. Problem erkannt!

„O daß mein Leben ..." (5f). Der Psalmist merkt: Ich stehe mir selbst im Weg! Obwohl ich theoretisch das Ziel genau kenne, laufe ich in der Praxis gern noch andere Wege. Der Psalmist sieht unsere menschliche Doppelgleisigkeit. Deswegen ringt er jetzt im Gebet darum, daß Gott ihm Kraft und Mut gibt, auf dies Ziel „mit ganzem Ernst" (5) und „allein" (6) auf dieses Ziel zuzusteuern. Er „will" (8) es ja, aber mit dem guten Willen allein ist es nicht getan. Darum fleht er um Gottes Hilfe. Ohne dauerndes Gebet schaffe auch ich es nicht!

■ **3. Weg erkannt!**

Das Gebet ist wichtig, doch man muß auch ganz konkrete Schritte tun, um Gottes Gesetz zu halten: Gottes Willen ehrlich, von ganzem Herzen suchen und nicht so tun, als ob man alles wüßte (10) – das Wort Gottes nicht nur oberflächlich lesen, sondern fest in Herz und Gedächtnis sich einprägen (11) – sich Gottes Weisungen auch laut (!) vorsagen (13) – nachdenken über das gelesene und gehörte Wort Gottes (15: reden = wörtlich: nachdenken über).

Fragen

1. Welche Gebote Gottes leuchten mir ein und scheinen mir für mein persönliches und das allgemeine Leben gut und richtig? Welche davon bereiten mir trotzdem Schwierigkeiten in der Verwirklichung?

2. Welche Gebote Gottes leuchten mir für die heutige Zeit und für mein persönliches Leben nicht ein? Was sind die Gründe dafür? Genügt es zu sagen „das paßt nicht in unsere Zeit", oder muß man nicht tiefer fragen: Sind sie mir vielleicht persönlich zu unbequem? Fürchte ich eine Einschränkung meiner persönlichen Freiheit, oder befürchte ich, daß ich gegenüber anderen zu kurz komme?

3. In welchen Bereichen weiß ich ehrlich nicht, was Gott von mir will, weil die Bibel da anscheinend kein konkretes Gebot Gottes aufweist? Welche Schritte habe ich unternommen, um darüber Klarheit zu bekommen? Habe ich andere Christen danach gefragt? Haben wir im Bibelkreis einmal darüber gesprochen?

4. Welcher große christliche Jugendverband hat seit über 100 Jahren Psalm 119,9 als Leitmotiv? Halte ich es für erlaubt und dem Sinn der Gesamtbibel entsprechend, wenn man das Wort „Mann" in diesem Leitmotiv in „Mensch" abändern würde?

5. Wenn man nochmals alle 16 Verse durchgeht: Welche Verse des Psalmisten kann man ohne Schwierigkeiten auch so sagen? Welche Verse könnte ich nicht so ohne weiteres aus vollem Herzen mitsprechen? Warum nicht?

Psalm 119,25-32
Klagen bei Gott erlaubt

Begriffe

▪ Wunder

Ein Ereignis, das den Menschen zum Staunen bringt, weil es logisch nicht zu erklären ist. Dabei ist der moderne Mensch fixiert auf die Naturgesetze, deren Durchbrechung er als Wunder bezeichnet. Der biblische Mensch dagegen ist fixiert auf Gottes Handeln, dessen Wirken zugunsten seines Volkes ihn immer wieder zum Staunen bringt. Ob dies Wirken nun im Rahmen der Naturgesetze sich vollzieht oder nicht, ist für ihn zweitrangig. Jede Hilfe Gottes, jede Führung Gottes durchs Leben ist ihm ein Wunder. Sein Fragen beim Wunder ist nicht: „Wie ist das möglich?", sondern „Was will Gott mir damit sagen?"

▪ Gesetz

Ganz allgemein ist damit das Handeln und Reden Gottes im Alten Bund gemeint – also nicht nur die Gebote und Anordnungen Gottes. Weil Gottes Handeln stets aus Liebe zu seinem Volk geschah, wurden auch die Gebote positiv verstanden: als Gottes gute Ordnung für den Menschen. Sobald man aber die Gebote loslöst von Gottes Liebeshandeln, bekommen sie den Charakter des Bedrückenden und Bedrängenden. In Psalm 119 hat das Gesetz noch ganz seinen positiven Klang.

▪ Zuschanden werden

Die Menschen der Bibel wissen darum, daß unser Leben nicht einfach zu Ende geht, sondern am Ende von Gott begutachtet wird. Da kann mich Gott „am Ende mit Ehren" annehmen (Ps. 73,24), oder ich kann dann „zuschanden werden", d.h. nicht angenommen werden. Aus diesem Wissen um Gottes Gericht kommt sowohl der Eifer um ein Gelingen des Lebens als auch die demütige Bitte um Gottes Gnade (31b).

Zusammenhänge

Der Psalm 119 ist ein einziger Lobgesang auf Gottes Gesetz. In immer wieder neuen Formulierungen (Gesetz, Vorschriften, Ordnung, Weisung, Befehle, Wunder usw.) setzt der Psalmist seine ganze Hoffnung auf das, was von Gott kommt. Das ist des Menschen einzige Hilfe und Trost. Der Psalmist versteht Gottes Wort nicht als Verbot (Du darfst

dies nicht, du sollst jenes nicht), sondern als Gebot (hier ist ein guter Weg für dich, dort kommst du mit deinem Leben voran).
Wie kommt es, daß ein Mensch solch eine positive Sicht des Gesetzes haben kann? Wieso hat der moderne Mensch genau die gegenteilige Sicht? Der Grund liegt ganz allein in dem Verhältnis, das ein Mensch zu seinem Gott hat. Wer kein Verhältnis zu seinem Gott hat, der kann auch nicht das positiv sehen, was an Worten von Gott kommt. Wer dagegen in einem Glaubensverhältnis zu Gott lebt, der sieht natürlich alles positiv, was von seinem Gott kommt. Er glaubt ja. Und er hat ja genügend positive Glaubenserfahrungen mit seinem Gott gemacht. Wie sollte er auf die Idee kommen, daß sein Gott es in seinem Gesetz nicht positiv mit ihm meine? Es spricht also aus diesem Psalm kein „Untertanengeist", der sich einfach gedankenlos allem beugt, was von Gott kommt, der in einem blinden Gehorsam lebt, sondern ein „Vertrauensgeist", der durch Erfahrungen gelernt hat, daß sein Gott es gut meint, auch wenn er Gottes Wege vielleicht im Moment nicht durchschaut.

Aussagen

■ 1. Klagen vor Gott erlaubt

Es gibt Menschen, die dauernd klagen. So richtige „Jammerlappen". Was wollen sie damit erreichen? Beachtung der anderen, Zuwendung, Mitleid. Sie möchten gern Mittelpunkt sein. Und weil sie es nicht durch Leistung schaffen, versuchen sie es durch Jammern. Das ist nicht gut. Die Menschen der Bibel zeigen uns eine andere „Klagemauer": Gott selbst. Bei ihm darf ich mein Herz ausschütten. Gerade die, die echtes Vertrauen zu Gott haben, nutzen diese Erlaubnis. Wie der Psalmist. Und Gott erhört solches Klagen (26a).

■ 2. Gebete nicht ohne Gebote

Wie siamesische Zwillinge gehört das zusammen: das Klagen vor Gott und Fragen nach Gott und Gottes Willen. Der Psalmist weiß, daß Gottes Hilfe nicht im Aufheben der Gebote besteht, sondern in einer Einführung in das bessere Verständnis seines Gesetzes. Erfahrung der Hilfe und Unterstellung unter Gottes Ordnung sind zwei Seiten der Medaille. Weil viele Menschen das auseinanderreißen, erfahren sie so wenig von Gottes Hilfe, sind ihre Gebete so kraft- und saftlos. Der Psalmist lehrt uns recht beten.

■ 3. Eine Entscheidung ist nötig (30a)

Solche Gebetseinstellung und solche Gebotseinstellung kommen nicht aus unserem Gefühl, sind keine Sache von Stimmungen, sondern entspringen aus unserem Willen. Wollen wir das oder wollen wir das nicht? Es geht um eine klare, nüchterne Entscheidung. Der Psalmist hat sich entschieden. Darum kann er recht klagen und sich Gott unterstellen. Egal, was sein Gefühl gerade sagt.

Fragen

1. Fühle ich mich auch manchmal so kraftlos wie der Psalmist (25), so daß ich zu nichts Lust habe und nur öde herumhänge? Tröstet mich das nicht ein bißchen, daß es selbst einem Psalmisten so ging? Aber was tut dieser Mann in solcher Lage? Und was bewirkt es bei ihm? Könnte ich nicht von diesem Mann lernen für meine Durchhänger?

2. Wie betet dieser Mann? Gibt er Gott im Gebet große Versprechungen, was nun alles besser werden soll in seinem Leben? Weiß er schon, wie es nun weitergehen wird oder soll? Oder gibt er sich nicht vielmehr ganz in Gottes Hände und wartet nun darauf, wie Gott es bei ihm weitergehen lassen will? Meinen wir vielleicht oft viel zu schnell, schon genau zu wissen, wie es weitergeht? Mache ich im Gebet Gott heimlich Vorschriften, oder bin ich offen für Gottes Vorschriften?

3. Welche innere Einstellung habe ich zu Gottes Vorschriften? Empfinde ich sie als Einengung meines Lebens? Oder sehe ich die reichen Möglichkeiten, die Gott mir damit gibt? Warum sieht der Psalmist alle Gebote Gottes so positiv an? Welche Gründe nennt er?

4. Gehöre ich zu den Leuten, die am liebsten keine eigene Entscheidung treffen möchten, sondern sich lieber erhoffen, daß Gottes Entscheidung sie so überfällt, daß sie gar nicht mehr anders können? Die darum oft so schlapp und entscheidungslos herumhängen, bis sie ein besonderes Gefühl überfällt, daß sie als Gottes Gefühl deuten? Wo bleibt der von Gott gegebene Wille, der sich für Gottes klares Gebot entscheiden soll?

Psalm 119,33-40

Gottes Spielregeln fürs Leben

Begriffe

■ Gebote/Gesetz

Man kann die Gebote Gottes mit Spielregeln fürs Leben vergleichen. Kein Spiel, das der Mensch im Laufe seiner Geschichte erfunden hat, funktioniert ohne Gebote, ohne Spielregeln – egal, ob es sich um Gesellschaftsspiele oder um Sportspiele (Fußball z.B.) handelt. Erst die Regeln machen das Spiel möglich. Als Gott diese Welt „erfunden" (erschaffen) hat, hat er ihr auch Regeln mitgegeben. Der Natur hat er diese Regeln gleich „eingebaut": die Naturgesetze. Alles in der Schöpfung läuft unweigerlich nach ihnen ab. Dem Menschen hat Gott auch Regeln gegeben, die Zehn Gebote. Aber er hat sie ihm nicht eingebaut, sondern gegenübergestellt. Der Mensch soll in eigener Entscheidung diese Regeln anerkennen (wie z.B. beim Fußballspiel). Doch auch wenn er sie nicht anerkennt – es bleibt dabei, daß sie Gültigkeit haben. Unwiderruflich. Wer die Regeln immer wieder mutwillig verletzt, wird vom Platz gestellt.

■ Gottes Wort

Gottes Wort meint die bindende Zusage, daß Gott sein Volk erretten und bewahren will und am Ende in seine ewige Herrlichkeit bringt. Zunächst war diese Zusage nur dem Volk Israel gegeben, seit Jesus aber allen Menschen – vorausgesetzt, daß sie der Zusage Gottes von Herzen glauben. Mit der Ausweitung der Zusage an alle Menschen ist die Zusage an Israel nicht aufgehoben, aber ebenfalls an Jesus gebunden.

■ Schmach

Absichtliche Mißachtung oder versehentliche Verfehlung der Regeln Gottes bringt Schmach mit sich, weil der Mensch damit sein gottgegebenes Ziel verfehlt. Diese Verfehlung kann der Mensch nicht wieder gut machen. Gott aber kann sie wegnehmen und den Menschen dadurch erneuern.

Zusammenhänge

Psalm 119 ist der längste aller Psalmen. Er besteht aus 22 Strophen mit je 8 Versen. Dabei hat der Psalmdichter in kunstvoller Weise die 8 Verse einer Strophe jeweils mit dem gleichen Buchstaben beginnen lassen und bei der 1. Strophe mit dem ersten Buchstaben des hebräischen Alphabets begonnen.
Der ganze Psalm 119 ist ein einziges Lob des göttlichen Gesetzes. Dabei gebraucht der Psalmist für „Gesetz" acht verschiedene hebräische Worte, um die ganze Weite des Wortes Gottes auszuschöpfen. Jede Seite an Gottes Gesetz ist zu loben, läßt den Menschen, der das Gesetz begriffen hat, in Lob ausbrechen. Ein achtseitiges Lob in 22 Strophen. Schon in anderen Psalmen begegnen uns Anfänge solches Lobens (Psalm 19,8ff; 1,1-3), doch nirgends so ausführlich wie hier.
Während der moderne Mensch das Gesetz als bedrückend, als Last, als Einengung empfindet, ergeht es dem Psalmisten ganz anders. Das Gesetz Gottes ist ihm im Gegenteil Lust, Freude, Bereicherung, Sicherung seines Lebens. Er fühlt sich dabei wie einer, der große Beute macht (162). Er lernt dadurch mehr, als er je von seinen Lehrern oder den Alten, Erfahrenen lernen könnte (99.100). Wie ist das möglich? Es ist eine Frage der Perspektive! Aus der Sicht des Glaubens gewinnt das Gesetz plötzlich lauter positive Seiten (vgl. Jer. 31,33; 1. Joh. 5,3f). Denn der Glaube sieht mit Gottes Augen. Der Unglaube aber hat immer nur Angst um das eigene Ich, daß es zu kurz kommt. So kann der Unglaube auch die Gebote nur negativ sehen.

Aussagen

■ **1. Erkenntnis der Regeln Gottes** (33f)

Es gibt so viel Unkenntnis der Regeln Gottes, weil der Mensch zu oberflächlich hinhört auf Gott oder zu oberflächlich die Bibel liest. Man muß sich schon Mühe geben, um alles richtig mitzubekommen. Den Verstand gerade nicht an der Eingangstür zur Kirche abgeben, sondern im Gegenteil einschalten, um alles mitzubekommen.

■ **2. Befolgen der Regeln Gottes** (35f)

Aus dem Horchen muß das Gehorchen werden, aus dem Hören das Tun. Wieviel Aktivitäten verwendet der Mensch doch darauf, an Geld zu kommen. Und wieviel darauf, die Gebote zu befolgen? Wer in die verkehrte Richtung läuft, kann noch so schnell laufen – er kommt doch nicht ans Ziel!

■ **3. Was uns so leicht hindert** (37f)
Unser Blick hängt immer wieder an „Nichtigkeiten“, d.h. an Dingen, die doch so schnell vergehen. Merkwürdig, was die vergänglichen Dinge für eine Anziehungskraft auf uns ausüben. Es ist wie eine Sucht: Man weiß, daß es schädlich ist, und tut es doch! Da kommt man nicht allein heraus. Gott selbst muß da eingreifen und helfen. Muß in unseren Herzen neu bestätigen, daß seine Zusage gilt. Im Gebet dürfen wir ihn immer wieder darum bitten.

■ **4. Gottes gute Entscheidungen** (39f)
Das Beste ist: sich Gott ganz ausliefern! Mit dem, was einem Angst macht. Mit seinem Versagen. Mit seinem ganzen Wollen. Es gibt keinen größeren Zickzack-Kurs im Leben, als wenn man selbst steuern will. Wenn wir uns aber Gott überlassen, wird alles gut (auch wenn es durch Schwierigkeiten geht!).

Fragen

1. Kenne ich eigentlich die Regeln Gottes? Sind mir die Zehn Gebote so bekannt, daß ich zu jedem sagen könnte, was Gott damit meint, was Gott damit *mir* sagen will? Sind mir die wichtigsten Gebote aus der Bergpredigt Jesu bekannt? Gebe ich mir beim Erkennen und beim Praktizieren der Gebote ähnlich viel Mühe wie mit meinem Hobby? Oder so viel Mühe wie mit der Überlegung, wie ich Berufskarriere machen kann oder an mehr Geld herankomme? In welchen Lebensbereichen setze ich eigentlich planend meinen Verstand ein?

2. Der Psalmist kennt das Problem unseres Herzens – ich auch? Was betont er deswegen in Vers 34b? Worin sieht er eine große Gefahr? (Vergleiche dazu 113, auch die 2, 10, 58, 69 u.a.) Mit wem oder womit muß Jesus mein „Herz“ teilen?

3. Wieso ist das Befolgen der Regeln Gottes für den Psalmisten Freude? Wieso fühlt er sich durch Gottes Gebote nicht in seiner freien Entfaltung eingeengt? Ist er einfach ein anderer Mensch als wir? Oder geht es uns genauso? Wie kommt es, daß einigen (wenigen?) Leuten die Gebote Gottes Freude machen, den meisten aber nicht? (Vergleiche dazu Vers 14, 16, 24, 47, 97 u.a.)

4. Was beschäftigt uns in unserer Gemeindearbeit am meisten? Wohin gehen die meisten Programmwünsche? In Richtung Bibelarbeit? Was würde der Psalmist wohl als Wunsch in unser Programm einbringen? Wie wäre es, wenn einer von uns in die Rolle des Psalmisten schlüpft und mit uns diskutiert?

Psalm 119,73-80
Erfahrungen mit Gottes Wort

Begriffe

■ Gesetz
Dies Wort kann in verschiedener Bedeutung gebraucht werden:
– das Gesetz vom Sinai = Zehn Gebote
– alle Gesetze und Anweisungen Gottes an sein Volk Israel
– alle Geschichtsbücher des Alten Testaments.
In Psalm 119 bezeichnet das Wort „Gesetz“ bereits das gesamte Wort Gottes, seine Offenbarung an den Menschen, so wie es in Heilstat und Gebot ergangen ist. Dabei kann dies Wort durchaus ausgewechselt werden mit anderen Worten wie „Gebot“ (73), „Wort“ (74), „Befehle“ (78), „Mahnungen“ (79) u.a. Wenn auch der Ton auf dem fordernden Willen Gottes liegt, so sieht der Psalmist diese Forderung Gottes doch immer im Zusammenhang mit der erfahrenen Hilfe Gottes. Weil Gott hilft und geholfen hat, ist auch sein Gesetz eine begehrenswerte Sache.

■ Die Stolzen
Bezeichnung der Bibel für Gegner Gottes. Sie sind Gegner Gottes nicht deswegen, weil sie Gott leugnen, sondern weil sie ihr eigenes Ich so hoch ansetzen. Stolz ist nichts anderes als die Überbewertung des Ichs und damit die Degradierung Gottes. Gerade der Stolze hat jedoch keine Chance bei Gott (Sprüche 16,5.18; Hiob 34,24).

■ Rechtschaffen
Ein Ausdruck, der häufig in Verbindung mit dem menschlichen Herzen benutzt wird. Er bezeichnet die „richtige Beschaffenheit“, das „richtige Verhalten“, die „richtige Sinnesart“. Dabei ist mit „recht, richtig“ immer gemeint: so, wie Gott es will. Rechtschaffen ist ein Mensch dann, wenn er sich an Gott orientiert.

Zusammenhänge

Der Psalm 119 ist ein sogenannter Kunstpsalm. Er besteht aus 22 Strophen mit je acht Versen. Alle acht Verse einer Strophe beginnen mit dem gleichen Buchstaben. Jede Strophe beginnt mit einem der 22 Buchstaben des hebräischen Alphabets.

Der Psalm 119 enthält keinen fortlaufenden Gedankengang, der nun entfaltet wird. Er hat nur ein einziges Thema, das immer wieder besungen wird: wie ist doch Gottes Gesetz so gut für uns Menschen! Immer wieder haben die Gläubigen im Alten Testament das Lob des göttlichen Gesetzes gesungen (z.B. Ps. 1; 19,8ff; 40,9ff), doch nie so ausführlich und so kunstvoll wie in Psalm 119.
Psalm 119 zeigt, wie das Gesetz Gottes für die Gläubigen keine Last, sondern eine Lust ist; kein Verbot, sondern ein Angebot; kein Zwang, unter dem der Mensch zu stöhnen hätte, sondern Erlaubnis – nämlich die Erlaubnis, als Kind und Mitarbeiter auf dieser Erde leben zu dürfen. In diesem Gesetz wird ein Ausweg aus aller Friedlosigkeit und Ratlosigkeit des Menschen gezeigt, ein Weg zum Frieden und harmonischen Zusammenleben der Menschheit. Erst heute entdecken manche Menschen wieder, welche Wohltat auch die Bergpredigt, das neutestamentliche Gesetz ist, weil sie Wege zum Frieden zeigt. Auch Johannes betont im Neuen Testament, daß die Gebote nicht schwer sind (1. Joh. 4,3) – offenbar im Gegensatz zu einer weitverbreiteten Meinung heute. Schwer sind Gottes Gebote immer dem, der innerlich nicht die rechte Einstellung zu Gott hat, der nicht wiedergeboren ist (1. Joh. 4,4).

Aussagen

▪ 1. Weil Gott Schöpfer ist ... (73)

Viele geben ihre Gesetze in unsere Welt. Einer aber nur hat das Vor-Recht: der, der uns gemacht hat. Darum sind seine Gebote wichtig für uns. Wer mir nicht das Leben gegeben hat, hat mir nichts zu sagen!

▪ 2. Zwischen Freund und Feind ... (74.78)

Wer sich öffentlich und offensichtlich an Gottes Gebote hält, wird immer Freunde und Feinde haben. Wie gut, wenn man da nicht einfach mit den einen gemeinsame Sache gegen die anderen macht, sondern beiden gegenüber am Wort Gottes hängen bleibt. Auch Freunde können nur raten, nicht Maßstab sein. Und Feinden kann ich nicht mit gleicher Lüge heimzahlen.

▪ 3. Auch der Fromme lebt allein aus Gnaden ... (75f)

Mit den eigenen Leistungen kann man vor Gottes Urteil nicht bestehen. Auch der Glaubende nicht. Gott muß uns manchmal demütigen = ein bißchen kleiner machen, weil wir unter seinem Deckmantel doch ein bißchen selbst groß sein wollten. Doch Gott sei Dank! – seine Gnade tröstet uns wieder und gibt uns nach dem Versagen neuen Mut.

■ 4. Das Herz ist entscheidend … (80)
Es geht wirklich nicht nur um das äußere Halten der Gebote. So nach dem Motto „… doch wie's tief drinnen aussieht, geht niemand was an". Es kommt alles darauf an, daß auch innen, in dem vor anderen Menschen verborgenen Teil meines Ich, alles richtig ist vor Gott. Denn „ein Mensch sieht, was vor Augen ist; Gott aber sieht das Herz an" (1. Sam. 16,7b).

Fragen

1. Kann ich auch sagen „Ich habe Freude an deinem Gesetz" (77)? Wenn ja, warum? Was macht mir Freude? Wie ist es zu meiner Freude gekommen? Wenn nein, warum nicht? Was hindert mich, mich darüber zu freuen? Sehe ich eine Möglichkeit, daß das anders werden kann? Habe ich schon mal mit einem älteren Christen darüber gesprochen?

2. Weiß ich eigentlich, welche alttestamentlichen Gesetze Jesus verändert und verschärft hat? Welche hat Jesus als unwichtig angesehen, die dann auch von der Christenheit nicht übernommen wurden? Welche Gebote müssen wir also heute „lernen" (73) und welche nicht?

3. Habe ich schon einmal erfahren, daß Gott mich „in seiner Treue" – d.h. um mich wieder zurecht zu bringen – „gedemütigt" (75) hat? Wie hat er das getan? Wie lange hat das gedauert, bis ich seine „Demütungssprache" als etwas Gutes für mich entdeckte? Habe ich das dann auch mal anderen erzählt?

4. Womit tröste ich mich, wenn etwas schief gelaufen ist oder wenn ich selbst versagt habe? Was macht mir Mut, wenn mir andere meine Fehler vorhalten und ich innerlich genau weiß, daß sie recht haben (auch wenn ich protestiere)? Hilft mir das biblische Wort „Gnade" dann, oder ist es für mich nur ein leeres Wort? Kann ich mir dieses Wort von Gott neu füllen lassen?

Psalm 119,161-176
Freude am Gesetz Gottes

Begriffe

■ Greuel

Bezeichnung für eine Sache oder Tat, die Gottes Wollen absolut zuwider ist. So wird mit diesem Wort vielerlei bezeichnet: Götzendienst (Jer. 44,4), Stolz (Spr. 16,5), alles Tun der Gottesleugner (Ps. 14,1), Selbstgerechtigkeit (Luk. 16,15), ja sogar Opfer, wenn sie nicht von Gläubigen kommen (Jes. 1,13).

■ Gesetz

Im engeren Sinn Lebensordnung, die Gott seinem Volk in seiner Offenbarung gegeben hat, angefangen von den Zehn Geboten über die sogenannten Heiligkeitsgesetze (3. Mose 17-26) bis zur Gesetzeswiederholung und Ergänzung in 5. Mose 12-26. In diesem Sinn haben auch die Pharisäer das Wort Gesetz immer verstanden. Verschiedentlich hat das Wort „Gesetz" einen erweiterten Sinn, wenn Jesus von dem „Gesetz und den Propheten" spricht (Matth. 22,40; 11,13). Hier ist das gesamte in den mosaischen Büchern berichtete Heilsgeschehen Gottes gemeint. Der Ton liegt also nicht so sehr auf dem mit dem Gesetz gegebenen Gebot, sondern auf dem geschenkten Heil.

■ Heil

Die Zuwendung Gottes zum Menschen. Der Mensch hat sich durch seine Abwendung von Gott um eine heile Welt gebracht. Sinnlosigkeit und Lieblosigkeit kennzeichnen nun diese Welt. Gott aber hat sich uns erneut zugewandt: im Alten Testament dem einen erwählten Volk Israel, in Jesus allen Menschen.

■ Seele

Hier Bezeichnung für mein Ich, mein Ichbewußtsein, mein innerstes Wesen.

Zusammenhänge

Der Psalm 119 ist der mit Abstand längste Psalm. Er besteht aus 22 Strophen von je 8 Versen. Die 8 Verse einer Strophe beginnen im Hebräischen jeweils mit dem gleichen Buchstaben. Die Zahl von 22 Stro-

phen ergibt sich daraus, daß das hebräische Alphabet 22 Buchstaben hat. Aus diesem künstlichen Aufbau des Psalms ergibt sich auch, daß hier kein fortlaufender Gedankengang zu erkennen ist wie bei den anderen Psalmen. Dennoch beherrscht den ganzen Psalm ein einheitliches Thema: Lob des göttlichen Gesetzes. Man könnte den Psalm 119 überschreiben mit „Variationen über ein Thema". Dabei gebraucht der Dichter acht verschiedene Worte, mit denen er den Gegenstand seines Lobes bezeichnet: Gesetz, Ordnung, Weisung, Zeugnis, Befehl, Satzung, Spruch, Wort. Das zeigt, daß sein Lob nicht einem bestimmten Gesetz, sondern dem gesamten Offenbarungsgeschehen Gottes gilt.
So sehr dieser Psalm einerseits eine „Schreibtischarbeit" ist, so sehr zeigt er doch andererseits, daß der Dichter aus vielen Erfahrungen mit dem Wort und Gesetz Gottes lebt. Er weiß von Verfolgung und Bedrückung (61.78.84ff.110). Doch eben darin erwies das Gesetz sich als Trost und Kraft. So ist er dankbar auch für die Demütigungen durch Leidenserfahrungen (67.71.75).
Eine kurze Zusammenfassung dieses Psalms finden wir auch in unserem Gesangbuch, in dem bekannten Lied „Wohl denen, die da wandeln vor Gott in Heiligkeit" (EKG 190).

Aussagen

▪ 1. Nicht als Last, sondern als Lust

wird das Gesetz angesehen; nicht als Unterdrückung, sondern als Befreiung. Die Freude und Liebe zum Gesetz wird immer wieder betont und mit Bildern umschrieben.

▪ 2. Der Nutzen des Gesetzes

wird immer wieder gesehen: Wer sich vor Gottes Wort „fürchtet" (= es ernst nimmt), braucht sich nicht vor mächtigen Menschen zu fürchten (161) – ein großer innerer Friede ist in dem Menschen, der eine Leidenschaft zum Wort hat (165) – man kann mit Gottes Hilfe rechnen, wo man sich in Schuld verirrt hat (176).

▪ 3. Das ernste und ungeheuchelte Bemühen,

nun auch sich ganz an dieses Gesetz Gottes zu halten, wird immer wieder betont: 166.168.176. Wie beschämt das doch unseren billigen Umgang mit dem Gebot Gottes, wenn wir so schnell mit dem Satz bei der Hand sind „Das kann man doch gar nicht halten!" Solche billigen Entschuldigungen hindern uns dann, den Nutzen zu erleben!

■ **4. Das Lob Gottes**
wird durch das Betrachten und Halten des Gesetzes immer neu angeregt: 164.171f.175. Vielleicht ist unser Loben Gottes deswegen so spärlich, weil wir zu viel auf uns und unsere Ideen und Forderungen sehen, statt uns neu an Gottes Wort zu orientieren und dort Kraft und Wegweisung zu finden.

Fragen

1. Wenn ich einen von diesen 16 Versen von einem Freund schön aufgemalt in Kunstschrift zum Geburtstag geschenkt bekommen sollte – welchen Vers würde ich mir auswählen? Warum? Nur, weil er mir so „ganz allgemein" gut erscheint oder weil er mir persönlich etwas zu sagen hat?

2. Kenne ich auch Zeiten, in denen mir das Wort Gottes nicht bedeutend (162) vorkommt, sondern eher wie eine schwere Verantwortung? Oder wie eine drückende Last? Woran kann das liegen? Es ist zu wenig, einfach von „keine Lust" zu reden – man muß mal nach den Ursachen fragen: vielleicht Festhalten an Sünde, kein Mut zum Bekennen? Oder habe ich den Nutzen des Gesetzes nicht mehr im Blick? Oder fehlen mir Mitchristen, mit denen ich mich austauschen kann über das Wort? Lustlosigkeit zum Wort ist Krankheit des Glaubens!

3. Christen dürfen auch klagen! Aber die Frage ist: Wem klagen wir (vgl. 169f)? Klage ich an der richtigen Stelle? Weitere Frage: Klage ich, oder klage ich an?

4. Zweimal wird das Heil Gottes genannt (166.174). Was haben „Gesetz" und „Heil" miteinander zu tun? Im Neuen Testament sieht Paulus diesen Zusammenhang von „Gesetz und Heil" anders als Psalm 119 (vgl. Röm. 10,4), weil Paulus daran denkt, wie die Pharisäer das Gesetz zur Last gemacht haben. Wie aber ist hier das Verhältnis?

Psalm 146
Lebensaufgabe: Gott loben

Begriffe

■ Gott Jakobs

„Götter" gab es im antiken Denken viele. Deswegen mußte man zu dem Allgemeinbegriff „Gott" immer hinzusetzen, welchen Gott man meinte. So setzte man in Israel entweder den Namen hinzu und sprach von Gott Jahwe (Luthers Übersetzung: Gott, der Herr), oder man setzte den Namen eines der Stammväter hinzu, denen sich Jahwe zuerst offenbart hatte, und sprach vom Gott Abrahams oder Gott Isaaks oder Gott Jakobs. Natürlich wußte man gerade in Israel, daß es gar keinen anderen Gott gab. Dennoch mußte man um der anderen willen seinen, den wahren Gott näher bezeichnen. Solche Bezeichnung hatte zugleich den Vorteil, daß mit dem Namen eine ganze Geschichte von der Treue Gottes verbunden war.

■ Treue

Die Zuverlässigkeit, an einer Sache oder einer Person trotz widriger Umstände unbedingt festzuhalten. Sprachlich hängt im Deutschen „Treue" mit „trauen, vertrauen" zusammen. Treue heißt demnach: man traut dem anderen trotz allem noch etwas zu! Solche Treue vollzieht sich jedoch nicht nur in Gedanken, sondern bringt dann auch positive Handlungen hervor.

■ König

Die beste Erklärung dazu findet sich in der Antwort Jesu an Pilatus in Joh. 18,36.37: „Mein Königtum stammt nicht von dieser Welt. Sonst würden meine Untertanen dafür kämpfen ... Mein Königtum ist von ganz anderer Art ... Ich bin ein König. Ich wurde geboren und kam in die Welt, damit ich die Wahrheit bekanntmache."

■ Zion

Name für Jerusalem (ursprünglich die Burg, die von David erobert wurde und dann Davidsstadt genannt wurde).

Zusammenhänge

Die Psalmen werden oft „das Gesangbuch der jüdischen Gemeinde" genannt. Manche Überschriften geben an, bei welcher Gelegenheit

der betreffende Psalm gebraucht wurde und werden sollte im Tempel- und Synagogengottesdienst. Man kann bei den Psalmen verschiedene Gattungen unterscheiden entsprechend den Funktionen, denen sie im Gottesdienst dienen sollen. Es sind dies vor allem vier Gattungen:
– der Hymnus; ein Lobpreis der Herrlichkeit und Machttaten Jahwes, des Gottes Israels, vielfach erkennbar am ein- oder ausleitenden Halleluja.
– das Klagelied; hier brachte man alle persönlichen oder auch gemeinschaftlichen, gesellschaftlichen Nöte in Klage und Bitte vor Gott, oft verbunden mit dem ausdrücklichen Bekenntnis des Vertrauens zu Gott.
– das Danklied; nach dem Motto „Vergiß nicht zu danken dem ewigen Herrn ...“ wurde oft schon die Klage und Bitte mit ausführlichem Dank beschlossen. Daneben gibt es auch reine Dankpsalmen.
– die Weisheits- und Lehrgedichte; sie dienen der dichterischen Belehrung der Gemeinde und enthalten z.T. allgemeingültige Weisheiten.
Unser Psalm gehört (wie leicht erkennbar) zu den Hymnen. Das Halleluja ist sozusagen „die Urform des Hymnus“. Zweimal ist dieser Psalm vertont worden. Einmal von Paul Gerhardt (EKG 197: Du meine Seele, singe, wohlauf und singe schön ...), zum anderen von Herrnschmidt (EKG 198: Lobe den Herrn, o meine Seele! Ich will ihn loben ...). Es lohnt sich, die beiden Lieder als Auslegungshilfe zum Psalm zu lesen! Man versteht manches besser.

Aussagen

■ 1. Aufforderung zum Lob Gottes (1.2)

Das Lob Gottes ist leider nicht selbstverständlich bei uns. Das Klagen und Anklagen liegt uns viel näher. Wie oft, wenn ich morgens in der Familie ein Loblied anstimmen will, erklingt es „Muß das jetzt sein? Wir haben doch keine Zeit ...“ Und manchmal habe ich auch selbst keine Lust! Der Psalmist macht sich selbst Lust. Er spornt sich selbst an! Dreimal ertönt es „Ich will“. Jawohl, beim Loben geht es nicht immer nach unserer Lust, man muß es ganz bewußt wollen! Sich selbst zum Lob auffordern!

■ 2. Notwendigkeit zum Lob Gottes (3-5)

Auf irgend jemand oder irgend etwas muß jeder Mensch seine Hoffnung setzen. Ohne Hoffnung kann kein Mensch existieren. Da würde das Leben trostlos. Aber – worauf kann man sich verlassen, ohne am Ende verlassen zu sein? Jedenfalls nicht auf Menschen. Auch nicht auf noch so kluge oder mächtige Menschen. Alles Menschliche ist der Vergänglichkeit unterworfen, auch wenn es sich noch so langlebig gebärdet. Hilfe ist allein beim Gott Jakobs!

■ **3. Begründung des Lobes Gottes** (6-10)
Wieso Gott? Nun, schauen wir, was er alles getan hat! Und dann entscheide selbst, ob es sich nicht lohnt, diesem Gott anzugehören und ihn zu loben. Unser Gott hat einerseits seine Macht bewiesen, indem er die ganze Welt erschuf. Andererseits hält er es aber gerade mit den Ohnmächtigen, den Schwachen, den Bedürftigen. Es gibt heute so viele, die sich für die Armen und Unterdrückten dieser Welt einsetzen wollen – hier bei dem lebendigen Gott haben wir den besten Helfer bei unseren Bemühungen!

Fragen

1. Genügt es heute eigentlich, wenn ein Mensch einfach nur von „Gott" und „an Gott glauben" redet? Muß man nicht genauso wie in Israels Zeiten hinzufügen, welchen Gott man meint? Läßt man die Menschen nicht bei ihren eigenen Gottesgedanken und -vorstellungen hängen, wenn man so unscharf nur von „Gott" redet? Müssen wir nicht von Jesus reden, wenn wir von unserem Gott reden wollen?

2. Ist mir das Loben meines Gottes selbstverständlich? Welche Rolle spielt die Anbetung in meinem persönlichen Gebetsleben und in meiner Gemeinde? Bleibe ich auch so schnell beim Bitten stehen? Wie kann man neu zu Lob und Anbetung kommen?

3. Wer sind die Menschen, die auf mein Leben „Macht und Einfluß" haben? Wie sehr leide ich, wenn sie mir nicht wohlgesonnen sind oder gar nicht nach meinen Interessen handeln? Wie hoch sind überhaupt meine Erwartungen und Hoffnungen an die heutigen Machthaber? Kommt nicht Leiden an den Mächtigen dieser Welt immer aus falschen Erwartungen an sie? Welche Erwartungen darf denn ein Christ realistischerweise an die Mächtigen dieser Welt haben?

4. Womit läßt sich begründen, daß der Gott Jakobs gerade auch die „Gäste und Fremden im Land" beschützt und „für die Witwen und Waisen" sorgt (9)? Welche rechtliche Stellung wird im Alten Testament den Ausländern eingeräumt, die im Volk wohnen (z.B. 2. Mose 23,9; 3. Mose 19,33-34; 5. Mose 10,19)? Welche Konsequenzen hat das für unsere heutige Situation?

Sprüche 3,1-12
Ratschläge nicht nur für junge Leute

Begriffe

- **Gebote an den Hals hängen**

Bild aus der Viehzucht: Ein Rind trägt zum Zeichen seiner Unterwerfung unter den Menschen ein Joch um den Hals. So soll der Mensch zum Zeichen seiner Unterwerfung unter Gott die Gebote um den Hals tragen. Vermutlich ist dies aber nicht wörtlich gemeint, sondern bildliche Ausdrucksweise für „sich Gottes Geboten unterwerfen".

- **Tafel des Herzens**

Ebenfalls bildliche Ausdrucksweise. Gemeint ist: der Mensch soll die Gebote Gottes nicht nur in seine Bücher, Hefte und Katechismen schreiben, sondern sich fest zu Herzen nehmen. Es geht darum, daß die Gebote Gottes nicht nur äußerlich erfüllt, sondern innerlich bejaht werden.

- **Den Herrn fürchten**

Gemeint ist nicht, daß der Mensch Angst haben soll vor Gott – über 365 Mal steht schließlich in der Bibel Gottes oder Jesu Zuruf „Fürchte dich nicht!" Gemeint ist vielmehr, daß der Mensch Gott ernst nehmen soll.

- **Erstlinge**

Das, was zuerst geboren wird (beim Vieh) oder zuerst wächst (auf dem Feld). Diese Erstlinge waren in Israel Gott zu opfern bzw. in den Tempel zu bringen (vgl. 2. Mose 22,29.30; 2. Mose 23,19).

Zusammenhänge

Bei dem Buch der Sprüche Salomos gibt es keinen Zusammenhang im üblichen Sinn. Weder geht es hier um einen geschichtlichen Zusammenhang wie in den Geschichtsbüchern des Alten und des Neuen Testaments, noch um einen gedanklichen Zusammenhang, bei dem sich ein Gedanke aus dem vorhergehenden ergibt, noch haben wir es hier mit dem Zusammenhang einer längeren Rede zu tun. Einzelsprüche werden hier aneinander gereiht, bei denen jeder Spruch in sich selbst

verständlich ist und seine Bedeutung hat. Allein in unserem Abschnitt sind es sechs verschiedene Sprucheinheiten, die jeweils in sich selbständig sind (1-3a; 3b-4; 5-6; 7-8, 9-10; 11-12). Auch der Aufbau dieser Sprucheinheiten ist ganz gleichmäßig. Zuerst steht immer eine Behauptung, dann folgt die Begründung, die durch „denn“ (2 und 12) oder „so“ (4; 5b; 10) oder „das“ (8) eingeleitet ist. Manchmal sind zwei Sprüche hintereinander gestellt, die das gleiche Thema behandeln (1-4; 5-8). Dennoch muß jede Sprucheinheit für sich allein betrachtet werden.
Wer das Buch der Sprüche recht lesen will, kann es wegen dieser seiner vielen kleinen Sprucheinheiten nicht in großen Zügen lesen. Man muß sich das Lesen in viele kleinere Happen einteilen, als es die Bibellesepläne tun. So wird dies Buch zu einer wahren Fundgrube an geistlicher Erkenntnis und seelsorgerlichen Ratschlägen.

Aussagen

■ **Spruch 2: Frömmigkeit macht klug!** (3b-4)
Der Mensch denkt normalerweise umgekehrt, daß Frömmigkeit dumm macht. Richtig ist: Oberflächliche Frömmigkeit, nur ein paar fromme Sitten zu haben, das macht dumm und das ist dumm. Aber echte Frömmigkeit, wo man die Gebote Gottes sich zu Herzen nimmt und sich ihnen unterstellt, macht den Menschen klug. Übrigens: klug nicht nur bei Gott, sondern auch bei Menschen. Sehen wir uns nur die Gebote an: wäre es nicht das klügste, wenn sich alle Menschen daran halten würden?

■ **Spruch 5: Abgeben macht reich!** (9.10)
Wieder eine Weisheit, die dem normalen Denken des Menschen widerspricht. Doch bei Gott gelten andere Gesetze. Wer Gott abgibt von seiner Zeit, seiner Kraft, seinem Geld, ist am Ende immer noch der von Gott Beschenkte gewesen. Abraham verläßt um Gottes willen Heimat und Familie – und erhält Land und Nachkommen. Levi verläßt seine Zollstation – und wird der bedeutende und gesegnete Matthäus. Tausende folgen Jesus in die Wüste – und erleben die großartige Speisung. Nur wer krampfhaft alles festhalten will, erlebt bei Jesus Enttäuschung (wie der reiche Jüngling Mark. 10).

■ **Spruch 6: Liebe schließt Strafe ein!** (11.12)
Wer nie straft, liebt auch nicht; dem ist es offenbar letzten Endes egal, was aus dem anderen wird; der läßt den anderen laufen. Wer liebt, hat

zwar keine Freude am Strafen; aber er muß es manchmal, weil er den anderen so sehr liebt, daß er ihn vor Böserem bewahren will.

Fragen

1. Zu Spruch 2: Welches innere Verhältnis habe ich zu den Geboten Gottes? Bemühe ich mich, daß sie mir sozusagen „in Fleisch und Blut übergehen“ (= Tafel des Herzens)? Wird die Klugheit, die ich auf diese Weise erlange, in jedem Fall auch den Menschen gefallen? Oder stößt solche Klugheit nicht auch auf Widerspruch?

2. Zu Spruch 3: Worauf verlasse ich mich in meinem Leben und bei meinen Überlegungen? Welches ist bei mir sozusagen die letzte Instanz, die für mein Handeln maßgebend ist? Will dieser Spruch sagen, daß zwischen Gott und unserem Verstand unbedingt ein Widerspruch besteht?
Kenne ich eine Geschichte aus dem Alten Testament, wo einer sich mehr auf seinen Gott verläßt als auf alles, was die klugen Leute sagen (nachzulesen z.B. 1. Sam. 17,32ff)? Wie denken Jesus und Paulus von der Klugheit dieser Welt? (Nachzulesen z.B. Matth. 11,25f; 1. Kor. 1,18-25).

3. Zu Spruch 4: Was halte ich von mir selbst? Mir sagte mal jemand etwas von oben herab „Christsein ist doch nur etwas für Leute, die mit dem Leben nicht fertig werden!“
Was würde ich antworten? Halte ich mich für so weise, daß ich mit dem Leben fertig werde? Ich habe nur geantwortet „Ja – erlauben Sie mir nur eine Frage: Werden Sie denn immer selbst mit dem Leben fertig?“ –
Fürchte ich Gott? Wenn nein, was fürchte ich dann? Wenn ja, wie sieht das praktisch aus bei mir?

Jesaja 2,1-5
Gott macht Frieden möglich

Begriffe

■ Berg des Herrn

Bezeichnung für den Tempelbezirk in Jerusalem, der einen Teil des Berges Zion besetzte. Das Wort „Berg" verwirrt, weil es nur ein größerer Hügel ist, wenn man ihn mit dem nahegelegenen, erheblich höheren Ölberg vergleicht. Doch das Besondere dieses Hügels ist nicht seine Höhe, sondern seine Erwählung zum Tempelbau. Darin, daß der lebendige Gott von hier aus zur Menschheit reden will, besteht seine „überragende" Bedeutung. Zu den Ausläufern des Zion gehört auch der Hügel Golgatha, auf dem durch die Kreuzigung Jesu Gottes gnädiges Reich für alle Welt bestätigt wurde.

■ Pflugscharen

Sie dienen dem ursprünglichen Schöpfungsauftrag Gottes an den Menschen, die Erde zu „bebauen und bewahren" (1. Mose 2,15). Wo Gott redet und der Mensch das Reden Gottes ernst nimmt, werden alle Werkzeuge des Menschen zur Selbstsicherung (= Waffen) überflüssig. Der Mensch kann wieder seinem Schöpfungsauftrag gehorsam werden und sich Werkzeuge zur Bebauung der Erde schaffen.

■ Licht

Hilfsmittel zum Erkennen der Wirklichkeit. So wie ich die äußere Wirklichkeit nicht erkennen kann, wenn es dunkel ist, so kann der Mensch auch die innere Wirklichkeit (= den Sinn dieser Welt und seines Lebens) nicht erkennen, wenn sein Verstand nicht von Gottes Wort „erleuchtet" wird. Bei Jesaja ist diese Vision von Vers 2 bis 4 das notwendige „Licht auf unserem Weg", damit wir in der Gegenwart richtig leben können. In Jesus ist dann das „volle Licht der Welt" (Joh. 8,12) erschienen.

Zusammenhänge

Die Verse 2 bis 4 erscheinen gleichlautend auch bei dem Propheten Micha. So wichtig erschien diese Offenbarung, daß sie von Micha in seine Prophetie übernommen wurde! Jesaja und Micha sind Zeitgenossen. Sie leben in einer Zeit, als es politisch für das Volk Gottes sehr dunkel aussieht. Das Nordreich liegt z.Zt. dieser Vision politisch in den letzten Zügen oder ist sogar bereits ausgelöscht (722 v.Chr.). Auch die politischen Aussichten des Südreichs sind sehr bedenklich. Hat Gottes Volk und damit Gottes Verheißung überhaupt noch eine Zukunft? Wird Israel nicht den Weg so vieler Völker gehen und nur noch in den Geschichtsbüchern auftauchen? In dieser verzweifelten Situation meldet sich Gott neu zu Wort. Nicht mit einem Gerichtswort, das deutlich macht, daß aller Niedergang nur der eigenen Gottlosigkeit zuzuschreiben ist. Sondern mit einem Zukunftswort, daß die (wenigen?) Gläubigen bestärken und in ihrem Glauben gewiß machen soll. Es läßt (ähnlich der Offenbarung im Neuen Testament) einen Blick in die ferne Zukunft tun: Gott hält an seinem Plan fest. Das Volk der Juden soll nach wie vor die Zentralstelle für das Heil der ganzen Welt sein. Nicht, weil die Juden so etwas Besonderes oder gar Besseres wären, sondern weil der lebendige Gott nun einmal beschlossen hat, von diesem Volk aus allen Menschen das Heil zu bringen. Nicht Israel hat das Heil der Welt – Gott selbst ist das Heil der Welt. Er allein bleibt es auch, sein Wort ist es, daß Ordnung und Frieden in die Menschheit bringt. Der Vorsprung Israels ist, daß es dieses Wort jetzt schon kennt und im Licht dieses Wortes jetzt schon leben kann. Seit Jesus haben die Christen den gleichen Vorteil gegenüber der nichtchristlichen Welt.

Aussagen

■ 1. Frieden auf der Erde ist keine Illusion

Jesaja hat nicht eine Vision für den Himmel, sondern für die Erde. Gottes Plan sieht Frieden nicht erst im Himmel vor, sondern schon auf dieser Erde. Gott läßt sich seinen Schöpfungsplan der friedlichen Bebauung der Erde nicht kaputt machen. Weder durch den Sündenfall am Anfang noch durch die kriegerischen Bedrohungen der Gegenwart.

■ 2. Frieden beginnt mit einem neuen Hören auf Gott

Nicht nur die Gläubigen, sondern auch die Heiden kommen in die Kirche zum Hören auf Gottes Wort. Eine Friedensbewegung, die nicht unter Gottes Wort strömt, hat keine biblische Verheißung. Warum nicht? Weil der Mensch nicht selbst weiß, was gut ist – mag er auch noch so sehr guten Willen haben. Das war ja der Sündenfall, daß der Mensch selbst wissen wollte, was gut und böse ist, ohne immer von Gott abhängig zu sein (1. Mose 3,5).

■ 3. Frieden setzt ein neues Gehorchen voraus

Glauben ohne Gehorsam ist Selbstbetrug. Wo einer von Herzen

glaubt, gehorcht er auch den ungewohnten Worten seines Gottes. Dann verzichtet er auf die Selbstsicherung seines Lebens und beginnt, alle Kräfte in den Dienst der Bebauung dieser Erde und der Gemeinde Jesu zu setzen. Gewalt gegen Menschen oder gegen Sachen sind mit dem Hören auf Gott unvereinbar.

■ **4. Christen fangen an mit dem Frieden** (5)
Jesaja schließt mit einem Aufruf an das Volk Gottes: Wartet nicht darauf, bis die anderen Völker anfangen, sondern laßt uns jetzt schon anfangen. Wer einen Vorsprung der Erkenntnis hat, hat auch eine Vorpflicht des Handelns und Lebens! Noch stärker betont Micha (4,5) diese vorrangige Pflicht.

Fragen

1. Bei diesem Text entstehen immer ungezählte Fragen: Wie kann das geschehen, wenn nicht alle mitmachen? Werden die, die dies Wort in die Tat umsetzen wollen, nicht überrannt von den anderen? Ist das nicht im Grunde doch eine fromme Illusion? Ist jetzt schon die Zeit reif? Diese und viele andere Fragen sind sicherlich berechtigt. Doch wehe, wenn sie die Kernfrage verdrängen: Will ich weiterhin das Sicherheitsbedürfnis meines „alten Adam" befriedigen oder will ich zuerst hören und gehorchen lernen? Will ich nur wie ein Pharisäer auf die Schrift hören (und nichts Neues mehr für mich selbst daraus lernen) oder will ich hören wie ein Jünger (Jes. 50,5), der immer noch Neues von dem lebendigen Jesus lernen kann, auch wenn er schon viele Jahre in der Nachfolge Jesu steht?

2. An die Friedensbewegten: Wo geschieht in meinem Friedenshandeln etwas, ohne daß ich zuvor neu auf Gottes Wort gehört habe? Ist es möglich, ein verheißungsvolles Friedenshandeln zusammen mit Menschen zu tun, die zu solchem Hören auf Gottes Wort nicht bereit sind? Gibt es in der Bibel eine Friedensverheißung für Nichthörer (= Nichtchristen)? Kann das gemeinsame Ziel des Friedens die fehlende gemeinsame Basis des Hörens und Glaubens ersetzen?

3. An die anderen: Kann ich mich mit biblischem Recht auf eine Verkündigung des „inneren Friedens" zurückziehen? Darf ich mich durch den Mißbrauch der Friedensaufrufe durch einige Chaoten und Nichtchristen abhalten lassen vom eigenen konkreten Friedenshandeln? Was müßte ich also anfangen – auch wenn andere nicht mitziehen?

Jesaja 7,10-17
Ein Kind als Zeichen Gottes

Begriffe

■ **Ahas**

König in Juda (Südreich) von ca. 740 bis 724 v.Chr. Im Gegensatz zu seinem Großvater Usia und seinem Vater Jotham war Ahas kein König, der auf Gottes Gebote achtete (vgl. 2. Kön. 16,2f). Offenbar als Folge seiner Gottlosigkeit verläßt ihn auch der politische Erfolg (vgl. 2. Chron. 28,5f).

■ **Zeichen**

Ein außergewöhnliches Ereignis, das nach menschlicher Berechnung nicht zu erwarten ist und nach menschlicher Sicht nur als Zufall oder Rätsel angesehen werden kann – das aber zugleich hinzeigt auf den, der hinter diesem Ereignis steht: auf Gott. Allerdings – Zeichen sind leider nicht immer eindeutig. Man muß bei ihnen fragen: „Herr, was willst du damit sagen?"

■ **Immanuel**

Zu deutsch „Gott mit uns". Im Neuen Testament wird dieser Name auf Jesus bezogen (Matth. 1,23). In Jesus wird deutlich, daß Gott nicht gegen uns ist (wozu er wahrhaftig allen Grund hätte!), sondern daß er für uns ist. So sehr für uns, daß er seinen einzigen Sohn für uns am Kreuz dahingibt (Joh. 3,16).

■ **Ephraim**

Eigentlich der Name eines der 12 Stämme Israels. Sein Stammesgebiet lag zwischen Judäa und Galiläa. Hier (17) wird dieser Name für das gesamte Nordreich gebraucht, das sich nach dem Tode Salomos von Juda gelöst hatte (ca. 926 v.Chr.).

Zusammenhänge

In den ersten 9 Versen dieses 7. Jesaja-Kapitels und im 2. Buch der Könige, Kapitel 16, werden uns die näheren Umstände dieser Geschichte berichtet. Die mächtigen Aramäer (Syrer) haben sich mit dem Nordreich Israel verbündet und ziehen nun gemeinsam gegen Jerualem, um Ahas abzusetzen und einen Syrer an seiner Stelle einzusetzen (7,6). Die

Übermacht der verbündeten Gegner ist so groß, daß Ahas in große Angst und Furcht gerät (7,2b). Hier geschieht es zum ersten Mal, daß der Prophet Jesaja eine persönliche Botschaft des lebendigen Gottes an den König Ahas hat. Drei Jahre ist es her (736 v.Chr.), daß Gott den Jesaja zu seinem Propheten berufen hat. Und obwohl Ahas alles andere als ein frommer König war, ist die Botschaft Gottes in dieser bedrängten Situation dennoch eine Trostbotschaft. Denn es geht ja nicht nur um Ahas, sondern um das ganze Volk und um den Heilsplan Gottes mit seinem Volk. Die Gemeinde Gottes steht unter Gottes Schutz und Führung – auch wenn einzelne ihrer Führer versagen!
Die Trostbotschaft Jesajas (4) knüpft an die alten Trostbotschaften Gottes an, die er schon Mose sagen ließ, wenn Feinde ihn bedrohten: „Sei du nur still, ich mach das schon für dich!“ (vgl. 2. Mose 14,13.14, auch Jes. 30,15). So gipfelt diese Botschaft auch in der Aufforderung zum Glauben. Man hat nämlich den Trost Gottes nur in dem Maße wie man ihn glaubt!

Aussagen

■ 1. Das Angebot Gottes!

Dem ungläubigen Ahas macht Gott das Angebot, ihm ein Zeichen zu geben. Ahas soll sich selbst überzeugen können von der Wirklichkeit Gottes. Auch im Neuen Testament hat Jesus uns ein solches Angebot gemacht, an dem wir uns selbst überzeugen können von der Wirklichkeit Gottes. Johannes 7,17 steht es. Nun geht es nur darum, daß wir dieses Angebot Gottes aufgreifen. Gott will beim Wort genommen werden.

■ 2. Die fromm getarnte Ablehnung

Das klingt sehr fromm, was Ahas Vers 12 sagt. Aber mancher verbirgt hinter frommen Worten nur seinen Ungehorsam und Unglauben gegen Gott. Ob Gott etwas fordert von mir oder mir etwas schenken will – immer will Gott ernst genommen sein. Mit frommen Formulierungen wie „Ich weiß nicht, ob Gott das von mir will“, „Gott hat mich dazu nicht begabt“ u.a. hat schon mancher seinen Ungehorsam verbrämt und Gott in seiner Gnade „müde“ gemacht (13).

■ 3. Gott gibt doch ein Zeichen

„Was Gott sich vorgenommen und was er haben will, das muß doch endlich kommen zu seinem Zweck und Ziel.“ Gott gibt dieser Welt ein Zeichen, ein unerwartetes, denkwürdiges Zeichen: ein Kind, in dem Gott selbst sich seiner Menschheit darstellt. „Gott mit uns“. Gegen allen Widerstand ist der lebendige Gott in Jesus zum Ziel gekommen! Ein anderes Zeichen gibt es für den Menschen nicht (Matth. 12,39).

Fragen

1. Wo gibt es in der Bibel sonst Geschichten, in denen der Mensch von Gott ein Zeichen erbeten hat? (z.B. Richt. 6,36-40; Matth. 12,38-41). Warum wird in dem einen Fall ein Zeichen gewährt, in dem anderen nicht?

2. Auch später in der Christenheit gab es immer wieder Menschen, die sich in bestimmten Situationen ein Zeichen von Gott erbeten haben. Graf Zinzendorf erbat sich manchmal ein Zeichen von Gott, indem er sich aus vielen Bibelworten *eins* ausloste als Wort Gottes für diese Situation („Losungen"). Wie denke ich über solche Zeichen heute? Darf man das? Kenne ich in meinem Leben solche Zeichen Gottes, durch die er mir Mut gemacht hat? Gibt es nicht auch Gefahren bei solchem Warten auf Zeichen?

3. Worin besteht eigentlich das Zeichen: in der sonderbaren Geburt oder in der Person dieses Kindes (Immanuel)? Was also gilt es zu glauben: die sonderbare Geburt oder das Wunder, daß Gott selbst in diesem Kind „drin steckt"?

4. Wie steht es mit meinem Gehorsam gegenüber Gottes Geboten und Angeboten? Wo gebrauche ich fromme Worte und Gebräuche, um dahinter zu verstecken, daß ich dem Wort meines Gottes doch nicht ganz glaube? Bei wem in meiner Umgebung habe ich diesen Eindruck, so daß ich mit ihm einmal darüber reden müßte?

Jesaja 8,23-9,6
Gottes Friedefürst kommt

Begriffe

■ **Sebulon und Naftali**
Zwei der 12 Stämme Israels. Nach den Wohnsitzen der Stämme wurde auch das jeweilige Landgebiet so genannt. Das Land Sebulon liegt im Süden Galiläas. Nazareth, die Geburtsstadt Jesu, liegt in diesem Gebiet. Naftali liegt westlich vom See Genezareth und dem oberen Jordan. Damit gilt die Verheißung Jesajas gerade dem Gebiet, in dem über 700 Jahre später Jesus den größten Teil seines Lebens (Nazareth) und Wirkens (See Genezareth) verbrachte.

■ **Galiläa der Heiden**
Im Jahre 721 wurde das Nordreich (also die Landschaften Galiläa und Samaria) von den Assyrern erobert. Dabei wurde die israelitische Bevölkerung größtenteils nach Assyrien deportiert und an deren Stelle Assyrer, also Heiden, angesiedelt. Seit der Zeit bekam Galiläa bei den Israeliten im Südreich den Beinamen „das Galiläa der Heiden“.

■ **Joch**
Bezeichnung für den Holzbalken, mit dem zwei Rinder vor einen Pflug oder Wagen zusammengespannt werden. Da dies den Tieren die Freiheit nimmt, wird das Joch zum Bild für jegliche Unterdrückung. Das Bild vom zerbrochenen Joch steht für die Befreiung von der Unterdrückung.

■ **Tag Midians**
Tag der Befreiung Israels von der Unterdrückung durch die Midianiter. Man gedachte in Israel des Tages, an dem Gott durch Gideon die Midianiterherrschaft beseitigte.

Zusammenhänge

Politik wird heute groß geschrieben in vielen Bereichen der Kirche: Gesellschaftspolitik, Schulpolitik, Entwicklungspolitik, Rassenpolitik, Jugendpolitik usw. Das Evangelium wird darüber bei manchen überflüssig. Politik wird schließlich von Menschen gemacht – denkt man!

Auch Jesaja ist stark politisch engagiert. Aber ganz anders als viele heute. Jesaja weiß in allem Geschehen auf der politischen Bühne Gottes Hand im Spiel. Diese Hand Gottes hat er zu verkündigen. Gerade auch denen, die im politischen Kleinkrieg in Angst oder Hoffnung so verstrickt sind, daß sie den lebendigen Gott darüber mehr oder weniger vergessen. Gericht Gottes wird einem Volk angekündigt, das nicht mehr von Gott her lebt (Jes. 8,5ff). Ganz konkret werden politische Namen genannt (8,4.7). Sogar die eigenen Kinder müssen durch ihre Namen diese Gerichtsankündigung unterstreichen (8,1-4; 8,18). Da helfen auch keine politischen Schachzüge, auch keine sonstigen Mächte (8,19ff). Wer seine Hoffnung nicht ernsthaft auf Gott setzen will, muß eben sehen, wie er zurecht kommt ohne Gott – und landet in Angst und Unterdrückung durch andere. 721 v.Chr. erfüllte sich die politische Weissagung Jesajas, jedenfalls für das Nordreich. Und nun bekommt Jesaja einen neuen Auftrag, der auch wieder ins politische Gebiet hineinreicht: Heil und Hoffnung für die Unterdrückten (8,23ff).

Aussagen

■ 1. Hoffnung!

Gott läßt die, die durch eigene Schuld in den Dreck geraten sind, nicht allein. Bei Gott sollen auch die Schuldiggewordenen wieder eine helle Zukunft haben. Gott straft – aber er hilft auch wieder. Hoffnung für alle, die unter Angst und Versagen leiden (8,23). Hoffnung für alle, die unter den Verhältnissen der Unterdrückung leiden (9,3). Hoffnung für alle, die unter Krieg und Brutalität leiden (9,4). Hoffnung für alle, denen alles so trostlos und dunkel erscheint. Gott gibt neues Licht in eine verfahrene Situation (9,1)!

■ 2. Ein Kind!

Hoffnung kann unbegründet sein und ist dann nur Illusion. Wieviel politische Illusion gibt es doch zur Zeit in Deutschland (von rechts und links und auch in der Mitte)! Hoffnung muß begründet sein, wenn es wahre Hoffnung sein soll. Eine merkwürdige Begründung gibt der Prophet Jesaja für seine Hoffnung: Ein Kind ist uns geboren! Von einem Baby geht alle Hoffnung aus? Ja! Viele Namen trägt dies Baby. Denn Namen sagen in Israel etwas über das Wesen eines Menschen aus. Das Wesen dieses Kindes ist nicht in einem einzigen Namen aussagbar.

■ **3. Jesus!**

Er ist das verheißene Kind. Er hat die Hoffnung erfüllt. Er ist der Mann aus Sebulon und Naftali, der die Bedrückten frei macht, der jubelnde Freude hinterließ, wo auch immer er auftauchte. Er ist der Mann der ungezählten Namen, der Hoffnung unter uns verwirklichte.

Fragen

1. Schließen sich politisches Handeln und Glauben aus? Oder hat nicht im Gegenteil politisches Handeln gerade den Glauben nötig, damit es nicht zum Chaos führt? Die Grundfrage ist wichtig: Kann ich aus eigener Einsicht und aus eigener Kraft politisch richtig handeln, oder bin ich angewiesen auf den Gott, der alle Geschichte in seinen Händen hält? Vgl. dazu das Gebet des Politikers Salomo (1. Kön. 3,9)!

2. Die Verheißung Jesajas knüpft die politische Unfreiheit im ehemaligen Nordreich (s. Begriffe) an. Aber verheißt sie nur politische Freiheit? Meint sie nicht eine viel weiterreichende Freiheit? (Vgl. dazu vor allem V. 6.)

3. Die Hörer der Botschaft Jesajas haben lange auf die Erfüllung warten müssen. Bei jedem neuen König aus dem Hause Davids fragten sie sich, ob der es endlich sei. Die ersten Christen sahen diese Verheißung in Jesus erfüllt. Welche Worte, Namen, Ereignisse aus dem Leben Jesu lassen sich als Erfüllung dieses Jesaja-Textes verstehen? Ist bereits alles durch das Kommen Jesu erfüllt, oder steht ein Teil der Erfüllung noch aus?

4. Die persönliche Frage: Vertraue ich mich mit meinem ganzen Leben, meinen Hoffnungen, meinen Sehnsüchten, meinem Tun und Streben diesem Kind an, das geboren wurde, um für mich gekreuzigt zu werden? „Nimm mein Leben, Jesu dir, übergeb ich's für und für!“

Jesaja 11,1-10
Gottes Friedensreich wird verwirklicht

Begriffe

▪ Stamm Isais
Isai ist der Name des Vaters von David (vgl. 1. Sam. 16,1-13). Wenn hier von dem „Stamm" (V. 1) oder der „Wurzel" (V. 10) Isais die Rede ist, dann bedeutet das zweierlei: 1. der zukünftige Messias wird aus diesem Geschlecht Isai/David abstammen (wie in Jesus wirklich geschehen), 2. alles, was nach Isai Bedeutendes und Großes von David und seinen Nachkommen geleistet wurde, beginnt wieder wie bei dem Hirtenjungen David ganz klein und gering (wie ebenfalls in Jesus geschehen).

▪ Geist des Herrn
Der heilige Geist Gottes. Wie er sich konkret auswirkt, zeigt Vers 2: 1. klare Erkenntnis unserer menschlichen Situation vor Gott und Menschen, 2. die Fähigkeit, diese Situation sachgerecht zu bewältigen, 3. enge Gemeinschaft mit Gott und der Wille, Gottes Worte ernst zu nehmen (= Gottesfurcht).

▪ Gerechtigkeit
Bezeichnung für ein Verhalten, das die gottgewollte Gemeinschaft schützt oder wiederherstellt. Solch ein aktives Verhalten aber ist nur möglich in der eigenen Verbindung mit dem lebendigen Gott. Gerechtigkeit meint also vorwiegend ein helfendes Handeln (4a!), seltener ein strafendes Handeln – ja auch das strafende Handeln will zur Gemeinschaft zurückführen!

▪ Erkenntnis des Herrn
„Erkennen" meint in der Bibel nicht ein Geschehen unseres Verstandes, sondern hat die viel umfassendere Bedeutung von „Gemeinschaft haben", meint also den praktischen Vollzug des Christseins und Gehorsams.

Zusammenhänge

Jesajas Berufung geschah im Jahre 745 v. Chr. (Jes. 6,1). Er hat gewirkt bis etwa 700 v.Chr. Wie die Propheten Amos und Hosea hat er den

Untergang des Nordreiches Israel verschiedentlich angekündigt (Jes. 8,1-4; 9,7ff). Im Jahre 721 v.Chr. muß Jesaja dann auch erleben, wie das Nordreich wegen seiner Gottlosigkeit untergeht.
Doch auch im Südreich steht es nicht viel besser. Mehrfach kommt es zu Auseinandersetzungen mit dem König Ahas von Juda: „Glaubt ihr nicht, so bleibt ihr nicht!" (7,9). – „Ist's euch zu wenig, Menschen müde zu machen? Müßt ihr auch meinen Gott müde machen? (7,13). Das Gericht Gottes wird auch dem Südreich angekündigt (22,9-14).
Mit all dem erfüllt sich nur, was Gott seinem Propheten bereits bei seiner Berufung sagte (Jes. 6,10-13). Unerbittlich geht Gottes Gericht über ein Volk, das einerseits berufen ist zu Gottes Volk, andererseits dieser seiner Berufung immer wieder untreu wird. Menschen, mit denen Gott einmal seine Geschichte begonnen hat, können Gott nicht mehr ungestraft weglaufen! Auch heute nicht!
Doch schon bei der Berufung (6,13) kündigt Gott seinem Propheten an, daß im Gericht ein kleiner Rest übrigbleiben solle, aus dem Gott dann etwas Schöpferisch-Neues machen wolle. Von diesem neuen Anfang Gottes mit seinem Volk ist in unserem Kapitel ausführlicher die Rede. Gottes Treue schafft Neues, auch wo des Menschen Untreue alles verdirbt.

Aussagen

■ **1. Gott fängt neu an** (1)
Wie ein guter Pädagoge aus jedem Kind noch etwas herausholt, so holt Gott aus seinem Volk noch etwas heraus: er holt Jesus heraus! Übrigens: auch aus mir will Gott noch etwas herausholen! Allerdings – bei diesem Neuen fängt Gott wieder ganz klein und unscheinbar an, bei Jesus und auch bei mir!

■ **2. Aller Anfang gelingt nur in der Abhängigkeit von Gott** (2f)
Aus menschlicher Kraft ist nichts zu erwarten. Aber Gott verspricht seinen Geist. Wer mit diesem Geist Gottes rechnet, diesen Geist in sich aufnimmt – dem wird der Anfang gelingen. So erhielt Jesus am Anfang den Geist (Mark. 1,10). So wird Nikodemus auf Gottes Geist verwiesen (Joh. 3,5). So macht uns Paulus Mut zu einem Leben aus dem Geist (Gal. 5,16-25).

■ **3. Wie anfangen? Gerechtigkeit bringen!** (3b-5)
So hat Jesus im Namen Gottes angefangen, durch Wort und Tat zu helfen. Durch Vergeben brachte er den Menschen die Gerechtigkeit

vor Gott. So darf auch ich anfangen, Gottes Gerechtigkeit weiterzutragen.

■ **4. Von Anfang an das Ziel vor Augen haben!** (6-9)
Gott hat Großes mit der Welt vor. Äußerer Friede (6-8) und innerer Friede (9) ergänzen sich. Nur eine Fata Morgana? Nein, Gott hat sein Wort gegeben. Wer glaubt, verzweifelt nie mehr!

■ **5. Neuanfang mit weltweitem Horizont!** (10)
Jesus ist nicht für sich selbst fromm gewesen. Er war es zugleich für alle Welt. Er machte durch seinen Glauben anderen Mut zum Glauben. So also darf auch ich anfangen!

Fragen

1. Wie steht es mit meinem Stolz? Bin ich bereit, ganz klein und gering zu werden? Bereit, den einfachen und unansehnlichen Weg zu gehen? Bereit, anderen zu dienen und nicht nur zu verdienen oder mir dienen zu lassen? Der Eigenstolz hat Israel das Genick gebrochen – darum führt Gott sein Volk wieder den einfachen Weg. Gehe ich mit? Oder will ich in meiner Gemeinde vor allem angesehen sein und übernehme Aufgaben nur, wenn sie Ansehen bringen?

2. Wie steht es mit meiner Abhängigkeit von Gott? Daß der Geist Gottes auf Jesus ruht, lag nicht nur daran, daß er ihn am Anfang empfing. Jesus ging auch sonst immer wieder in die Stille, um sich neu mit Gottes Geist zu füllen und sich von ihm beraten zu lassen. Wie steht's damit bei mir? Oder entscheide ich in eigener Kraft und Klugheit? Mein Beruf, mein Verhältnis zu meiner Familie, meine Freundschaften – ist das alles geistdiktiert oder eigendiktiert?

3. Wie steht's mit meiner Praxis der Gerechtigkeit? Jesus wollte nie für sich Gerechtigkeit, immer für andere. Dafür setzte er sich ein. Wann setze ich mich für Gerechtigkeit ein? Wenn es um mein Recht geht? Und für welche Gerechtigkeit setze ich mich ein? Bloß für die geistliche vor Gott? Oder bloß für die soziale? Oder für beide?

4. Welche Hoffnung beflügelt mich? Die auf Gottes neue Welt? Die von der Vaterunser-Bitte „Dein Reich komme“ gespeiste Hoffnung? Oder nur die kleinen Hoffnungen des Alltags (bessere Zukunft, mehr Geld, Freundschaft usw.)?

Jesaja 12
Dankbarkeit mit Ansage

Begriffe

■ **Zu der Zeit**

Ein häufig von Jesaja benutzter Ausdruck (vgl. 2,11.17.20; 3,7.18; 4,1.2 u.a.). In 2,2 spricht Jesaja von der „letzten Zeit", in 2,12; 13,6 u.a. auch vom „Tag des Herrn". Auch andere Propheten reden von dem „Tag des Herrn" (Joel 2,1; Obadja 15; Amos 5,18; Maleachi 3,23 u.a.). Immer ist mit diesen verschiedenen Ausdrücken der Zeitpunkt gemeint, an dem Gott seine Herrschaft in dieser Welt aufrichtet. Es ist die Heilszeit, die Gottes Volk zum Jubeln bringt.

■ **Heilsbrunnen**

Im jüdischen Talmud wird berichtet, daß das alte Israel am Laubhüttenfest einen symbolischen Akt vollzog, indem man aus der Siloahquelle Wasser schöpfte zum Zeichen, daß Gott das lebensnotwendige Wasser immer wieder neu schenkte. Wasser ist und war in Israel nie so selbstverständlich wie bei uns (man denke an die mühsame Bewässerung der Wüste heute!). Anscheinend verlor sich diese Dankbarkeit und damit diese symbolische Handlung zur Zeit Jesajas (wie Jesaja 8,6 zeigt). Doch am Heilstag wird Gottes Volk wieder dankbar Wasser schöpfen.

■ **Heilige Israels, der**

Wieder ein typischer Spezialausdruck Jesajas, der von ihm ca. 35 Mal gebraucht wird, während er bei allen anderen Propheten zusammen nur siebenmal vorkommt. Mit dieser Bezeichnung für Gott will Jesaja ein Doppeltes: einmal seiner persönlichen Ehrfurcht vor Gott Ausdruck geben (wie er sie bei seiner Berufung gelernt hatte, 6,3) und auch bei den Zuhörern diese Ehrfurcht wecken; zum anderen seiner Freude und Dankbarkeit Ausdruck geben, daß dieser Gott ausgerechnet Israel zu seinem Volk erwählt hat.

Zusammenhänge

Jesaja wurde etwa im Jahre 745 v.Chr. zum Propheten berufen (Kapitel 6). Er ist über 40 Jahre als Prophet aufgetreten. Die Erfüllung seiner

Untergangsankündigungen gegen das Nordreich Israel (Jesaja 8,1-4; 9,7ff) mußte er selbst miterleben (721 v.Chr.).
Doch die geistliche Situation ist auch im Südreich nicht sehr viel besser. Auch hier muß Jesaja verschiedentlich Gottes Gericht ankündigen (7,13; 22,1-14). Jesaja weiß von seiner Berufung her, daß er mit all seinen Warnungen und Gerichtsankündigungen nur tauben Ohren predigt (6,9ff). Aber er weiß zugleich auch, daß Gott in all seinem Zorn dennoch sein Volk nicht aufgibt. Ein heiliger Rest wird übrigbleiben und wird zum Samen für ein erneuertes Gottesvolk werden (6,13b; vgl. 10,21-23). Das ist die Zeit, auf die Jesaja hinlebt.
Diese zugesagte Hoffnung läßt ihn nicht verzagen und resignieren in seiner schweren Gegenwart. Der Blick für diese göttliche Heilszeit muß schon jetzt geschärft werden, damit die Glaubenden ein Ziel haben, auf das hin sie leben können und von dem her sie Maßstäbe fürs Heute bekommen. Denn nur wer in der Zukunft ein klares Ziel vor Augen hat, kann in der Gegenwart richtig leben. So wird in den prophetischen Worten Jesajas immer wieder der Blick auf die kommende Heilszeit gerichtet (2,1ff; 4,2ff; 9,1ff; 10,20ff; 11,1ff), auch in unserem Kapitel. Schon in einer unerlösten Gegenwart soll das Danklied für die künftige Erlösung eingeübt werden. Damit wir es dann auch rechtzeitig können.

Aussagen

▪ 1. Für Jünger Jesu ist dies Kapitel keine Zukunftsmusik mehr,

sondern schon lebendige Gegenwart! Mit Jesus ist Gottes Heilswelt angebrochen. Ich werde mich nicht erst freuen – ich freue mich schon in Jesus. Ich werde nicht erst noch danken – ich danke schon. Ich werde nicht erst Mission treiben – ich tue es jetzt schon. Die Botschaft Jesajas vertröstet mich nicht auf eine bessere Zukunft – sie ist durch Jesus Wirklichkeit geworden. Auch für mich!

▪ 2. Dank für Gottes Zorn (1)

Das ist erstaunlich. Ist denn Gottes Zorn etwas Gutes, daß man dafür danken kann? Ja! Gottes Zorn zeigt, daß ihm mein Weglaufen, mein Irregehen nicht egal ist, daß er Interesse an mir hat, daß er mich zurückhaben möchte. Ohne seinen Zorn wäre mir vielleicht gar nicht aufgegangen, daß ich ihn beleidige mit meinem Verhalten, daß ich mich von ihm entfernt habe. Dank aber auch, daß Gottes Zorn aufhört, wenn ein Mensch umkehrt zu ihm.

■ 3. Ich fürchte mich nicht (2)
Oder fürchte ich mich noch? Wenn das wahr ist – und es ist wahr! –, daß der allmächtige Gott sich mir gnädig zugewandt hat, dann allerdings ist alle Furcht wirklich überflüssig; dann ist sie ein Überbleibsel aus der vergangenen Zeit, als man noch ohne Gott und unter dem Zorn Gottes lebte. Aber jetzt ist er doch da. Auch für mich! Also gebe ich ihm auch alle meine Furcht.

■ 4. Erzählen, was Gott an mir getan hat (4-6)
Das ist nämlich die beste Art, Gott zu danken. Außerdem brauchen die anderen Gott genau so nötig wie ich. Denn auch sie leben unter dem Zorn Gottes. Ich bin berufen zur Mission – den Platz dazu darf ich mir selbst aussuchen.

Fragen

1. Habe ich schon mal den Zorn Gottes in meinem Leben gespürt? Hat mich mein Gewissen so gequält, daß ich es nicht zur Ruhe bekam, sondern es mich immer wieder an eine bestimmte Sache erinnerte? Habe ich auch die Freude erlebt, wenn diese Sache dann endlich bereinigt war und ich wieder Frieden mit Gott hatte? Oder wo lebe ich noch unter dem Zorn Gottes?

2. Wie ist es mit meiner Angst? Bin ich sie los? Kann ich sie wie Jesus in Gethsemane jedesmal in Gottes Hände legen (Matth. 26,36ff)? Oder ist dieser Vers 2 noch Zukunftsmusik für mich? Warum? Was fehlt denn noch bei mir, damit ich mich ganz in Gott geborgen weiß? Sollte ich vielleicht mal mit einem älteren Christen darüber sprechen, damit ich auch die Freude der Geborgenheit in Jesus erfahre?

3. Wie hat Jesus den Vers 3 aufgegriffen in Johannes 7,37f? Wie ist dort das Schöpfen aus den Heilsbrunnen ausgelegt und aus seiner Symbolbedeutung in die Realität übertragen?

4. Gott hat jeden zum Missionar berufen. Aber meistens gibt er nicht die direkte Platzanweisung an. Warte ich etwa noch auf einen besonderen Ruf zur Mission? Oder ist mein Herz nicht so voll, daß mein Mund überläuft (Matth. 12,34b)? Wo und wem könnte ich erzählen, was Gott an mir getan hat?

5. Habe ich Vers 6 genau gelesen? Soll ich den Heiligen Israels groß machen? Oder ist er nicht auch alleine groß? Und ist das nicht Grund genug zum Jubeln, daß sich Gott trotz des Versagens seiner Leute immer wieder in dieser Welt durchsetzt?

Jesaja 40,1-11
Gott beginnt ein neues Kapitel

Begriffe

■ **Jerusalem**
Hauptstadt von Gesamtisrael (z.Z. Davids und Salomos), später Hauptstadt des Südreichs (Judäa), nach der babylonischen Gefangenschaft wieder Hauptstadt des Gesamtreichs.
Hier, wie auch sonst häufig bei den Propheten, ist nicht die Stadt selbst gemeint, sondern das ganze Volk Israel.

■ **HERR**
Die Schreibweise in Großbuchstaben zeigt an, daß im hebräischen Urtext an diesen Stellen der Name Gottes, „Jahwe", steht. In einer Welt, in der alle von Gott reden, legen die Propheten Wert darauf, daß sie nicht so allgemein von irgendeinem Gott reden, sondern von einem ganz bestimmten, der sich mit Namen vorgestellt hat (vgl. dazu 2. Mose 3,13-15), der also nicht anonym geblieben ist. Mit diesem Namen stellt Gott sich als der vor, der alle unsere Zukunft fest und sicher in seiner Hand hat (Jahwe = Ich werde sein, der ich sein werde).

■ **Fleisch**
Bezeichnung für alles Menschlich-Irdische; nicht nur für den Körper des Menschen, sondern auch für seine Ideen, seine Leistungen usw. Im Neuen Testament ist es vor allem Paulus, der diesen prophetischen Ausdruck gern im gleichen Sinn benutzt. Fleisch ist sozusagen der Gegensatz zum Wort Gottes (8). Der Mensch ist gefragt, worauf er nun sein Leben aufbauen will: auf das vergängliche Fleisch (also seine menschlichen Ideen und Leistungen) oder auf das unvergängliche Wort Gottes.

Zusammenhänge

Es war eingetreten, was die Propheten lange genug angekündigt hatten: das Gericht Gottes über Israel. Erst war der Nordstaat im Jahre 722 v.Chr. durch die Assyrer ausgelöscht worden. Seine Bewohner waren größtenteils in alle Welt deportiert worden. Dann war es 587 v.Chr.

dem Südstaat durch die Babylonier genauso ergangen. „An den Wassern zu Babel saßen wir und weinten, wenn wir an Zion gedachten ...“, mit diesen Worten schildert der Psalmist die Stimmung unter den jüdischen Deportierten (Ps. 137,1). Jahrzehnte schon waren seitdem vergangen, und immer noch sah man keine Chance, wieder in die Heimat zurückkehren zu können. Hatte Gott sein Volk abgeschrieben? War Gott es endgültig leid, mit einem ungehorsamen Volk Heilsgeschichte zu machen?
Da meldet sich plötzlich im Auftrag Gottes mitten unter den Exulanten eine Stimme zu Wort, eine Stimme des Trostes, eine Stimme der Hoffnung, eine Stimme, die wieder eine Zukunft in der alten Heimat verheißt. Die „Knechtschaft“ (2) soll ein Ende haben. Die Zeit des Unheils ist vorbei, ein neues Heil beginnt. Während ringsum sich noch nichts geändert hat, noch alles dunkel ist, sieht der Prophet schon das Licht, das in Kürze am Horizont anbricht. Ja, der Prophet der Exulanten nennt sogar einen irdischen Namen als Vollstrecker des göttlichen Heilsplanes: Kyrus (Jes. 44,28; 45,1), der junge Perserkönig, der sich anschickt, sein Weltreich gegen die Babylonier aufzubauen. Im Jahre 538 v.Chr. erfüllte sich dies Wort des Propheten, als (menschlich völlig unerwartet) Kyrus den Juden die Erlaubnis zur Heimkehr gab. Gott beginnt ein neues Kapitel mit seinem Volk.

Aussagen

▪ 1. Den Selbstsicheren und Selbstgerechten hat Gott nichts als sein Gericht anzukündigen

Aber denen, die unter ihrer Schuld leiden, die über ihrem Elend nicht mehr Gott und alle Welt anklagen, sondern sich selbst, denen begegnet Gott als der, der alle Schuld mit einer Handbewegung wegwischt. Darum versteht auch nur der die Freude über Jesus und seine rettende Botschaft, dem die Augen über sich selbst aufgegangen sind.

▪ 2. Unser Gott arbeitet bei der Erneuerung seiner Menschen zweigleisig

Innerlich spricht er mir die Vergebung meiner Schuld zu. Er will nicht, daß ich innerlich irgendwie unsicher bleibe. Ich soll in seiner Nähe geborgen und getrost leben; äußerlich will er meine Verhältnisse (Knechtschaft) ändern: in den Familien, im Zusammenleben in Betrieb oder Schule, in der Gemeinde.

▪ 3. Wer dem Erneuerungsversprechen Gottes glaubt, soll schon jetzt darauf hinarbeiten und leben (3-5)

In der Wüste? Das hat doch keinen Sinn! Täler erhöhen? Das ist doch unmöglich! Doch das ist der Ruf Gottes an uns: Im Glauben an meine Erneuerung sollt ihr das Menschenunmögliche in Angriff nehmen! Das ist allen passiven Christen dick ins Stammbuch zu schreiben!

■ **4. Der Mensch ist immer wieder in der Versuchung,** im Grunde nur sich selbst zu trauen und auf seine Möglichkeiten zu bauen. Gott läßt uns geradezu einhämmern (6-8), daß nur das Vertrauen auf sein Wort keinen Schiffbruch erleidet. Alles andere Vertrauen in dieser Welt ist vergeblich. Das ist allen aktiven Christen ins Stammbuch zu schreiben!

Fragen

1. Wieso hat Israel eine doppelte Strafe (2) empfangen? Ist das nicht ungerecht? Zur Beantwortung vgl. Jeremia 2,13 und 16,18 (Jeremia ist der Prophet, auf dessen Worte Jesaja z.T. zurückgreift).

2. Hier ist mit dem Vergebungswort ganz eng verbunden die politische Befreiung des Volkes (2: ... ihre Gefangenschaft ein Ende hat). Wieweit gehören innere und äußere Erneuerung nach dem Neuen Testament zusammen? Gehören sie immer auch zeitlich zusammen? Gibt es das eine ohne das andere? Können sich politische Befreiungsbewegungen auf diesen Abschnitt der Bibel berufen? Wo liegen wesentliche Unterschiede?

3. Der Gott der Zukunft mutet uns gegenwärtiges, zukunftsorientiertes Handeln zu. Sogar in der Wüste, d.h. in unmöglichen Situationen. Was tue ich eigentlich im Blick auf Gottes Zukunft? Oder lasse ich mich ganz einwickeln von meiner Gegenwart? Wo wage ich im Namen Jesu etwas Unmögliches zur Ehre Gottes zu beginnen? Oder resigniere ich angesichts der vielfachen Wüste und Leere in den Gemeinden?

4. Worauf setzen wir in unseren Kreisen und Gemeinden unser Vertrauen? Auf zugkräftige Evangelisten? Auf begabte und qualifizierte Jugendleiter? Auf ein reichhaltiges Konsumangebot an Spiel und Sport, Unterhaltung und Diskussion? Alles Fleisch! Oder auf das (manchmal sehr schlicht) verkündigte Wort Gottes?

Jesaja 43,1-7
Gott steht zu seinem Volk

Begriffe

▪ Israel

Bezeichnung für die Nachkommen Jakobs (= Enkel von Abraham), die Gott durch Mose aus Ägypten geführt und ins Gelobte Land (Kanaan = Palästina = Land Israel) gebracht hatte. Israel ist der Name, den Gott selbst Jakob nach dem Kampf am Jabbok (1. Mose 32,29) gegeben hat. Nach den zwölf Söhnen Jakobs gliedert sich das Volk Israel in zwölf Stämme von unterschiedlicher Größe und Bedeutung. Am bedeutendsten wurde der Stamm Juda, der später das Südreich bildete und von dem sich der Name „Juden“ ableitet.
Da die anderen Stämme sich durch die Zerstörung des Nordreiches großenteils aufgelöst haben, wurde der Name Israel dann vielfach Synonym für den Namen „Juden“. Auch in Jes. 43 sind mit dem Volk Israel in erster Linie die nach Babylonien vertriebenen Juden angeredet.

▪ Befreiung

Jesaja spricht in diesem Abschnitt vor allem zu den Juden, die seit den Jahren 597 und 587 v.Chr. von Nebukadnezar in die Gefangenschaft nach Babylonien verschleppt wurden. Als Prophet Gottes sieht er, daß Gott den Perserkönig Kyros (Jes. 44,28; 45,1) als Werkzeug ausersehen hat, um sein Volk Israel aus dieser Gefangenschaft wieder zu befreien. In der Tat ist dies im Jahre 538 v.Chr. in Erfüllung gegangen.

▪ Lösegeld

Wenn in der Antike ein Sklave befreit werden sollte, mußte für ihn ein sogenanntes Lösegeld gezahlt werden. Das konnte er nicht selbst, da er keinen Besitz hatte. Aber ein anderer konnte das für ihn tun – wenn er ein Interesse an ihm hatte. So gibt Gott dem Perserkönig Kyros die politische Macht über Ägypten, Nubien (= Sudan) und Äthiopien. Doch Israel darf zurückkehren. Wunder der Weltgeschichte!

Zusammenhänge

Man unterscheidet beim Buch des Propheten Jesaja zwei grundverschiedene Teile. Die Kapitel 1-39 wenden sich an die Juden in der Zeit

von 745 (vermutlich das Berufungsjahr Jesajas, siehe 6,1) bis ca. 700 v.Chr. (Belagerung Jerusalems unter Hiskia).
Die Kapitel 40-66 wenden sich an die Juden in der babylonischen Gefangenschaft (von 597/587 bis 538). Viele vermuten deshalb heute, daß der zweite Teil nicht von dem Jesaja des ersten Teiles geschrieben ist, sondern von einem späteren Propheten Gottes, der entweder den gleichen Namen trug oder dessen Name hinter seiner prophetischen Botschaft zurücktrat und ungenannt geblieben war. Jesaja 40, 6-8 wirkt wie die Berufungsgeschichte dieses „zweiten" Jesajas.
Zum inhaltlichen Verstehen unseres Abschnitts helfen die vorhergehenden Verse 42,14-25. Gott hat seinem Volk lange keine Propheten mehr geschickt (42,14). Das Volk meinte darüber, daß Gott die Not Israels gar nicht mehr beachte und blind geworden sei für Israel (42,19). Doch die Gefangenschaft ist Folge des Ungehorsams Israels. Es hat auf die Warnungen Gottes nicht gehört (42,20.24; vgl. die vielen Warnungen durch den Mund Jeremias kurz vor der Babylonischen Gefangenschaft). Anscheinend hat aber auch diese nationale Katastrophe noch niemand „zum Nachdenken gebracht", keiner „zieht eine Lehre daraus" (42,23.25). Statt dessen hat besinnungslose Furcht und Resignation um sich gegriffen. Da hinein kommt Gottes Aufruf zur Furchtlosigkeit (43,1-5). Denn Gott selbst will nun sein Volk erretten (43,3). Dabei bleibt bestehen, daß Israel auch jetzt noch nichts von Gottes Treue und Neubeginn begriffen hat (43,8).

Aussagen

■ 1. Gott steht zu seiner Berufung (1.7)

Nicht die Besinnung und Bekehrung Israels ist geschehen, so daß Gott nun die Bekehrung Israels sozusagen belohnt durch Befreiung. Nein, Gott hat sich auf seine Berufung Israels neu besonnen. Es war damals reine Gnade und Liebe. Es ist auch jetzt wieder reine Gnade und Liebe Gottes. Gott ist auch mir gnädig, bevor ich mich bekehrt habe. Am Kreuz Jesu hat er seine Liebe zu mir bewiesen. Und auch schon vorher, als er mich mit diesem Leben beschenkte, hat er mir seine Liebe bewiesen. Am Kreuz Jesu zum zweiten Mal. Wann werde ich endlich hören? Und ihm folgen?

■ 2. Gott ist bei mir – auch in Katastrophen (2.5)

Interessant – Gott bewahrt sein Volk nicht vor Katastrophen, aber ist bei ihm in Katastrophen. Gott bewahrt auch seine Christen nicht vor Krankheit oder Leid oder Arbeitslosigkeit oder Liebeskummer. Aber er läßt sie dabei nicht allein. „Siehe, ich bin bei euch alle Tage bis an der Welt Ende“, sagt Jesus seinen Jüngern. Paulus bekennt darum: „Nichts kann uns trennen von der Liebe Gottes – auch kein Tod!“ Weil Jesus bei uns ist, brauchen wir uns nicht zu fürchten.

■ **3. Gott rettet seine Gemeinde durch die Zeiten hindurch** (3.4.6)
Mögen auch andere Völker untergehen – Gottes Volk nicht. An den Juden hat Gott es bewiesen. Auch den Jüngern Jesu gilt diese Verheißung. Die Gemeinde Jesu ist oft von ihren Feinden totgesagt worden. Doch Gott hat sie immer wieder zu neuem geistlichen Leben erweckt.

Fragen

1. Wir Menschen sind oft eingebildet auf das, was wir leisten und erreichen. Die logische Folge ist, daß dann, wenn etwas schief geht und wir etwas nicht schaffen und erreichen, wir total deprimiert und niedergeschlagen sind. Liegt das nicht daran, daß wir nur gelernt haben, mit unseren Möglichkeiten zu rechnen statt mit Gottes Kraft? Wie sehr baue ich eigentlich auf die Gnade Gottes in meinem Alltag? Traue ich Gott zu, daß er aus meinem Leben (noch) etwas machen kann – und auch will?

2. Was macht mir Angst? Die Wasserstoffbombe? Die Uneinsichtigkeit der Politiker? Arbeitslosigkeit? Krankheit? Alleinsein? Daß meine Ehe (Freundschaft) zerbricht? Glaube ich ernsthaft an die doppelte Zusage „Fürchte dich nicht“ in diesem Text? Glaube ich ihr so, daß ich mich nicht mehr fürchte und mich statt dessen an der Nähe Jesu freue? Oder scheint mir solch ein Glaube übertrieben?

3. Was weiß ich über die Warnungen durch Gottes Propheten an sein Volk? (Bei den Propheten Jesaja und Jeremia finden wir viele Beispiele.) Was weiß ich über Gottes Warnungen an uns? Was weiß ich über die Erfüllung dieser Zusagen aus Kapitel 43 im Jahr 538 v.Chr.? Hat Israel sich dann endlich zu Gott gewandt? (Vergleiche zum Beispiel den Propheten Haggai, der um 520 v.Chr. auftrat.)

4. Gottes Zusagen haben oft eine Doppelperspektive – eine für die nahe Zukunft und eine für die ferne Zukunft. Welche ferne Zukunft ist hier angesprochen, und welche ferne Erfüllung haben wir bereits miterlebt?

Jesaja 44,1-8
Ausländer rein!

Begriffe

■ Knecht Jakob
Bezeichnung für das Volk Israel aus zwei Gründen: 1. Jakob wurde häufig als Stammvater Israels bezeichnet, weil er von Gott den Namen Israel bekam (obwohl der eigentliche Stammvater doch sein Großvater Abraham ist). 2. Jakobs zwölf Söhne sind die Namensgeber der zwölf Stämme Israels.

■ Geist
Gemeint ist der heilige Geist Gottes, der dem Menschen zusätzlich zu seinem biologischen Leben ein geistliches Leben einhaucht. Erst dieser Lebensgeist ermöglicht es dem Menschen, daß er ein erfülltes und „reiches" Leben führen kann – reich für Gott und die Ehre Gottes. Denn das ist ja die eigentliche Lebensaufgabe des Menschen, Frucht zu bringen für Gott. Dazu gibt der göttliche Geist die Kraft und Ideen.

■ Der Erste und der Letzte
Selbstbezeichnung Gottes, die im Neuen Testament für Jesus aufgegriffen wurde (Offb. 1,8: A und O sind der erste und der letzte Buchstabe des griechischen Alphabets). Gott hat in dieser Welt sowohl das erste als auch das letzte Wort. Vor ihm hatte niemand etwas zu melden, und nach ihm wird auch keiner mehr etwas zu sagen haben.

■ Zeugen
Nicht die, die selbst etwas schaffen oder erdenken, sondern die, die bestätigen können, welcher andere dies oder jenes gemacht hat. Ein Zeuge hat die Aufgabe zu *be*zeugen. Ob er damit *über*zeugt, braucht ihm keinen Kummer zu machen.

Zusammenhänge

Es ist die Zeit der babylonischen Gefangenschaft Israels (597 bis 538 v.Chr.). Große Verzweiflung herrschte unter den Gefangenen, als sich auch nach Jahrzehnten keine Hoffnung auf eine Heimkehr zeigte. Da tritt dieser Prophet Jesaja auf und kündigt im Namen des lebendigen Gottes die Wende an. Das muß von der Wirkung so gewesen sein, als

hätte jemand im Jahr 1988 in Deutschland die Vereinigung angekündigt. Viele lachten bzw. beachteten den Propheten nicht. Dabei nennt er sogar schon ganz konkrete Namen der damaligen Politik als Vollstrecker der göttlichen Wende: Kyrus (Jes. 44,28; 45,1ff). In der Tat hat Kyrus später den Befehl zur Rückkehr gegeben (vgl. Esra 1,2-4).
Zugleich wird bei Jesaja eine zweite Wende deutlich, eine Wende im göttlichen Heilsplan. Während bis dahin die Propheten keine Heilsbotschaft für die Heiden von Gott bekommen hatten, ist das nun anders. Jesaja kündigt an, daß nunmehr auch die Heiden sich der Botschaft des wahren Gottes öffnen werden (42,4; 44,5) und daß Gott sie ausdrücklich zu seinem Heil mit einlädt (45,22-24; 49,6). Israel bleibt das erwählte Volk Gottes, aber es ist nicht mehr das einzige erwählte Volk. Wer immer kommen will, der komme! Welch eine Wende. Die endgültige Erfüllung dieser Wende sehen wir bei und durch Jesus – er lädt uns zu sich ein.
Wie er schon zu seinen Lebzeiten die Grenzen Israels überschritt, so sandte er erst recht nach seiner Auferstehung die Jünger zu allen Menschen. Nicht mehr Israel allein, sondern wir alle sind nun eingeladen.

Aussagen

▪ 1. Zuversicht: Keine Angst! (1-4)

Sie nannten sich Realisten, weil sie auf die Realitäten hinwiesen – die Übermacht der Feinde und Probleme. Ihr angeblicher Realitätssinn machte ihnen nur Angst. Jesaja aber verkündigt eine neue, noch unsichtbare Realität: das Eingreifen Gottes. Wer darauf sieht, ist der wahre Realist – und braucht keine Angst mehr zu haben. Gottes Zusage gilt, er hat sie in Jesus eindrücklich wiederholt: Wir dürfen mit der Kraft seines lebenschaffenden Geistes rechnen. Der Gläubige rechnet damit ganz real, und seine Angst weicht!

▪ 2. Aussicht: Auch die Ausländer! (5)

Sie betonten auch schon damals sehr den Unterschied zu allen Nichtisraeliten. Ihr Gott sollte nur ihnen helfen. Was hatten die Ausländer schon mit ihrem Gott zu tun? Jesaja aber schließt im Namen Gottes auch die Ausländer in das neue Heil mit ein. Ausländer rein! Rein ins Volk Gottes! Ein unerhörter Gedanke bis heute für viele. Doch genau das ist auch die Botschaft Jesu. Darum ging er immer wieder zu Ausländern. Der Gläubige folgt Jesus nach – auch darin!

▪ 3. Einsicht: Nur ein Gott! (6-8)

„Jeder hat seinen Gott; jeder soll auf seine Weise selig werden“ hörte man damals ähnlich wie heute. Gott läßt sich nicht zur Massenware degradieren. Er ist einzig und einzigartig. Laßt euch nicht verwirren (8a)! Unter dem Deckmantel der Toleranz wird der wahre Gott verleugnet. Es gibt nicht nur einen einzigen Gott, sondern auch nur einen einzigen Zugang zu Gott, wie uns Jesus gesagt hat (Joh. 14,6): Jesus selbst.

Fragen

1. Woher kommt immer wieder die Angst unter uns Menschen? Warum werden auch die, die sich zu Gottes Volk rechnen, davon befallen? Wie kann man sich dagegen wehren und schützen? Welche Worte Jesu gegen die Angst kenne ich (sozusagen als „Medizin", wenn ein Angstanfall kommt)?

2. Die Verheißung mit dem Lebensgeist ist hier eine zukünftige Verheißung – darf man denn damit schon jetzt rechnen? Welche Ereignisse und Bibelworte erlauben mir, diese Verheißung auch auf mich zu beziehen und sie schon jetzt in Anspruch zu nehmen? Was könnte das „wachsen und gedeihen" (3b) praktisch in meinem Leben bedeuten?

3. Wie reagiere ich, wenn fremde Menschen in unsere Gottesdienste und Gemeindegruppen kommen? Freue ich mich, begrüße ich sie? Oder läßt es mich kalt? Oder fürchte ich eher eine „Überfremdung" und gehe lieber ein wenig auf Distanz? Wie hat Jesus auf Fremde reagiert? Wie empfanden das seine Zeitgenossen (z.B. Luk. 5,27ff; 6,27ff; 7,1ff; 7,36ff)? Kann eigentlich ein Fremder sich so ohne weiteres (wie in Vers 5 beschrieben) einen biblischen Ehrentitel aneignen, sich so ohne weiteres Christ nennen?

4. Ist das nicht intolerant, wenn Gott niemand neben sich gelten läßt? Ist nicht auch das 1. Gebot intolerant? Genauer gefragt: Läßt Gott niemand neben sich gelten oder stellt er nicht vielmehr fest, daß da niemand ihm Konkurrenz machen kann (8), weil einfach niemand ernsthaft da ist? Ist das intolerant, wenn ich heute feststelle, daß außer Jesus kein Gott da ist? Ist Joh. 14,6 Wahrheit oder Lüge?

Jesaja 52,7-12
Allen Grund zum Jubeln

Begriffe

■ **Freudenboten**
Die griechische Übersetzung dieses Wortes lautet: Evangelisten. In der Tat kündigt Jesaja hier Boten an, die die gleiche frohe Botschaft zu verkündigen haben wie die Evangelisten im Neuen Testament: Dein Gott ist König geworden! (V. 7c).

■ **Zion**
Ursprünglich Name der alten Jebusiterstadt, die David dann eroberte und zu seinem Königssitz machte (Davidsstadt). Später wird der Name für den gesamten Berg gebraucht (Davidsstadt und Tempelbezirk): Berg Zion. Noch später wird Zion dann zum Namen für ganz Jerusalem.

■ **Heil**
Das hebr. Wort „jesuah" meint ursprünglich jede Hilfe Gottes für Israel. Bei Jesaja beschreibt dieses Wort nicht mehr nur eine einzelne Hilfsaktion Gottes, sondern meint seine grundlegende Hilfe für alle Welt: Heil, umfassendes, ewiges Heil. Es ist nicht zufällig, daß sich von eben diesem Wort der Name Jesus ableitet (der das Heil bringt).

■ **Die ihr des Herrn Geräte tragt**
Zunächst bezeichnet dieses Wort die Priester als Träger der Tempelgeräte. Darüber hinaus meint es alle, die haupt- oder ehrenamtlich im Dienste Gottes stehen. Mitarbeiter Gottes sollen sich reinigen = ständig aus der Vergebung leben!

Zusammenhänge

Jerusalem liegt in Trümmern (V. 9a). Gott ist von dieser Stadt gewichen (V. 8b). Der Abschnitt vor unserem Text (52,1-6) zeigt uns noch mehr über die Situation Israels. Die Stadt ist erobert (gefangen, V. 2); sie bzw. ihre Bewohner sind verkauft, d.h. in fremde Lande weggeführt worden (V. 3). So wie Israel in seiner früheren Geschichte einmal von den Ägyptern unterdrückt wurde, wie das Nordreich von Assur unterdrückt wurde (V. 4), so geschieht es jetzt wieder.

Es ist deutlich: Dies alles ist die Zeit der sogenannten babylonischen Gefangenschaft im 6. Jahrhundert. In dieser Zeit erhebt nun ein Prophet im Namen Gottes seine Stimme. Er hat eine Freudenbotschaft: Gott hat aufs Neue die Macht an sich gerissen. Er wird wieder nach Jerusalem kommen. Die Stadt wird erlöst, das Volk getröstet sein. Alle Welt soll das Heil mit ansehen (V. 7-10). Daraus ergibt sich der Aufruf an die Gefangenen in Babylon, ihren Auszug vorzubereiten. In aller Ruhe und Gelassenheit. Denn Gott selbst wird mit ihnen sein (V. 11.12).
Zum tieferen Verständnis dieser Freudenbotschaft sollte man nicht den direkt folgenden Abschnitt übersehen: 52,13-53,12. Es ist das Lied vom leidenden Gottesknecht, vom stellvertretenden Leiden Jesu Christi. Freudenbotschaft und Leiden des Mannes Gottes gehören schon im Alten Testament eng zusammen!

Aussagen

■ 1. Menschen Gottes sind ihrer Zeit voraus

Noch liegt alles in Trümmern. Noch ist alles so trostlos wie 10, 20, 30 Jahre zuvor auch. Da erhebt der Mann Gottes seine Stimme und ruft zur Freude. Wie ist das möglich? Er sieht voraus auf das, was Gott tun wird. Menschen Gottes rechnen mit Gottes Zukunft. Im Glauben klagen sie nicht mit den vielen über die schreckliche Gegenwart, sondern freuen sich bereits an Gottes künftigem neuen Tun.

■ 2. Menschen Gottes haben eine Botschaft der Freude

Viele Menschen denken wie Klein-Fritzchen. Als den der Lehrer in der Schule fragte, was denn Religion sei, sagte er: „Religion ist, was man nicht darf!“ Das ist die Klein-Fritzchen-Religion, aber nicht der Glaube der Menschen Gottes. Unser Glaube hat es mit der Freude zu tun. Freude, weil Gott uns einen neuen Start im Leben ermöglicht. Freude, weil Gott das Alte vergibt. Freude, weil Gott selbst uns helfen will.

■ 3. Menschen Gottes ziehen Konsequenzen aus ihrem Glauben

Weil der Prophet mit Gottes Zukunft rechnet, darum ruft er auf, Konsequenzen zu ziehen. Und zwar jetzt schon, in der Gegenwart. Menschen Gottes dulden nicht mehr die Sünde in ihrer Mitte. Menschen Gottes machen nicht mehr bei der Gottlosigkeit dieser Welt mit. Menschen Gottes schwimmen nicht mehr im Strom der Masse mit, sondern gehen den Weg, den Gott sie führt. Ohne Hast und Eile. In großer Gelassenheit und Ruhe. Aber ganz konsequent.

Fragen

1. Die Beschäftigung mit der Zukunft ist heute große Mode. Man nennt diese Wissenschaft mit einem Fremdwort „Futurologie". Christen sollten sich auch mit der Zukunft beschäftigen. Aber ein gewaltiger Unterschied besteht. Können Christen so wie die anderen nur mit dem rechnen, was Menschen erreichen werden? Wo bleibt das Rechnen mit Gottes Tun? Klage ich vielleicht auch über das Versagen von Kirche und Gemeinde? Beklage ich, daß die Menschen sich anscheinend nicht mehr für Gott interessieren? Halt! Wir müssen lernen, mit *Gottes* Zukunft zu rechnen!

2. Eine Frage an alle, die Christen sind oder Christen sein wollen: Können die Leute an meinem Leben, an meinem Verhalten feststellen, daß ich ein „Freudenbote" bin? Oder bin ich genau so ein „Meckerfritze" wie so viele? Ein Merksatz: Ich habe so viel vom Christsein begriffen, wie ich darüber froh geworden bin.

3. Wie ist das in meiner Gemeinde? Sind wir vielleicht auch, wie so viele, darauf aus, möglichst all das auch zu tun, was andere heute so tun? Es gibt leider Christen, die sich kaum noch von anderen Menschen unterscheiden. Mancher proklamiert das auch noch als neueste Masche. Jesaja sagt genau das Gegenteil. Wonach will ich mich richten? Muß ich vielleicht in meiner Gemeinde das Steuer herumwerfen?

Jesaja 56,1-8
Offen für Fremde

Begriffe

▪ Sabbat

Der siebente Tag der Woche. Der Tag, an dem Gott sein Schöpfungswerk feierte (1. Mose 2,2f). Das hebräische Wort Schabbat hat die Bedeutung „aufhören, von etwas ausruhen, feiern". Die Arbeitsruhe ist also an diesem Tag und mit diesem Wort nicht Selbstzweck, sondern Voraussetzung zum Feiern. Erst im Feiern (der Ehre Gottes) erhält der Sabbat seinen eigentlichen Inhalt. Der älteste Hinweis auf die Bedeutung des Sabbats ist gegeben in der Wüstenwanderung Israels bei dem Manna-Wunder (vgl. 2. Mose 16).

▪ Fremde

Schon von Anfang an wohnten in dem verheißenen Land nicht nur Israeliten, sondern auch Bewohner anderer Völker, vor allem die Ureinwohner (Kanaanäer). Bereits die Gesetzgebung des Mose weist darauf hin, daß diese Ausländer unter dem Schutz Israels stehen und nicht unterdrückt werden dürfen (2. Mose 22,20). Noch mehr: weil Gott auch die Ausländer liebt, soll auch Israel sie lieben (5. Mose 10,18f). So gelten für Ausländer die selben Fürsorgebestimmungen wie für Witwen, Waisen und Arme (5. Mose 14,29; 16,11; 26,12f).

▪ Opfer

Zu jeder Feier gehört in Israel ein Opfer zur Ehre Gottes. Dabei wurden gesunde, kräftige Tiere geschlachtet und je nach Opferart ganz oder teilweise auf dem Opferaltar verbrannt. Wichtig ist in jedem Fall, daß vor der Schlachtung der Opfernde seine Hand dem Opfertier auflegt und so (symbolisch) seine Schuld auf das Opfer überträgt. Denn das Opfer bedeutet zugleich Versöhnung mit Gott. Darum kann Jesus später das Opferlamm Gottes genannt werden, das der Welt Sünde trägt (Joh. 1,29).

Zusammenhänge

Mit Kapitel 56 beginnt ein neuer Abschnitt im Buch Jesaja. Wie aus 56,8 hervorgeht, richten sich die Worte des Propheten jetzt an die ehe-

mals zerstreuten Israeliten aus der babylonischen Gefangenschaft, die nun wieder zurückgekehrt sind nach Israel.
Anders war die Situation in den Kapiteln 40 bis 55. Da waren die angeredet, die noch in der Gefangenschaft saßen. Schon 40,1ff wird ihnen die Befreiung angekündigt. 55,12ff wird schon jetzt zum Jubel eingestimmt, der beim Aufbruch nach Hause ausbrechen wird.
Das ist das Entscheidende der Propheten, daß sie dank Gottes Offenbarung ihrer Zeit immer schon ein, zwei Schritte voraus sind. Es ist ihre Aufgabe, das Volk Gottes einzustimmen auf das Kommende. Denn auch das Volk Gottes soll der übrigen Menschheit immer schon ein, zwei Schritte voraus sein. Es kann und darf jetzt schon im Blick auf das Kommende leben. Es muß sich nicht ängstigen vor dem Kommenden (es sei denn, es hat Schuld auf sich geladen, die es nicht bei Jesus bereinigt!), sondern fortschrittlich leben. Fortschrittlich leben heißt: schon jetzt Gottes Absichten im eigenen Leben verwirklichen.
Ab Kap. 56 also sind die im Blick, die nach Hause zurückgekehrt sind. Eine durch die lange Gefangenschaft gewachsene Ausländer-Abkapselung oder vielleicht gar Feindlichkeit soll abgebaut werden. Den im persischen Hofdienst stehenden Judäern, auch den „Verschnittenen" (= Eunuchen V. 3.4), soll der volle Zugang zur Gemeinde Gottes bereitet werden. Die Öffnung des Tempels für alle Welt wird angekündigt (56,7f).

Aussagen

■ 1. Glück hängt am Gehorsam (1f)

Es wird viel zu viel als Pech und Unglück bei uns selbst beschrieben, was doch nur unser Ungehorsam gegen Gottes Gebot ist. Wie viel Leid würden sich viele Menschen ersparen, wenn sie sich ganz einfach an Gottes gute Ordnungen hielten. Lügen, kleine „Klauereien", sexuelle Experimente statt geduldigem Warten, Alkohol – Glück und Frieden entstehen daraus sicher nicht. Im Gegenteil! Auf ein Gebot wird besonders hingewiesen: Sabbat, d.h. Zeit für Gott haben. Hören auf Gottes Wort. Stille vor Gott. Es lohnt sich!

■ 2. Laßt die Außenseiter voll in die Gemeinde hereinkommen! (3-7a)

Damals waren das die Ausländer und die Eunuchen (Verschnittene), die sich den ausländischen Besatzungsmächten angedient hatten. Heute sind das je nach der eigenen Position: für die einen die Lehrer, für die anderen die Schüler – die Jugendlichen oder die „Alten" – die

Popper, die Punker und Rocker, die Skinheads. Natürlich soll keiner zum Frommsein gezwungen werden. Aber wenn er Jesus nachfolgen will, dann soll er ruhig den Haarschnitt haben, der ihm gefällt. Gott fragt weder nach Kleidung noch nach Frisur, sondern nach einem gehorsamen Herzen.

■ **3. Lernt die Freude an Opfer und Anbetung** (7f)
Öffnung für alle heißt nicht, daß alle Albernheiten dieser Welt nun in der Kirche gemacht werden. Nicht der Ort ist entscheidend, sondern die Sache, die gemacht wird. Die Sache: sich mit Gott versöhnen lassen (= Opfer) und unseren Gott anbeten, singen, loben und ehren. Dazu sollen wir in der Gemeinde zusammenkommen. Dazu will unser Gott noch mehr Menschen willig machen.

Fragen

1. Jeder Mensch weiß theoretisch: Geld macht nicht glücklich. Aber damit der Mensch nun nicht nach seinen theoretischen Erkenntnissen lebt, hat der Volksmund diese Erkenntnis sofort entschärft „Geld macht nicht glücklich – aber es beruhigt". Stimmt das überhaupt? Beruhigt es oder betäubt es nicht vielmehr? Lasse ich mich in meiner Sehnsucht nach Glück auch von irgend etwas betäuben? Welche Betäubungsmittel nehme ich? Musik? Oder? Was bringt wirklich Glück und Frieden?

2. Gott legt offenbar großen Wert auf den Sabbat = Feiertag. Wie zeigt sich das bei der Wüstenwanderung (2. Mose 16)? Wie bei den Zehn Geboten? Wie kann ich den Feiertag so gestalten, daß er nicht nur ein Ruhetag ist, sondern ein Tag, an dem Gottes Liebe zu uns Menschen gefeiert und gelobt wird? Was kann mein Kreis dazu beitragen, daß der Gottesdienst eine fröhliche Jesus-Feier wird und nicht nur eine routinemäßige Pflichtveranstaltung? Was ist zu tun, damit auch außerhalb des Gottesdienstes der Feiertag zu Gottes Ehre beiträgt? Viele Fragen – habe ich wenigstens eine praktische Antwort, die ich ausführe?

3. Welche Leute halte ich gern fern von meiner Gemeinde, weil sie mir unsympathisch sind? Welche Leute lasse ich nicht Voll-Mitglied bei uns sein, weil vielleicht meine Spitzenpositionen gefährdet werden könnten? Wer sind meine „Fremden"? Zugezogene? Arbeiter? Politisch Andersdenkende?

4. Habe ich nur einen kleinen Kirchturms- bzw. Vereinshorizont? Oder Gottes weltweiten Missionshorizont? Was bedeutet der Satz Vers 7b für mich und meine Gemeinde?

Jesaja 60,1-9
Es soll hell werden

Begriffe

▪ Herrlichkeit

Damit wird nicht das Wesen Gottes selbst, sondern die Ausstrahlung, die von Gott ausgeht, bezeichnet:
– Er gibt sich uns in Jesus als Gott zu erkennen, läßt uns nicht im Dunkeln über sich und seinen Willen mit uns.
– Er ruft uns in Jesus heim zu sich und will unserer Schuld vor ihm nicht mehr gedenken.
Beide Seiten dieser Herrlichkeit Gottes sind zusammengefaßt in dem neutestamentlichen Satz Johannes 1,14 (vgl. auch Joh. 11,40).

▪ Midian, Efa, Saba, Kedar, Nebajot

Araberstämme südlich und östlich von Palästina. Für Israels Geschichte hatte von ihnen nur Midian größere Bedeutung. Aus Midian stammt der Schwiegervater des Mose (2. Mose 2,21; 3,1; 18,1ff).
Die Midianiter haben sich später immer wieder als erbitterte Feinde Israels erwiesen, so besonders z.Z. Gideons (Rich. 6).

▪ Tarsisschiffe

Welche Gegend mit Tarsis gemeint ist, läßt sich heute nicht mit Sicherheit sagen. Im allgemeinen vermutet man die Gegend um Tunis.

▪ Der Heilige Israels

Bezeichnung für Gott. Mit diesem Namen wird sowohl die selbstgewählte Zugehörigkeit Gottes zu seinem Volk Israel ausgedrückt als auch zugleich der Abstand Gottes von seinem Volk (er ist und bleibt bei aller Zugehörigkeit der Heilige, Abgesonderte, Besondere).

Zusammenhänge

Jesaja ist es, der zum ersten Mal das Begriffspaar „Licht – Finsternis" im übertragenen Sinn ausführlicher gebraucht. Damit charakterisiert Jesaja den Gegensatz zwischen Gott (Licht) und dem Anti-Göttlichen (Finsternis) bzw. dem von Gott Verlassenen (vgl. Jes. 5,20.30). Der Mensch ohne Gott sieht keinen Sinn in seinem Leben, er kann nichts

erkennen von einem Plan in seinem Leben und ist darum voller Angst (8,22). Das ist mit Finsternis gemeint.
Die Botschaft des Jesaja lautet, daß in diese Finsternis des Menschen Licht hineinkommen soll (8,23a; 9,1). Diese Botschaft durchzieht das gesamte Jesajabuch (42,6f; 49,6; 49,9; 60,1-3). Dabei erwartet Jesaja dieses Licht von einer Person (9,1-6; 42,1-8).
Diese Botschaft ist von Jesus aufgegriffen in seinem berühmten Wort Johannes 8,12. Der Evangelist Johannes ist es vor allem, der von Jesaja her das Begriffspaar „Licht – Finsternis" wieder aufgreift. Im Blick auf Jesus sagt er gleich im Anfang seines Evangeliums: „Das Licht scheint in der Finsternis, und die Finsternis hat's nicht ergriffen" (Joh. 1,5). Das, was Jesaja als Zukunft angekündigt hat, verkündigt Johannes als Gegenwart. Das Erschreckende ist nur: „Die Menschen liebten die Finsternis mehr als das Licht" (Joh. 3,19). Johannes aber wird nicht müde, in seinem 1. Brief das Evangelium immer wieder mit Hilfe dieses Begriffspaares „Licht – Finsternis" zu verkündigen (1. Joh. 1,5f; 2,8-11).

Aussagen

■ 1. Licht in uns

Von den Schildbürgern wird berichtet, daß diese Leute vergessen hatten, in ihr Rathaus Fenster einzubauen. Da hatten sie die „kluge" Idee, mit großen Säcken die Finsternis hinauszutragen ... So dumm geht der Mensch oft mit seinem Leben um. Er versucht, mit seinen eigenen Möglichkeiten mit seiner Angst und Unsicherheit und Ziellosigkeit fertig zu werden.
Jesaja hat eine viel bessere Botschaft: Es kommt einer und bringt Licht in unsere Finsternis! Das ist die Weihnachtsbotschaft: Gott will nicht für sich allein im Licht bleiben, sondern gibt uns Anteil an seiner Freude, an seiner Angstlosigkeit, an seiner Herrlichkeit.
So lautet die Aufforderung auch nicht: „Treib deine Finsternis aus!" (das wäre ein Schildbürgerstreich), sondern: „Geh dem Licht Gottes entgegen!"

■ 2. Licht durch uns

Wo Menschen vom Licht Gottes geprägt sind, üben sie eine Anziehungskraft auf ihre Umgebung aus. Da strömen auch die herbei, die bisher noch keine Ahnung von Gott hatten. So ist es auch heute: Wo fröhliche Christen (= durch Jesus fröhlich gemachte Menschen) sind – da kommen viele andere hinzu.

Wenn Menschen nicht zu uns in unsere Gemeinden und Jugendkreise kommen, liegt es nicht an den anderen. Von uns geht offenbar kein anziehendes Licht aus. Wir sind zu trübe. Wir müssen uns erstmal selbst wieder aufmachen zum Licht und das Geschenk Gottes in uns aufnehmen. Dann kommen auch die anderen, wenn sie es bei uns erleuchtet sehen.

Fragen

1. Wann ist zum letzten Mal ein Mensch zu mir gekommen und hat mich um geistlichen Rat gefragt oder mich um Hilfe in Glaubensfragen gebeten? Wenn das endlos lange her ist – warum kommt wohl keiner? Sehen die an mir nichts, was für sie anziehend ist? Geht von mir vielleicht kein Glanz aus? Geht von mir vielleicht nur Finsternis (Unzufriedenheit, Schimpfen, Klagen, Egoismus) aus?

2. Wie sieht das konkret aus, daß ein Mensch sich aufmacht zu dem Licht? Wo findet er heute das Licht? Geht das ohne Aufschlagen der Bibel und ohne die Gemeinschaft mit anderen Christen? Zwei biblische Beispiele geben konkrete Anweisungen: Lukas 2,19 und Apostelgeschichte 17,11.

3. Welche geistliche Bewegung geht in unserer Zeit durch Afrika? Wieviel Prozent der Afrikaner waren 1950 Christen? Wieviele sind es heute? Wieviel Prozent von denen, die sich Christen nennen, gehen in Afrika zu den Gottesdiensten? Wieviele bei uns? Was besagt dies im Blick auf unseren Text und seine Erfüllung?

4. Vers 9 ist von dem Warten der Inseln (= Völkerwelt) auf Gottes Offenbarung die Rede. Wie sehe ich die getauften und ungetauften Heiden an: als solche, die kein Interesse an Gott haben? Oder als solche, die sich heimlich nach Gott sehnen? Wie hat Jesus die Menschen angesehen (vgl. Matth. 9,36.37). Welche Konsequenzen ergeben sich aus dieser Sicht?

Jeremia 1,4-10
Berufung wider Willen

Begriffe

■ Kennen
Nach biblischer Überzeugung entspringt sowohl die gesamte Schöpfung als auch jedes einzelne kleine Menschenleben nicht dem Zufall (was ja nur ein verschleiernder Ausdruck für unser Nichtwissen ist!), sondern einer Absicht des Schöpfers. Und mit dieser Absicht verfolgt der Schöpfer ein Ziel. Absicht und Ziel Gottes für unser Leben ist also mit dem „Kennen" gemeint. Das heißt nicht, daß ein Menschenleben nun festgelegt ist. Der Mensch ist ein Geschöpf, das dem Plan seines Schöpfers gehorchen oder ungehorsam werden kann.

■ Prophet
Außerhalb der Bibel wird dies Wort vielfach im Sinne von Zukunftsansager gebraucht. Innerhalb der Bibel dagegen bedeutet dies Wort: a) einen Empfänger göttlicher Offenbarung, b) den Verkünder dieser empfangenen Offenbarung. Prophet kann man deswegen nicht lernen wie einen anderen Beruf (obwohl es solche Versuche in Israel auch gegeben hat! Aber sie brachten nur „falsche" Propheten hervor). Als Prophet wird man unerwartet und meist gegen den eigenen Willen berufen. Dabei gibt es vier inhaltlich unterschiedliche prophetische Reden:
– den Bußruf (wenn das Volk sündigt)
– die Gerichtsansage (wenn das Volk nicht Buße tut)
– die Heilszusage (wenn das Volk Buße tut)
– die Zukunftsaussage über Gottes kommendes Heil und seinen Messias.

■ Über Völker und Königreiche setzen
Nicht menschliche Gewalt ist hier gemeint, die sich im Gebrauch von Waffen bestätigt, sondern göttliche Vollmacht, die sich im Gebrauch des göttlichen Wortes betätigt.

Zusammenhänge

Jeremia ragt in mancher Hinsicht aus der Reihe der Propheten heraus. Kaum einer hat über eine so lange Zeit wie Jeremia als Prophet ge-

wirkt (627 v.Chr. seine Berufung, ca. 580 v.Chr. sein Tod): unter den Königen Josia (609 gefallen), Jojakim (608-598), Zedekia (597-587) und noch in der Verschleppung in Ägypten (vgl. Jer. 43 u. 44). Von keinem Propheten haben wir auch solch ergreifende persönliche Bekenntnisse darüber, wie schwer ihm der Gehorsam im Prophetenamt gefallen ist (vgl. Jer. 11,18-12,6; 15,15-21; 17,14-18; 18,18-23; 20,7-18). Kaum einer hat sowohl Erfolg seiner Predigt (622 v.Chr. die große Reform unter Josia) als auch Mißerfolg miterlebt (die babylonische Gefangenschaft als Gottes von Jeremia Jahrzehnte vorher angekündigtes Gericht, nachdem Zedekia nicht hören wollte).
Jeremia stammt aus einem Priesterhaus (1,1) in der Nähe von Jerusalem. Er ist – modern gesprochen – in einem kirchlich-frommen Haus aufgewachsen. Er hat die alten, überlieferten Traditionen kennengelernt. Aber das machte ihn noch nicht zum Propheten. Erst muß ein ganz persönlicher Eingriff des lebendigen Gottes erfolgen. Wie bei Mose (2. Mose 3+4), bei Gideon (Rich. 6,11ff), bei Samuel (1. Sam. 3), bei Amos (Amos 7,10ff), bei Jesaja (Jes. 6) oder später bei Hesekiel (Hes. 2+3). Nicht Gelerntes, sondern Erlebtes macht zum Boten Gottes. Doch das Erlebte stimmt überein mit dem Gelernten.

Aussagen

▪ **1. Gott hat einen Plan mit deinem Leben!** (4f)
Nicht nur mit Jeremias Leben. Auch mit meinem. Sein Plan: Ich soll Gottes Botschaft weitertragen in die Welt. Ich soll nicht nur für mich leben. Mein Leben soll Botencharakter haben. Der Missionsbefehl macht alle Christen zu Propheten Gottes (vgl. Apg. 2,17f). Im Alten Testament waren nur wenige berufen, im Neuen Testament sind alle Christen berufen. Nun geht es um meinen Gehorsam gegenüber Gottes Plan – wie schwer das auch sein mag.

▪ **2. Sage nicht: „Ich bin zu jung!“** (6-8)
Das hat Jeremia auch gesagt. Und das hat Jeremia auch nichts genutzt. Denn Gott ist ja schließlich nicht so dämlich, daß er bei seiner Berufung übersehen hätte, wie jung Jeremia war bzw. wie alt ich bin. Jugend oder Alter sind also kein Argument gegen Gottes Auftrag. Warum nicht? Das Entscheidende bei der Ausführung des Auftrags ist nämlich nicht die menschliche Fähigkeit des Boten, sondern die Gegenwart Gottes mit seinem Boten. Und dies sagt Gott zu! Auch mir (vgl. den Missionsbefehl Jesu in Matth. 28,20!). Angst ist darum überflüssig. Also „geh, wohin ich dich sende!“

■ **3. Gottes Wort ist meine Macht** (9f)
Paulus sagt: „Gottes Wort ist das Schwert, das der Geist euch gibt" (Eph. 6,17b). Deswegen liest und studiert jeder Christ täglich Gottes Wort, um sich zuzurüsten und gerüstet zu sein gegen alle Anfeindungen im Alltag, gegen allen Widerstand, der sich im eigenen Herzen und von draußen erhebt. Dies Wort entwickelt eine erstaunliche Kraft. Es zerstört den Unglauben und baut den Glauben.

Fragen

1. Gehöre ich zu den Leuten, die immer noch auf einen genauen Plan Gottes in ihrem Leben warten? Weiß ich nicht, daß Gott mir längst durch Jesus seinen Plan mit mir gesagt hat? Daß ich ein Zeuge Jesu sein soll in aller Welt? Wo genau? Das bleibt mir selbst überlassen, wenn Gott nicht gerade mal eine genaue Anweisung gibt. Worauf also warte ich noch, um endlich in meiner Klasse und meiner Firma missionarisch aktiv zu werden?

2. Habe ich schon einmal die verschiedenen Berufungsgeschichten miteinander verglichen? Welche Unterschiede fallen mir da auf? Wer gleicht Jeremia am meisten? Wer am wenigsten? Worin gleichen sich alle Berufungen? Worin sind keine zwei gleich?

3. Wann hat mich selbst Gottes Ruf zum ersten Mal getroffen? Wie habe ich reagiert? Was hat mich schließlich überwunden, so daß ich Gottes Ruf gehorsam wurde? Oder bin ich ihm vielleicht noch nicht gehorsam geworden? Was hindert mich daran?

4. Jeremia wird zum Prophet für „die Völker" berufen – war er nicht nur Prophet für Israel? Inwiefern auch für andere Völker? Für welche anderen Völker? Haben andere Völker von Jeremias Prophetendasein etwas gemerkt (vgl. Jer. 39,11ff)?

5. Wie ist Vers 10 zu verstehen? Kann ich Beispiele nennen für das Zerstören oder für das Aufbauen? Wo und wie sollen wir heute zerstören, wo und wie heute aufbauen?

Jeremia 18,1-12
Lehrstunde beim Töpfer

Begriffe

▪ **Töpferscheibe**
Eine Scheibe, die mit der Hand oder dem Fuß in drehende Bewegung versetzt wurde. Auf ihr wurde dann mit der anderen Hand oder mit beiden Händen der Ton in die entsprechende Form gebracht. Die drehende Bewegung sorgte dafür, daß die Formung einigermaßen gleichmäßig war.

▪ **Ausreißen**
Die Bilder wechseln bei Jeremia. Hier ist das Bild vom Töpfern ausgetauscht mit dem Bild der Pflanzung. Eine Pflanze (= Volk), die nichts taugt, wird ausgerissen, eine andere kann neu eingepflanzt werden (Vers 9). So kann Gott ein Volk zerstören, verwerfen oder auch ein anderes stärken und aufbauen.

▪ **Juda und Jerusalem**
Juda ist die Bezeichnung für das sogenannte Südreich. Nach David und Salomo war Israel zerfallen in ein (größeres) Nordreich, das den Namen Israel behielt, und ein (kleineres) Südreich, das den Namen Juda (nach dem Stamm Juda) trug. Die Hauptstadt des Südreichs blieb Jerusalem. Nachdem das Nordreich etwa 100 Jahre vor Jeremias Auftreten von Gott „ausgerissen" und durch die Assyrer zerstört war, drohte jetzt dem Südreich auf Grund seines Ungehorsams die gleiche Katastrophe. Von dem Namen Juda wurde später der Name „Juden" gebildet.

▪ **Unheil**
Gemeint ist die nationale Katastrophe, die wenige Jahre später über Juda hereinbricht: Die Eroberung durch die Babylonier und die darauf folgende babylonische Gefangenschaft, die für ca. 50 Jahre ein Aufhören des Staates Juda bedeutete.

Zusammenhänge

Das Bild von Gott als dem Töpfer und dem Menschen als dem Ton finden wir nicht nur bei Jeremia. Auch Jesaja gebrauchte es in gleichem

Sinne wie Jeremia: „Sie bilden sich ein, sie könnten die Rollen vertauschen! Der Ton kann doch nicht so tun, als wäre er der Töpfer! ..." (Jes. 29,16).
„Wie kann einer es wagen, seinem Schöpfer Vorwürfe zu machen? Ist der Mensch Gott gegenüber mehr als ein Tongefäß, das aus der Hand eines Töpfers kommt? ..." (Jes. 45,9).
Später hat Paulus dieses prophetische Bild wieder aufgegriffen im Römerbrief: „Bedenkt doch, wer wir sind! Wie dürfen wir uns anmaßen, Gott zu kritisieren? ... Denkt an den Töpfer: Er hat das Recht, seinen Ton nach Belieben zu verwenden. Er kann aus ein und demselben Tonklumpen zwei ganz verschiedene Gefäße machen ..." (Röm. 9,20.21).
Es geht in diesem Bild vom Töpfer immer um die gleiche Grundfrage: die nach der Gerechtigkeit Gottes. Wir Menschen sind schnell der Meinung, daß es einen „objektiven" Maßstab für Gerechtigkeit gibt, dem Gott und wir gleichermaßen unterworfen sind. Von daher kommt es zu Vorwürfen und Anklagen an Gott: „Wie kann Gott, wenn er gerecht ist ...?"
Wir stellen uns mit Gott sozusagen auf eine Stufe. Jedenfalls im Blick auf die Gerechtigkeit. Da macht uns dieses Bild klar, daß diese Denkweise falsch ist! Gott ist nicht in unserem Sinne gerecht! Gott ist nicht unserem oder einer fremden Gerechtigkeitsvorstellung unterworfen. Er ist absolut souverän. Er legt selbst fest, was gerecht ist und was ungerecht ist! Wir müssen da sehr umdenken lernen!

Aussagen

■ **1. Gottes vorläufiges Reden** (1-4)
Gott sagt uns nicht immer sofort, was er mit uns vorhat. Oft müssen wir eine Zeitlang warten. Oder erst an einen bestimmten Ort gehen oder eine bestimmte Sache in Ordnung bringen, ehe er weiter mit uns redet. Mancher erhält nur deswegen nie große Aufträge von Gott, weil er in den kleinen Aufträgen nicht gehorsam wird. Jeremia wird gehorsam und geht.

■ **2. Gottes souveränes Reden** (5-10)
Wie schnell haben wir Kritik an Gottes Reden oder Handeln: Wie kann Gott? Warum tut Gott? Auch Jeremia hatte mehrfach Kritik an Gott geübt und wollte sogar seinen Prophetenauftrag an den Nagel hängen (vgl. Jer. 14,19-21; 15,18; 20,7-9; 20,14-18). Hier nun muß er neu lernen: Gott hat ein Recht zu tun, was er will! Wie ein Töpfer das Recht hat, mit seinem Ton zu tun, was er will. Gott hat dies Recht auch bei mir! Wer

sind wir denn, daß wir Gott etwas vorschreiben dürften? Aber keine Angst – wenn wir Gott gehorchen, macht er es schon gut mit uns!

■ **3. Gottes richtendes Reden** (11-12)

Israel hat es nicht wahrhaben wollen, daß der liebende Gott auch endgültig richten kann. Gericht erschien ihnen entweder als ein Märchen oder als eine Sache, die nur die anderen, die Heiden betraf. Gott aber richtet auch sein Volk. Ja, gerade sein Volk! Der Volksmund sagt: „Es gibt kein größer Leid, als sich der Mensch selbst andeit (antut)."

In der Tat, Israel zieht sich selbst Gottes Gericht zu. Wenige Jahre später wird es durch die Babylonier vollstreckt. Das sollte uns zur Warnung dienen.

Fragen

1. Wie ist mein Verhältnis zu Gott? Sehe ich Gott mehr als den, der ähnlich wie ich bestimmten Maßstäben unterworfen ist – nur daß er natürlich (weil er Gott ist) diese Maßstäbe vollkommen einhält? Sehe ich Gott als den, der sich vollkommen an die Maßstäbe der Gerechtigkeit und Wahrheit und Liebe hält? Oder sehe ich Gott als den, der so souverän ist, daß er selbst diese Maßstäbe setzen kann und auch setzt? Anders ausgedrückt: Habe ich irgendwelche (und seien es noch so gute) Maßstäbe als meinen „Gott", oder glaube ich an den lebendigen, d.h. alles Leben schaffenden und bestimmenden Gott, der sich in Jesus uns Menschen offenbart hat?

2. Inwiefern wird in den Versen 5-10 bei aller „töpfergleichen" Souveränität Gottes doch deutlich, daß dies bei Gott nicht in Willkür ausartet? Wie sähe ein willkürliches Handeln Gottes aus? Worin zeigt sich hier, daß bei aller Macht Gottes zu tun, was er will und für richtig hält, doch auch seine Liebe mit im Spiel ist?

3. Israels „verkehrter Weg" (Vers 11) wird angeprangert – worin besteht dieser verkehrte Weg? Was ist an meinem Lebensweg verkehrt? Oder meine ich, bei mir sei alles richtig? Wenn nicht – *was* ist dann verkehrt? Wozu muß man überhaupt wissen, was im einzelnen verkehrt ist? Warum genügt es nicht, ganz allgemein um seine Verkehrtheit zu wissen? Wie kann man sich ändern, wenn man nicht konkret weiß, was verkehrt ist?

Jeremia 20,7-15
Wenn der Leidensdruck zu stark wird

Begriffe

▪ Prophet

Wörtlich „Sprecher, Verkündiger", ein Mann, der von Gott durch Audition (Hören) oder manchmal auch Vision (Sehen) eine Botschaft empfangen hat, die er weitergeben soll. Der Inhalt der Botschaft umfaßt vor allem zweierlei:
a) Ruf zur Umkehr (Buße) im
– geistlichen Bereich, wenn der Glaube an den Gott Israels vermischt und verfälscht wird durch heidnische Einflüsse (Götzendienst, Baalskulte: Jer. 2,4-9; 3,11-14)
– politischen Bereich, wenn das politische Handeln ohne Hören auf Gottes Willen erfolgt (Jer. 38,1-4; 14-28)
– sozialen Bereich, wenn der Glaube keine liebende Auswirkung mehr auf die Armen, Witwen, Waisen und Fremdlinge (Gastarbeiter) hatte (Jer. 7,3-5; 6,6-8)
b) Ankündigung von Gottes zukünftigem Handeln in
– Gericht (Jer. 1,14-19)
– und Gnade (Jer. 30,3; 18-22; 31,31-34).

▪ Zebaoth

Eine Beifügung zum Namen Gottes (Jahwe), die in den fünf Mosebüchern und bis zum Buch Rut nicht vorkommt, aber danach sehr gebräuchlich ist. Bedeutung: Heerscharen – also wird Gott „Herr der Heerscharen" genannt. Damit soll die Macht Gottes betont werden, der einfach alles in der Welt in seiner Hand und Gewalt hat.

▪ Fluch

Entziehung des Beistandes und Schutzes Gottes. Ein verfluchter Mensch, Tag, Gegenstand ist sozusagen ins Nichts, ins Sinnlose geworfen.

Zusammenhänge

Jeremia ist als Prophet von Gott berufen worden im 13. Jahr des Königs Josia (= 627 v.Chr.): Jeremia 1,1-10. Er war damals noch recht

jung (1,6f). Unter wechselnden Königen hat Jeremia gewirkt (Josia, Joahas, Jojakim, Jojachin und Zedekia) und hat schließlich auch die Zerstörung des Tempels und die Wegführung der Juden im Jahr 587 v.Chr. miterlebt (Jer. 40ff). Noch in hohem Alter hat er dann unter den Juden in Ägypten Gottes Botschaft verkündigt (Jer. 43ff).
Nur in der ersten Phase seines Wirkens (unter Josia) hat Jeremia erleben dürfen, daß seine Predigt gehört wurde und es zur Änderung kam. Wie weit Josia dabei direkt von Jeremia beeinflußt war, muß offen bleiben. Tatsache ist, daß es unter Josia im Jahre 623/22 zu einer großen geistlichen Reform in Israel kam (vgl. 2. Kön 22 u. 23). Nach dieser Reform bis nach dem Tod Josias hat Jeremia offenbar als Prophet geschwiegen. Jedenfalls läßt sich keins seiner Worte in diese Zeit datieren. Erst nach 608 v.Chr. hat Jeremia wieder geredet, dann allerdings unter veränderten Umständen. Er fand kein Gehör mehr. Er wurde angegriffen und angefeindet. Sogar Mordanschläge waren gegen ihn geplant (Jer. 11,18f). Aber Gottes Warnung bewahrte ihn (Jer. 11,18; 12,6).
Wie kein anderer Prophet hat Jeremia Gott sein Leid geklagt. Man spricht von den sogenannten Konfessionen Jeremias (12,1ff; 15,10ff). Dazu gehört auch unser Abschnitt 20,7ff.

Aussagen

▪ 1. Der Leidensdruck wird zu stark

Auch ein Prophet ist nur ein Mensch. Er bleibt nicht unberührt von Spott und Hohn, von Drohungen und Intrigen. Es gibt auch für ihn eine Grenze des Erträglichen. Nun kann er nicht mehr. Nun will er gegen Gottes Willen das Prophetsein drangeben (9a). Er fühlt sich von Gott selbst verführt (wörtliche Übersetzung von „überreden“) und sogar vergewaltigt (so wörtlich „gewonnen“).

▪ 2. Flucht ins Gebet

Jeremia will fliehen. Aber er flieht zu Gott. Und das ist die einzige Flucht, die Verheißung hat. Jeremia klagt Gott sein Leid. Ja, er klagt Gott sogar an. Er macht Gott schwere Vorwürfe. Aber er sagt dies alles nicht über Gott, sondern zu Gott. Darf man mit Gott so reden? Ja! Gott will nicht, daß seine Kinder vor ihm den starken Mann spielen! Nur so kann er helfen.

▪ 3. Neues Zutrauen zu Gottes Macht (11-13)

Über dem Klagen vor Gott gewinnt Jeremia neue Zuversicht. Wenn Gott bei ihm ist – was können dann eigentlich noch so viele Gegner bewirken? Ein Mensch mit Gott ist immer in der Überzahl! Wo ein

Mensch so sein Vertrauen auf den lebendigen Gott setzt, da beginnt bereits mitten im Leid ein neues Gotteslob (13). „Lob sei dir, auch unter Tränen ..."

■ **4. Rückfall nicht ausgeschlossen** (14f)
So schnell ist der Leidensdruck leider nicht vorbei. Rückfälle gibt es. Immer wieder mal. Aber der Weg zu neuem Leben ist ein für alle mal klar. Erst recht seit Jesu Auferstehung!

Fragen

1. Wo begegnet mir in meinem Alltag Spott und Hohn? Werde ich ausgelacht wegen meines ungeschickten und unmöglichen Benehmens oder wegen der Botschaft? Weswegen wurde Jeremia so angefeindet (vgl. Vers 8)?

2. Was war der Inhalt der Botschaft, weswegen Jeremia so ins Gerede gekommen war (vgl. dazu Jer. 1,13ff; 7,3ff)? Was ist die Botschaft, die wir seit Jesus weiterzusagen haben? Worin ist sie gleich mit Jeremias Botschaft? Worin unterscheidet sie sich? Was meint Jeremia damit, daß er „Frevel und Gewalt" rufen muß (8)?

3. Wenn mir kein Spott um meines Christseins willen begegnet – woran kann das liegen? Vielleicht an einem unmissionarischen Schweigen? Daß ich vielleicht längst das verwirklicht habe, was Jeremia in Vers 9a erst geplant hat?

4. Wenn mir Spott begegnet – wie begegne ich ihm? Wie reagiere ich? Wenn die Anfeindung zu stark wird – wohin fliehe ich dann? Haben wir heute nicht eine Fluchtmöglichkeit mehr als Jeremia? Oder habe ich keinen Menschen, keinen Christen, zu dem ich in innerer Not einmal hinfliehen könnte?

5. Was weiß ich über die Leidenssituation vieler Christen in diesem Jahrhundert (Rußland, Südkorea, Äthiopien, Mittelamerika usw.)? Von wem kann ich mir Material besorgen, damit ich für die leidenden Christen unserer Tage mit beten kann?

Jeremia 29,1-14
Suchet der Stadt Bestes

Begriffe

■ Die Weggeführten

So wurden die Bürger Jerusalems genannt, die 597 von Nebukadnezar bei der ersten Eroberung Jerusalems nach Babylon deportiert worden waren in die sogenannte babylonische Gefangenschaft. Dazu gehörte ein Großteil der Jerusalemer Oberschicht (vgl. 1.2), einschließlich vieler Facharbeiter.

■ Brief

Jeremia ist von Gott auch für diese Weggeführten noch als Prophet berufen, obwohl sich auch andere zu Propheten aufspielten (2.8). Da er in Babylon nicht die Möglichkeiten der mündlichen Verkündigung hat, wählt er die Briefform, um seinen Auftrag loszuwerden. Als Briefträger fungieren zwei Personen, die von König Zedekia gerade zu der Zeit als Gesandte zu Nebukadnezar geschickt wurden (3). Später hat Paulus vielfach brieflich weiter missioniert, weil er nicht immer sofort hinreisen konnte, wenn es irgendwo kritisch war.

■ Jechonja

Kose- oder Zweitname des Königs Jojachin, der nur drei Monate regierte (597 v.Chr.), bevor er deportiert wurde (vgl. 2. Kön. 24,8ff).

■ Zedekia

Von Nebukadnezar nach seiner Eroberung Jerusalems im Jahr 597 v.Chr. als König eingesetzt. Unter ihm hatte Jeremia wenige Jahre später bei der zweiten Belagerung und Eroberung Jerusalems 587 v.Chr. sehr zu leiden.

Zusammenhänge

Schon seit langem hatte Jeremia die Katastrophe für Jerusalem vorhergesagt bzw. als bewußte und gewollte Strafe Gottes angekündigt. Gott war die Gottlosigkeit seines Volkes leid. Bereits sieben Jahre vor der Katastrophe hatte Jeremia sogar den Vollstrecker des göttlichen Gerichtes (25,8.9: Nebukadnezar) und die Dauer des Gerichts (25,11.12: 70 Jahre) öffentlich genannt. Es hatte alles nichts genutzt. Jeremia war

dadurch nur um so verhaßter in seinem Volk geworden. Man hielt ihn geradezu für einen Vaterlandsverräter. Selbst die Erfüllung seiner Prophetie brachte ihm nur kurze Zeit des Aufatmens, schon bald war er wegen seiner Verkündigung wieder in Verruf. Denn nun machten sich Gegen-Propheten breit, die den 70 Jahren Jeremias widersprachen und eine Befreiung nach nur kurzer Zeit prophezeiten, wie u.a. ein Mann namens Hananja, der von weniger als zwei Jahren sprach (28,2.3). Das Kapitel 28 direkt vor unserem Kapitel zeigt die Auseinandersetzung Jeremias mit diesem Hananja. Doch solche Heils-Propheten gab es auch unter den Deportierten in Babylon. Und sie hatten Zulauf, denn das Angenehme wird immer lieber gehört als das Unangenehme. Die „lieblichen" Prediger sind im Volk immer besser gelitten als die „Bekehrungsprediger".
Dies ist der Hintergrund für den berühmt gewordenen Brief Jeremias an die Deportierten in Babylon. Es ist der Brief eines Mannes, den Gott nun schon über 30 Jahre als seinen Boten gebraucht hatte (im Jahr 627 v.Chr. wurde er berufen). Man schreibt jetzt das Jahr 594 v. Chr. (vgl. 28,1).

Aussagen

▪ 1. Nutzt die Zeit des Leids zum Positiven (5-7)

Völlig demotiviert lebten viele Juden in Babylon. Sie trauerten nur ihrer Heimat nach und vertaten so ihr Leben. Psalm 137 ist ein Beispiel für die Stimmung dieser Menschen. Dazu kamen die falschen Propheten, die eine baldige Heimkehr verkündigten. Jeremia sieht es anders. Und darum soll die kostbare Lebenszeit nicht durch Trauern und Jammern vertan werden. Im Gegenteil: Die Juden sollen ihre ihnen von Gott gegebene Aufgabe (auch wenn es eine Strafaufgabe ist!) wahrnehmen. Sie sollen selbst leben und sollen auch den Heiden beim Leben helfen. Mehr: Sie sollen den Heiden durch Beten zu einem geistlichen Leben helfen. Jesus hat auch uns nicht zum Jammern in diese Welt und an unseren jeweiligen Platz geschickt. Wir sollen leben und auch unserer Stadt helfen. Wie? Durch Beten! Davon profitieren auch wir selbst.

▪ 2. Hört nicht auf die falschen Gnadenprediger (8-11)

Gott hat sein Gericht lange genug angekündigt. Jetzt ist es da. Das ist nicht mit einem Federstrich wieder erledigt. Es gibt eine billige Gnaden-Verkündigung auch heute. Da redet man immer nur vom lieben Gott und von der Liebe Gottes. Gott aber ist auch ein Gott des Gerichts. Und für den, der sich nicht zu Jesus bekehrt, gibt es keine

Gnade. Besser eine harte, aber wahre Predigt als eine liebe, aber lügenhafte. Lügenhaft, weil sie nicht dem Wort Gottes entspricht.

■ **3. Nutzt die Zeit zur inneren Umkehr** (12-14)
Woher kam es denn zu dieser Katastrophe? Doch dadurch, daß Israel sich innerlich seinem Gott entfremdet hatte. Nun würde ja eine äußere Befreiung auch gar nichts nutzen, wenn es nicht innerlich neu geworden wäre. Darin zeigt sich der echte Prophet, daß er bei allen äußeren Ansagen immer auf die innere Umkehr drängt und dazu Mut macht. Jeremia lockt geradezu: Gott will sich von euch finden lassen. Er hat sich euch nicht endgültig entzogen. Darum sucht ihn von ganzem Herzen. Ihr könnt ihn finden. Auch wir können ihn finden. Jeder von uns. Darum ist Jesus gekommen, um uns die Heimkehr zum Vater im Himmel zu ermöglichen. Der Weg ist frei. Wir können ihn gehen.

Fragen

1. Woher soll man eigentlich so genau wissen, daß es im Moment keine Befreiung gibt? Ist der Haß gegen Jeremia nicht sehr verständlich? Wäre ich nicht damals genauso gegen Jeremia eingestellt gewesen? Oder fällt es uns nur einfach schwer zu akzeptieren, daß Gott einen anderen zu seinem Sprecher erwählt hat und nicht uns? Geht es uns wie Kain, der auch nicht akzeptieren wollte, daß Gott seinen Bruder Abel bevorzugt hatte beim Opfer (1. Mose 4)? Sind wir neidisch auch innerhalb der Gemeinde?

2. Sollen wir auch das Beste unserer Stadt und unseres Volkes suchen? Sollen wir also auch (wenn auch nur auf kleiner Ebene) als Christen bewußt politisch tätig sein? Wie suchen wir der Stadt Bestes heute? *Nur* durch Beten? Oder *auch* durch Beten? Reicht Beten allein? Jeremia meint wohl nicht nur beten – oder?

3. Es gibt auch heute so viele, die im Namen Gottes reden – wie erkenne ich, wer wirklich im Namen Gottes redet und nicht nur seine eigenen Ideen und Träume zum Besten gibt? Wer ist gesandt, wer nicht? Reicht es, wenn ich mich an Jesus und an die Bibel halte? Sind sie Kompaß genug für mein Leben?

4. Wie ist das eigentlich geschichtlich gewesen? Hat sich das Volk in seiner Gefangenschaft Gott neu zugewandt? War Juda hinterher geistlich anders als vorher? Hat dies lange Gericht etwas genutzt?

Hesekiel 3,16-21
Geistliche Verantwortung für den Nächsten

Begriffe

■ **Haus Israel**
Bezeichnung für das ganze Volk Israel. Das Bild vom Hausbau wird auch im Neuen Testament für das neutestamentliche Gottesvolk gebraucht. Z.B. wird Jesus der Eckstein genannt, „auf dem der ganze Bau ineinandergefügt wächst zu einem heiligen Tempel" (Eph. 2,20f). Die Christen werden aufgefordert, sich „als lebendige Steine zum geistlichen Hause" aufzubauen (1. Petr. 2,5).

■ **Gottloser**
Hier in seiner wörtlichen Bedeutung verstanden: einer, der „los von Gott" sein Leben führt. Dabei mag der Betreffende vielleicht sehr viel wissen über Gott, mag vielleicht überzeugt sein, daß es einen Gott gibt, mag sogar Theologie studiert haben – wenn er aber nicht mit Gott, d.h. mit und gemäß seinen Geboten lebt, dann ist er ein Gottloser. Der Gottlose wagt es nicht, sich ganz an Gott zu binden.

■ **Gerechtigkeit**
Dies Wort bezeichnet in der Bibel kein bestimmtes moralisches Verhalten, sondern ist Ausdruck für das „richtige Verhältnis zu Gott" bzw. überhaupt zu einer Person. Dieses richtige Verhältnis des Menschen besteht nicht in seiner Sündlosigkeit vor Gott, sondern in seinem Sündenbekenntnis vor Gott und Menschen. Unrecht ist dementsprechend allein dies: ohne diese Beziehung zu Gott leben zu wollen.

Zusammenhänge

Kapitel 1 bis 3 berichten von der Berufung des Priestersohnes Hesekiel zum Propheten. Hesekiel gehörte zur Jerusalemer Oberschicht, die 598 v.Chr. mit König Jojachin in die babylonische Gefangenschaft verschleppt wurden. Im 5. Jahr dieser Gefangenschaft wurde er von Gott zum Propheten berufen (1,2f). Es war zum ersten Mal, daß ein Prophet außerhalb seiner Heimat berufen wurde. Die Berufung geschah sowohl durch eine Vision (Sehen, 1,4-28) als auch durch eine Audition

(Hören, 2,1-3,11). Das Sehen soll einen überwältigenden Eindruck von der Herrlichkeit Gottes hinterlassen (1,28). Das Hören bringt
– den Auftrag der Sendung (2,3a; 3,4f)
– die Darstellung der erschreckenden Situation (2,3b.4a; 3,7)
– die Botenformel bzw. Beglaubigungsformel, die der Prophet bei seinem Reden anwenden soll (2,4b; 3,11)
– den Ruf zur Unabhängigkeit von Erfolg oder Mißerfolg (2,5.7; 3,11)
– ein mutmachendes Wort zur Furchtlosigkeit im Dienst (2,6; 3,9b)
– die symbolische Darstellung des Empfangs des göttlichen Wortes; denn der Prophet soll ja nicht eigene Ideen und Gedanken weitergeben, sondern das, was er von Gott empfängt (2,8-3,3).

Die Verse 3,12-15 zeigen, wie der Prophet durch diese Berufung völlig verstört ist. Kein Wunder – eine Begegnung mit Gott wirft den Menschen immer aus seiner gewohnten Bahn.

Aussagen

■ **1.** Menschliches Leben ist immer wieder von der Sünde bedroht. Viele merken diese Bedrohung gar nicht, sie haben sich längst an die Sünde gewöhnt. „Tun sie doch alle." „Wer ist denn schon frei davon?" usw. lauten die Redensarten. Aufgabe des Propheten ist es, auf diese Bedrohung unseres Lebens aufmerksam zu machen. So wie einst auf den Stadtmauern Wächter standen, um vor Feinden zu warnen, so soll der Prophet sozusagen Wache schieben, um vor der Sünde zu warnen.

■ **2.** Diese Warnung gilt allen: Gottlosen und Gerechten. Keiner ist gegen die Sünde gefeit. Mitten in die frömmsten Kreise schickt der Satan seine Truppen, um die Menschen zu Fall zu bringen. Auch Abraham (1. Mose 12,10-20), David (2. Sam. 11) und Petrus (Matth. 26,69ff) mußten das schmerzlich erfahren, daß die Sünde auf sie lauerte und sie zu Fall brachte. Weh dem, der meint, ihm gilt das nicht.

■ **3.** Die Warnung ist deswegen so wichtig, weil die Sünde keine harmlose Angelegenheit ist. Bei ihr geht es um Leben und Tod. Es gibt nichts Schlimmeres als die Verharmlosung der Sünde.

■ **4.** Nicht nur für den Hörer, auch für den Propheten selbst hängt alles von dieser Warnung ab. Gott fragt ihn zwar nicht nach dem Erfolg, wohl aber nach dem gehorsamen Ausführen dieser Warnung. Ein ungehorsamer Prophet trägt die volle Schuld an der Verdammnis der Menschen.

Fragen

1. Was geht uns heute ein Prophet an? Sind das nicht besondere Menschen mit besonderen Aufträgen? Können wir etwas von ihnen lernen? Dürfen wir uns überhaupt mit ihnen vergleichen? Vgl. dazu Apostelgeschichte 2,17f (weissagen = Prophet sein, als Prophet auftreten!). – Womit wird das Reden der Jünger Jesu und aller vom Geist Gottes Erfaßten verglichen? Wozu beruft Gottes Geist offenbar?

2. Wie kann ich heute das Wächteramt ausüben? Wird man dabei nicht zum Richter? Darf man das? Oder: Welches Ziel soll ein Prophet mit seinem Wächteramt verfolgen (vgl. V. 18.21)?

3. Wie ernst nehme ich eigentlich die Sünde in meinem Leben? Wie ernst nehme ich es, wenn jemand mich persönlich oder auch vielleicht nur ganz allgemein in einer Predigt warnt vor bestimmten Sünden? Bei welchen Sünden habe ich auch schon mal gesagt „Das kann man doch heute nicht mehr so ernst nehmen"? An welchen Stellen habe ich längst einen Kompromiß mit der Sünde geschlossen?

4. Kann es sein, daß heute Menschen für Zeit und Ewigkeit verloren gehen – nicht nur wegen ihrer eigenen Sünde, sondern wegen meines Schweigens von Jesus? Ist nicht das Schweigen der Christen viel schlimmer als die Gottlosigkeit der Nichtchristen? Wann beginne ich mit der Warnung vor der Sünde und dem Hinweis auf Jesus, der allein aus der Verlorenheit erretten kann?

Hesekiel 11,14-21

Du sollst nicht ferne bleiben ...

Begriffe

■ Ferne vom Herrn

Nach israelitischem Verständnis ist Gottes Gegenwart an einen Ort gebunden – an den Ort der Bundeslade und später des Tempels. Nun aber waren viele Israeliten in der Verbannung in Babel. Da empfanden sie sich selbst „fern vom Herrn“ – vgl. Psalm 137,4. Dabei hätten sie eigentlich von ihrem Ahnherrn David anderes wissen können – vgl. Psalm 23,4.

■ Wenig zum Heiligtum

Zum rechten israelitischen Gottesdienst gehörte das Opfern von Tieren als Zeichen der Versöhnung und des Dankes. Dies aber war nur im Tempel erlaubt. Der stand jedoch in Jerusalem bzw. war vernichtet worden. So empfanden die Juden das Zusammenkommen zum gemeinsamen Beten und Lesen aus den Heiligen Schriften nur als einen schwachen Abklatsch eines rechten Gottesdienstes. Sie fühlten sich Gott nur wenig nahe.

■ Anderes Herz, neuer Geist

Das Kennzeichen des alten Herzen (Luther: alter Adam) ist das ständige Kreisen um das eigene Ich: die Angst zu kurz zu kommen; der Wunsch, „groß“ zu sein und anerkannt zu werden. Gott spielt bei dem alten Herzen nur eine Nebenrolle und wird nach Möglichkeit in den Dienst des Ich gestellt. Beim neuen Herzen spielt Gott die Hauptrolle und das Ich die Nebenrolle, das der Ehre Gottes dient.

■ Tun auf ihren Kopf kommen lassen

Ausdruck für Strafe Gottes. Entgegen einer weit verbreiteten Meinung gehört zur Liebe Gottes auch das Strafen. Die Strafe ist eine Form, wie Gott den Menschen auf den Ernst der Sünde und seinen Willen aufmerksam macht. Seine Strafe erfolgt immer verdient, d.h. wenn der Mensch auf andere Formen seines Rufens nicht gehört hat.

Zusammenhänge

Im Jahre 597 v.Chr. hatte der babylonische König Nebukadnezar Jerusalem erobert. Den König Jojachin hatte er mit der gesamten Ober-

schicht in die Verbannung nach Babylon bringen lassen. In Psalm 137 ist uns ein Klagelied der Verbannten erhalten. Es läßt uns einen Blick in die Stimmungslage der verbannten Juden tun.
In diesem babylonischen Exil hatte Gott die Juden dennoch nicht verlassen. Das zeigt sich u.a. darin, daß Gott aus der Schar der Verbannten einen Mann zum Propheten berief, nämlich Hesekiel. Im Jahre 593 – also im fünften Jahr nach der Wegführung – erfolgt die göttliche Berufung zum Propheten (vgl. Hes. 1-3). Bis zum Jahr 587, als Nebukadnezar einen Abfall der zurückgebliebenen Juden mit einer weiteren Deportation und vor allem der völligen Zerstörung des Tempels bestrafte, hatte Hesekiel hauptsächlich Gottes weiteres Strafgericht zu verkündigen. Denn trotz seiner ersten Demütigung hatte in Jerusalem kein Wandel der Gesinnung und des Verhaltens stattgefunden. So war das weitere Strafgericht nur noch eine Frage der Zeit.
Nach der Vernichtung des Tempels und Auflösung des Staates Juda im Jahr 587 hat sich der Inhalt der prophetischen Botschaft geändert. Jetzt (vgl. ab Hes. 33,21) richtet er die Blicke der verdient Bestraften auf eine hoffnungsvolle Zukunft, die Gott seinem Volk dennoch geben will. Hesekiel selbst hat offenbar zeit seines Lebens nur im Exil in Babylon gewirkt. Die letzte datierte Botschaft des Propheten stammt aus dem Jahr 571 (Hes. 29,17). Er ist also über 20 Jahre als Prophet von Gott gebraucht worden.

Aussagen

■ 1. Hochmut der Verschonten (15)

Die Gemeinschaft des Glaubens ist zerbrochen. Warum? Weil die, die vom Strafgericht Gottes verschont blieben, sich hochmütig erheben über die, die betroffen wurden. Aus dem (sicherlich selbstverschuldeten) Unglück der einen versuchen die anderen, für sich selbst Kapital zu schlagen, anstatt sich durch das Unglück der Betroffenen selbst zur Buße rufen zu lassen. So zerbricht der Mensch die Gemeinschaft mit seinen Glaubensgeschwistern wie auch mit Gott. Das kann nicht gut gehen!

■ 2. Hoffnung für die Bestraften (16f)

Wenn die Glaubensgeschwister nicht mehr für die Bestraften sorgen, dann wird Gott selbst es tun. Denn seine irdischen Strafen sind keine endgültige Verwerfung, sondern Läuterungsstrafen. Erst in der Entfernung vom Vater erkannte der verlorene Sohn, wie gut er es beim Vater hatte. So muß Gott uns manchmal strafen, gerade weil er uns lieb hat und nicht will, daß wir verloren gehen (vgl. Hebr. 12,6f; Offb. 3,19).

■ **3. Erneuerung durch die Geläuterten** (19f)
Von den Hochmütigen ist nichts zu erwarten. Die Gedemütigten aber werden ein neues Leben nicht nur für sich, sondern auch für ihr Volk bringen. Wer immer nur mehr Besitz bei sich häufen will (V. 15b – vgl. manche Politiker, Ärzte und Großunternehmer, deren Bestechungsaffären Schlagzeilen bei uns machen), wird weder sich noch seinem Volk nutzen. Gottes Mühlen mahlen langsam, aber vortrefflich sicher (V. 21). Sein Wort gilt unweigerlich.

Fragen

1. Ein bißchen Geschichtswissen ist nicht nur eine Frage der Information, sondern kann helfen, seine eigene Geschichte mit Gott besser zu verstehen und in seiner eigenen Geschichte frommer zu handeln: Was weiß ich von Gottes Geschichte mit Israel? Von Israels Ungehorsam z.Z. Nebukadnezars und der letzten Könige von Juda? Von Hesekiels Wirken?

2. Es ist immer leicht, über andere zu urteilen – wo erhebe ich mich über andere? Wo habe ich schon mal gedacht oder gesagt: „Das ist der ja selbst schuld", „jeder ist seines Glückes Schmied"? Wo stehe ich in der Versuchung, aus dem Unglück eines anderen für mich etwas herauszuschlagen?

3. Welchen Wert hat bei mir der Gottesdienst? Was gehört für mich zu einem rechten Gottesdienst? Wenn auch bei uns das Opfer eines Tieres beim Gottesdienst abgeschafft ist, welches „Opfer" ist dennoch der Mittelpunkt in jedem rechten Gottesdienst (sag bloß nicht: das Geldopfer!)? Was bedeutet dieses Opfer?

4. Wo hat sich die Zusage Gottes von Vers 19f zum ersten Mal erfüllt? Habe ich schon ein neues Herz? Woran kann man das erkennen, ob man ein neues Herz und einen neuen Geist hat? Wie kann man das bekommen, wenn man es noch nicht hat?

5. Wir haben natürlich heute keine Götzen im antiken Sinn, aus Stein oder Holz. Auch fallen wir nicht zur Verehrung vor ihnen nieder. Aus welchem Stoff sind unsere Götzen heute? Auf welche Weise zeigen wir, daß sie für unser Leben höchsten Wert haben? Was ist zu tun?

Hosea 7,8-16
Hochmut macht dumm

Begriffe

■ Efraim

Jüngster Sohn Josefs. Sein Geschlecht wurde zum mächtigsten Stamm Israels im Nordreich. Daher wurde das Nordreich später oft mit „Efraim" bezeichnet, so wie das Südreich einfach „Juda" genannt wurde. Das Gerichtswort Hoseas richtet sich also nicht nur gegen den Stamm Efraim, sondern gegen das ganze Nordreich.

■ Völker

Wer mit den Völkern gemeint ist, zeigt Vers 11: Ägypter und Assyrer, die beiden Großmächte der damaligen Zeit. Efraim versuchte in einer Art Schaukelpolitik, die beiden Großmächte gegeneinander auszuspielen, und rief mal den einen, mal den anderen zu Hilfe. Doch die Großmächte ließen sich von dem kleinen Efraim nicht verschaukeln, sondern saugten es bei dieser Gelegenheit ganz kräftig aus (9).

■ Hoffart/Hochmut

Diejenige Geisteshaltung, bei der man meint, mittels seines Verstandes mit den Problemen seines Lebens allein fertig werden zu können. Gott will man – wenn überhaupt – nur im Notfall zur Hilfe rufen. Meist wird dann auch noch auf Gott geschimpft, wenn er in der Notsituation nicht sofort in der gewünschten Art und Weise reagiert.

■ Ritzen sich wund

In 1. Könige 18,28 kann man sehr schön nachlesen, wie die heidnischen Priester bei ihren Notgebeten sich selbst verletzten und in die Haut schnitten, um ihre Götter durch das fließende Blut gnädig zu stimmen. Diese heidnische Sitte war von manchen Priestern Efraims übernommen worden. Das zeigt nur, wie hier der biblische Gott in seiner Einzigartigkeit gar nicht mehr erkannt und ernst genommen wurde.

Zusammenhänge

Hosea ist der älteste sogenannte Schriftprophet, d.h. ein Prophet, von dem nicht nur in den Geschichtsbüchern Israels manche Taten und Worte überliefert wurden (wie z.B. bei Elia und Elisa in den Königsbüchern), sondern unter dessen Namen ein eigenes biblisches Buch hinterlassen wurde – eben das Buch Hosea. Er lebte im Nordreich und wirkte dort zwischen 750 und 722 v.Chr.

Das Nordreich hatte zu dieser Zeit einen wirtschaftlichen Aufschwung erlebt wie kaum zuvor in seiner Geschichte. Dieser Aufschwung hatte aber zugleich eine unbiblische religiöse Toleranz mit sich gebracht. Man übernahm heidnische Sitten, ließ den heidnischen Religionen Raum bei sich selbst (Motto: „Es ist ja doch immer nur derselbe Gott" und „Man muß doch tolerant sein, ist ja schließlich alles nur Glaubenssache, genau weiß das doch keiner"). Offenbar zeigt es sich immer wieder in der Menschheitsgeschichte: Wohlstand macht geistlich lahm! Wohlstand verdrängt bei den meisten Menschen Gott vom ersten Platz im Leben. Denn Wohlstand fordert Kraft, um ihn zu erreichen, und Zeit, um ihn zu genießen! Und Gott ...?

In dieser Situation ruft Hosea im Namen Gottes zur Besinnung und Umkehr (achtmal fällt das Stichwort „bekehren" im Hoseabuch). Aber Efraim hört nicht. Es gibt wohl kleine oberflächliche Verbesserungen und Erneuerungsversuche (6,1-6), aber keine grundlegende Umkehr. So wird aus der Bekehrungspredigt schließlich eine Gerichtspredigt. 722 v.Chr. erfüllt sich die Gerichtspredigt. Efraim wird als Staat ausgelöscht. Es existiert nur noch das Südreich.

Aussagen

▪ 1. Heidnische Hilfe ist keine Hilfe! (8-12)

Natürlich brauchen wir Menschen Hilfe. Doch bei wem suchen wir sie? Bei „fremden" (= heidnischen) Menschen? Oder vertrauen wir auf den lebendigen Gott? Auch heute sehen viele auf das, was „sie alle machen" und fragen nicht, ob es glaubende oder ungläubige Menschen sind, die das tun. Das schlimmste: die meisten merken gar nicht, wie sie von den Fremden (Heiden) dabei übers Ohr gehauen und „ausgesaugt" werden.

▪ 2. Hochmut kommt vor dem Fall (10-13)

So lautet ein altes Sprichwort. Schon bei Israel zeigte es sich. „Bekehrung? – Hab' ich nicht nötig!"

„Schwierigkeiten? – Da bin ich schon mit ganz anderen Dingen fertig geworden!"

„Gott? – Hilf dir selbst, dann hilft dir Gott!" so lauteten schon vor 2700 Jahren die klugen Sprüche in Efraim. Gottes Antwort blieb nicht lange aus. Doch als man sie merkte, war es bereits zu spät. Demut ist der Schlüssel zur Veränderung des Lebens.

■ 3. Gebete ohne Treue sind wertlos (14-16)
Natürlich schreien sie irgendwann um Hilfe auch zu Gott. Doch es ist ein Beten ohne Bekehrung zu Gott. Das Herz ist immer noch bei dem eigenen, dicken Ich. So schlimm ist es, daß man nicht einmal mehr auf geistliche Weise beten kann. Man sagt mit dem Mund „Gott" und meint mit dem Herzen „Ich". Solches Beten wird verglichen mit einem falsch gespannten Bogen: man zielt und zielt, aber bekommt das Ziel nicht in den Blick. Ein Beten ohne Bekehrung trifft nicht auf Gottes Herz. Was nicht von Herzen kommt, geht auch nicht zu Herzen.

Fragen

1. An wen wende ich mich um Hilfe – an die sogenannten Fachleute, z.B. die Politiker bei politischen Fragen, die Psychologen bei psychologischen Fragen, die Pädagogen bei pädagogischen Fragen? Ob es wohl unterschiedliche Antworten gibt, je nachdem, ob der Fachmann Christ ist oder nicht? Wie steht Gott dazu, wenn ich auf den Rat von Nichtchristen höre? Haben die überhaupt den ganzen Überblick?

2. Welche Bedeutung haben die verschiedenen, von Hosea gebrauchten Bilder in unserem Text? Z.B. der Kuchen (vergleichbar mit unseren Pfannkuchen), der nicht umgedreht wird? Z.B. die Haare, die schon grau werden (vgl. unseren Ausdruck „dann siehst du aber ganz schön alt aus!")? Z.B. töricht wie eine Taube? Z.B. der schlaffe Bogen, mit dem man auf Jagd geht und doch keine Beute macht?

3. Wie passen die verschiedenen Aussagen zueinander: Einerseits „bekehren sie sich nicht zum Herrn" (10), „sie bekehren sich, aber nicht recht" (16), andererseits „auch rufen sie mich nicht von Herzen an" (14), sie bilden sich ein, „ich wollte sie wohl erlösen, aber sie reden Lügen über mich" (13). Kenne ich solche Widersprüche auch in meinem Leben oder bei meinen Bekannten? Worin liegt diese Widersprüchlichkeit des Menschen begründet?

4. Welche Gebetsart betreibe ich? Versuche ich, mir Gott mit allen Mitteln gefügig zu machen („machen ein Geheul auf ihren Lagern")? Welches andere Beten kann ich bei Jesus lernen, z.B. in der Nacht in Gethsemane?

Amos 6,1-8
Verhängnisvolle Überheblichkeit

Begriffe

▪ Zion

Ursprünglich Name der alten Jebusiterstadt, die David dann eroberte und zu seinem Königssitz machte (Davidsstadt). Später wird der Name für den ganzen Berg gebraucht (Davidsstadt und Tempelbezirk Salomos): Berg Zion. Noch später wird Zion zum Namen für die ganze Stadt Jerusalem.

▪ Berg Samarias

Nach dem Tod Salomos zerbrach das Großreich Davids in zwei Teile: das Südreich mit der Hauptstadt Jerusalem und das Nordreich mit der Hauptstadt Samaria. Auch Samaria ist – wie die meisten Städte Israels – auf einem Berg erbaut. Dies geschah schon aus Sicherheitsgründen. Das Wort des Amos richtet sich also an die beiden feindlichen Staaten in gleicher Weise (V. 1).

▪ Erstling unter den Völkern

Israel ist das Volk der Erde, das sich Gott als erstes erwählt hat. Erst viel später in Jesus sind dann auch die anderen Völker berufen zur Gemeinschaft mit Gott. Doch Erwählung ist nicht nur Vorzug, sondern zugleich Verpflichtung! Darum geht auch das richtende, strafende Wort Gottes zuerst zu den Erwählten.

▪ Schaden Josefs

Josef ist hier Bezeichnung für die Nachkommen Josefs, also das Nordreich. Der Schaden Josefs ist der, daß die Menschen über ihrem materiellen Wohlstand Gott nicht mehr ernst nehmen.

Zusammenhänge

Der Prophet Amos wirkte um das Jahr 760 v.Chr. Von Haus ist er weder Priester noch Prophet, sondern ein Viehhirte (Amos 1,1) und Feigenzüchter (7,14). Aber Gott hat diesen „Laien“ in seinen Dienst berufen (7,15). Es ist ein schwerer Dienst, den die Führerschicht nicht gern sieht. Schließlich wird er sogar des Landes (Nordreich: 7,10-13) verwiesen.

Amos lebt in der großen materiellen Blütezeit Israels, wie es sie vorher und hinterher nicht mehr gab. Die Großmächte Ägypten und Assyrien waren damals schwach, so daß Israel sich ohne Unterdrückung entfalten konnte. Doch über diesem äußeren Wohlstand wurde das Volk nicht dankbarer gegen Gott, sondern nur um so selbstsicherer und materialistischer. Natürlich behielt man äußerlich alle kirchlichen Formen bei – aber der Alltag war nicht mehr geprägt von der Liebe zu Gott und der Liebe zum Nächsten. Jeder ist sich selbst der Nächste (vgl. V. 4-6a).
Hier setzt die Botschaft des Amos ein: Festfeiern (heute: volle Weihnachtsgottesdienste) und Opfer (heute: Kirchensteuern) sind Gott ein Greuel, wenn nicht der ganze Mensch dabei ist (5,21ff). Gott selbst soll der Mensch aufsuchen, nicht nur religiöse Stätten (5,4-6). Die soziale Ungerechtigkeit des Volkes bringt Gottes Gericht (5,10-17). Das erwartete und erhoffte Kommen Gottes in unsere Welt ist unter solchen Umständen kein Freudentag für das Volk Gottes, sondern ein Gerichtstag (5,18-20).

Aussagen

■ **1. Falscher Erwählungsglaube** (1+2)
ist etwas Schreckliches. Er beruft sich auf die eigenen, menschlich guten Qualitäten. Amos verweist auf die Nachbarvölker. Vers 2: Seid ihr etwa moralisch besser als die Heiden? Nein! Seid ihr etwa politisch und wirtschaftlich mächtiger als die Heiden? Nein! Weh denen, die auf ihren hohen Lebensstandard und ihre mitmenschliche Entwicklungshilfe für andere Völker vertrauen. Wie kann man nur so geistlich ahnungslos und sorglos sein! Rechter Erwählungsglaube baut allein auf Gottes Gnade. In Jesus allein bin ich geborgen und sicher. Mit allem anderen betrüge ich mich selbst.

■ **2. Falsche Zeitberechnungen** (3)
bringen weitere Verführung mit sich. Jesu Wiederkunft und Gottes Gericht haben doch noch lange Zeit – so denken die Menschen damals und heute. Jünger Jesu aber leben so, als ob Jesus heute wiederkommt.

■ **3. Falsche Alltagsbeschäftigung** (4-6)
ist die Folge, wenn man nicht mehr aus Gott selbst lebt und nicht mehr aus Gottes Wort seinen Glauben ableitet. Dabei ist das, was die Leute tun, gar nicht in sich selbst schlecht und böse: schlafen, viel ruhen, gut essen, musizieren, dichten, Wein aus vornehmen Schalen trinken, kostbare Kosmetika gebrauchen (V. 4-6a). *Aber:* Durch all diese Dinge

haben sie keine Zeit mehr für die Schäden in der Gemeinde, haben sie keine Zeit zu aktiver, praktischer Mitarbeit, wo es nötig ist. Sie verplempern ihr Leben!

Fragen

1. Es ist sicher eine gute, von Christus gewollte Eigenschaft, wenn ein Christ ohne Sorgen durchs Leben geht (vgl. Matth. 6,25-33). Warum wird hier von Amos die Sorglosigkeit angeprangert (V. 1)? Ist das nicht ein Widerspruch in der Bibel? Oder ist das nur für den oberflächlichen Leser ein Widerspruch? Worin ist nämlich die Sorglosigkeit bei Jesus begründet, und worin ist sie bei diesen Leuten aus Jerusalem und Samaria begründet? Weiter: Wie ist es mit unseren Sorgen und unserer Sorglosigkeit bestellt?

2. Welche Rolle spielt in meinem Leben und Denken der Gerichtstag Gottes? Gar keine, weil mir das so fern zu liegen scheint? Oder eine bedrückende, furchtsam machende, weil man ja nicht so genau weiß, was dann dabei herauskommt? Oder eine erfreuende, weil ich weiß, daß dann endlich alles auf dieser Welt ins Lot kommt, wie es sein soll, und ich mich selbst ganz aufgehoben und geborgen in der Vergebung Jesu Christi weiß? Oder eine wegweisende, weil von da her alles gegenwärtige Tun seine Ausrichtung bekommt und ich mich nicht mehr verzetteln muß in tausend Belanglosigkeiten des Lebens?

3. Kümmere ich mich um den „Schaden Josefs“, d.h. um das, was in der Gemeinde Gottes falsch läuft und verkehrt ist? Meckere ich nur, oder lege ich praktisch mit Hand an? Oder habe ich nur Zeit für meine vielen Vergnügungen – aber nicht für Jesus und sein Reich? Die Zeitfrage ist nämlich eine Glaubensfrage!

Jona 3,1-10
Erweckung in Ninive

Begriffe

■ Jona

„Prophet wider Willen“, ein Mann des inneren Zwiespalts. Zur Person: Vermutlich handelt es sich bei dem Jona unseres Prophetenbuches um den gleichen Jona, der als Prophet zur Zeit des Königs Jerobeam II. um 780 v.Chr. wirkte (vgl. 2. Kön. 14,25).

■ Ninive

Hauptstadt Assyriens, am Oberlauf des Tigris gelegen. Noch heute ist der eine der beiden Ruinenhügel nach dem Propheten Jona genannt (Nebi Junus). Wenn hier von der „großen Stadt Ninive“ die Rede ist, dann bedeutet das, daß hier auch die verschiedenen Vorstädte von Ninive mit eingeschlossen sind in den Auftrag des Bußrufs.

■ Sack und Asche

Zum Zeichen der Trauer (2. Sam. 3,31) oder der Reue und Buße (1. Kön. 21,27-29; Neh. 9,1-2; Jona 3,5) zog man in der Antike ein dunkles Kleid aus grobem Gewebe (= Sack) an. „Asche statt Regen“ gilt als Gericht Gottes über sein Volk (vgl. 5. Mose 28,24). Indem der Bußfertige sich in Asche setzt (Jona 3,6), will er symbolhaft deutlich machen, daß er sich dem Gericht Gottes unterwirft und als gerecht über sich anerkennt.

Zusammenhänge

Das Buch des Propheten Jona hebt sich aus den anderen Prophetenbüchern schon dadurch heraus, daß es nicht wie die anderen die Sprüche und Predigten des Propheten wiedergibt, sondern seine Geschichte erzählt. Es rückt damit in die Nähe der Propheten Elia und Elisa, von denen uns auch keine eigenen Bücher mit ihren Worten und Botschaften überliefert sind, sondern bei denen uns nur ihre Geschichte und ihre Taten berichtet sind (vgl. 1. Kön. 17 – 2. Kön. 8).
Unser Text (3,1) betont ausdrücklich, daß Gott zum zweiten Mal zu Jona redete. Der Mensch ist oft sehr schwerhörig gegenüber Gott. Nicht daß er beim ersten Mal den Ruf Gottes nicht gehört oder nicht

verstanden hätte. Er hatte ihn sehr wohl verstanden (1,3). Aber er wollte ihm nicht gehorchen. Doch man muß wissen: Von dem Moment an, wo der Mensch Gottes Ruf gehört hat, hat er nur noch die Wahl zwischen Gehorsam oder Flucht. Jona wählte die Flucht. Dabei muß er erfahren: Vor Gott kann man wohl fliehen – aber man kann ihm nicht entkommen!
Es geht dem Menschen mit Gott wie dem Hasen beim Wettlauf mit dem Igel: Immer ist der Igel schon da, wenn der Hase ankommt. Immer ist Gott schon da – wohin der Mensch auch flieht. Das ist die Erfahrung der Menschen der Bibel. Nun aber ruft Gott noch einmal. Damit gibt er eine neue Lebenschance. Und Jona greift zu.

Aussagen

■ **1.** Gottes Auftrag lautet: „Predige! Sag mein Wort weiter!" Wir drükken uns heute oft vor dem Wort, weil es angeblich nicht mehr gefragt ist. Bei Jona wird gar nicht überlegt, ob das Wort Gottes in Ninive gefragt ist. Ein Mensch Gottes hat den Auftrag zum Wort. Daran ist nichts mehr unklar. Es ist nur noch unser Gehorsam gefragt. Wie oft muß Gott zu uns reden, bis wir gehorchen?

■ **2.** Der Auftrag Gottes lautet: „Predige das Gericht!" (vgl. V. 2,4.10). Das klingt ja wie finsteres Mittelalter – so denken wir. Wenn schon predigen, dann doch die Liebe Gottes oder besser noch praktische Lebensanweisungen zur Nächstenliebe – so meinen wir. Gott (und zwar der Gott der Liebe!) ist da anderer Meinung. Übrigens: auch Jesus hat durchaus das Gericht Gottes gepredigt.

■ **3.** Das Volk in Ninive begreift: Vor Gott hilft nur eine echte und umfassende Buße und Umkehr zu Gott. Und Buße ist nicht etwas, was auf heimlichen Schleichwegen geschehen kann (damit man nur ja nicht seine schöne Maske vor den Leuten verliert!). Buße geschieht öffentlich! Da gibt man öffentlich zu, daß man verkehrt und ohne Gott gelebt hat. Da ruft man auch öffentlich Gott um Gnade an, nicht nur im stillen Kämmerchen.

■ **4.** Wo ein Mensch, wo ich mich bekehre zu dem lebendigen Gott, da erfahre ich allemal seine große Barmherzigkeit (V. 10). Am Kreuz Jesu kann ich ablesen, daß er auch mir die Gnade der Umkehr schenkt.

Fragen

1. Nichts ist auf dieser Welt mehr verbreitet als die Flucht vor Gott. Wo habe ich Gottes Anruf an mich gehört und bin davor bis heute geflohen?
– aus welchem Dienst und welcher Mitarbeit bin ich geflohen, weil es mir zu schwer wurde?
– vor welchem klaren Gebot Gottes (nicht töten – ehebrechen – stehlen – lügen – begehren, was mein Nächster hat usw.) bin ich auf der Flucht?
– welche frommen Redensarten habe ich mir zugelegt, um meine Flucht vor Gott damit zu rechtfertigen und sie vor anderen zu verbergen?
– welche Theologie habe ich mir zugelegt, um damit vor dem konkreten Anspruch Gottes in meinem Leben zu fliehen?
– welche Zweifel hege und pflege ich, um einer gründlichen Bekehrung zu entfliehen?
– auf welche Fehler von anderen Christen sehe ich, um meinen eigenen Fehlern zu entfliehen?

2. Warum haben viele heute Angst vor der Gerichtspredigt? Warum weisen sie nicht mehr hin auf das kommende Gericht Gottes? Wer das Gericht Gottes nicht ernst nimmt, wie will er die Gnade Gottes ernst nehmen? Wer Gott das eine Wort (Gericht) nicht abnimmt, kann der Gott das andere Wort (Gnade) abnehmen?

3. Was meint Jesus mit dem „Zeichen des Jona" (Luk. 11,29-32)? Welches Zeichen ist dem Menschen gegeben, woraufhin er Buße tun soll (vgl. Luk. 11,32)?

Micha 2,1-13

Gott zeigt die Rote Karte

Begriffe

▪ Schaden

Kein körperlicher, sondern ein Eigentumsschaden (vgl. 2). Gott hatte seinem Volk Israel mit der Gabe des gelobten Landes zugleich eine einzigartige Ordnung zur Wahrung des Landbesitzes geschenkt, durch die jeder bleibende Besitzerwechsel von Landstücken verboten war (3. Mose 25,13ff). Das Mißachten von Gottes Landgebot ist Schaden sowohl für den, dem das Land genommen wird, als auch für den Käufer!

▪ Böse Zeit

Eine Zeit des göttlichen Gerichtes. Weil diejenigen, die „die Macht haben“ (1) in Israel, ihre Zeit ausfüllen mit Überlegungen, wie sie die Machtlosen noch weiter übervorteilen können, darum greift Gott ein und will ihre Zeit nunmehr mit ihrer Entmachtung (3) ausfüllen. Gott stellt sich auf die Seite der Unterdrückten, indem er den Unterdrükkern eine böse Zeit, sein Gericht, schickt.

▪ Lügenprediger

Ein Prediger, der den Ernst der Gebote Gottes nicht predigt, der das Gericht Gottes verschweigt und statt dessen immer nur vom lieben Gott redet. Vgl. Jeremia 8,10b-11: „Priester und Propheten gehen mit Lüge um und heilen den Schaden meines Volkes nur obenhin, indem sie sagen ‚Friede! Friede!‘ und ist doch nicht Friede.“

▪ Rest (was übrig ist)

Das Gericht Gottes zerstreut Israel in alle Welt. Aber Gott verspricht, daß das Volk dennoch nicht untergeht und ausgerottet wird. Es wird immer ein „Rest“ übrigbleiben. Dieser Rest wird von Gott selbst wieder in die Heimat zurückgeführt (vgl. Israel seit 1948).

Zusammenhänge

Micha aus Moreschet (nicht zu verwechseln mit Micha ben Jimla, 1. Kön. 22) wirkte als Prophet im Südreich unter drei Königen (ca. 746-697 v.Chr.). Micha war ein Zeitgenosse Jesajas. Obwohl seine eigentliche Wirkungsstätte das Südreich war, beschränkte sich seine

Verkündigung nicht darauf, sondern betraf auch das Nordreich (Samaria, vgl. Kap. 1,1 u.5). Wenn auch sein Wort im Nordreich nichts mehr geändert hat (722 v.Chr. wird Samaria erobert und damit das Gericht Gottes durch die Wegführung der Israeliten vollzogen), so wurde sein Wort im Südreich jedoch von Hiskia gehört und führte zu einer Neubesinnung, wie uns der ca. 100 Jahre später lebende Prophet Jeremia berichtet (Jer. 26,18f).
Ähnlich wie die etwas älteren Propheten des Nordreichs (Hosea und Amos ca. 760-750 v.Chr.) prangert auch Micha nicht zuerst das individuelle Unrecht an, das in Israel geschah, sondern vor allem das soziale Unrecht, das den politisch und wirtschaftlich Schwachen noch um seinen letzten Besitz brachte und damit Gottes Landordnung außer Kraft setzte (vgl. Begriff Schaden). Dieses soziale Unrecht führte gerade in einer Zeit, in der es Israel wirtschaftlich gut ging, zu riesigen Einkommensunterschieden und sogar zur Verarmung weiter Bevölkerungsschichten. Eben das rief die Propheten auf den Plan, die Gottes Gericht als Ergebnis solchen Handelns anzukündigen hatten (vgl. Amos 2,6f; 3,10f; 4,1-3; 5,10-13; Jes. 1,17; 1,21-23; 3,13-15; 5,7).

Aussagen

▪ 1. Das gerechte Gericht (1-5)

Gott hat wirklich einen langen Atem, wenn er uns bei unseren falschen Wegen zusieht (V. 1 u. 2: Mißachtung der Nächstenliebe gegenüber den Machtlosen). Aber irgendwann pustet er mal los (3). Und dann gibt's kein Halten mehr, dann „ist es aus" (4). Wer meint, er könne mit Gott spielen und brauche Gott nicht ernst zu nehmen, muß sich nicht wundern, daß Gott ihm die rote Karte zeigt. Sein Platz ist nicht mehr in Gottes Mannschaft (5).

▪ 2. Die ungeliebten Prediger (6-11)

Wer läßt sich schon gern sein Unrecht vorhalten? Eine Gerichtspredigt ist unbeliebt. Das vertreibt die Leute aus der Kirche. Die Pfarrer sollen lieber von dem lieben und geduldigen als von dem zornigen Gott predigen (6 u. 7a). O ja, Gott ist auch freundlich (7b) – doch zu den „Frommen", d.h. zu denen, die sich von Gott ihre Schuld vorhalten lassen und zur Umkehr bereit sind! Also müssen die Prediger weiter die Schuld mit Namen nennen (8-10), auch wenn die Leute lieber etwas anderes hören wollen (11)!

▪ 3. Die Liebe Gottes noch im Gericht (12-13)

Gott muß richten – die Menschen wollen es offenbar so. Aber dennoch gibt Gott die Menschen nicht auf. Er liebt sie nach wie vor. Und seine Liebe fängt wieder von vorne an. Ganz klein zunächst (12a: Rest). Gott schickt uns jemand zur Hilfe – seinen eigenen Sohn Jesus Christus (13: Durchbrecher). Wer sich an ihn anhängt, kommt aus dem Gericht zu neuem Leben.

Fragen

1. Welche Vorwürfe erhebt der Prophet im Namen Gottes gegen die Menschen in den Versen 1 u. 2 und 8-10? Gibt es solche von Gott angeprangerten Handlungsweisen auch heute noch? Wo z.B.? Gibt es solche Handlungsweisen vielleicht auch in der Gemeinde und in der Kirche (wenn auch in kleinerem Rahmen)? Wo in meinem Umfeld nutzen die Stärkeren ihre Macht aus?

2. Die einen sagen: „Die Geschichte ist das Weltgericht – Gottes Gericht vollzieht sich nur in unserer gegenwärtigen Geschichte. Wenn da nichts Schlimmes geschieht, ist Gott auf mich offenbar nicht zornig."
Die anderen sagen: „Gottes Gericht vollzieht sich nur am Jüngsten Tage. Alles, was jetzt geschieht an Bösem oder Gutem, ist Zufall."
Wer hat recht? Was sagt die Bibel dazu?

3. Noch andere sagen „Es gibt gar kein Gericht Gottes. Sonst wäre Gott kein Gott der Liebe."
Was meine ich dazu? Kann ich meine Meinung durch Aussagen aus der Bibel begründen? Was sagt dieser Text dazu?

4. Wonach beurteile ich Pfarrer und Prediger – auch danach, ob sie eine mir angenehme Meinung vertreten (vgl. V. 6f)? Kann ich eine Predigt nur nach ihrer Form beurteilen (langweilig oder interessant, Neuigkeiten oder Altbekanntes, Fremdwort oder nicht usw.)? Oder kann ich eine Predigt nach ihrem Inhalt beurteilen (stimmte das mit den Aussagen der Bibel überein)?

Haggai 1
Keine Zeit für Gott?

Begriffe

▪ Darius

König der Perser von 522 bis 486 v.Chr. Persien löste damals die babylonische Weltmacht ab. Der Begründer dieser neuen Weltmacht, Kyrus, hatte 538 v.Chr. auch die Juden aus der babylonischen Gefangenschaft entlassen.

▪ HERR Zebaoth

Wörtlich „Herr der Heerscharen". Welche Heerscharen damit gemeint sind, ist eine offene Frage. Es könnten sowohl die Heerscharen Israels (1. Sam. 17,45) als auch die himmlischen Heerscharen gemeint sein. Auf jeden Fall ist mit dieser Gottesbezeichnung die Macht Gottes betont, der die ganze Welt in Händen hält.

▪ Serubbabel

Stammt aus dem davidischen Königsgeschlecht, wurde von Kyrus 538 v.Chr. als Statthalter in Jerusalem eingesetzt. Er ist es auch noch zur Zeit des Auftretens Haggais (520 v.Chr.). Unter ihm wird der Tempelbau vollendet (516 v.Chr.).

▪ Erwecken

Wie es einen leiblichen Schlaf gibt, bei dem der Mensch seine irdische Umwelt nicht mehr wahrnimmt, so gibt es auch einen geistlichen Schlaf, bei dem der Mensch die göttliche Welt nicht mehr wahrnimmt. Und wie der Mensch aus dem leiblichen Schlaf aufgeweckt wird, so kann Gott ihn auch aus dem geistlichen Schlaf „erwecken". Erweckung meint also das Wachwerden des Menschen für die Belange Gottes, für die Aufgaben, die Gott uns in diesem Leben stellt. Im Gegensatz zum „Erweckten" spricht die Bibel von den „Toten" (z.B. Lukas 15 beim Verlorenen Sohn „dieser mein Sohn war tot"), d.h. von denen, die noch für sich selbst leben.

Zusammenhänge

Im Buch Esra wird ausführlich beschrieben, wie Israel 538 v.Chr. wieder nach Jerusalem aus seiner babylonischen Gefangenschaft zurück-

kehren durfte. Dort wird auch berichtet, wie die Heimkehrer zuerst einen Altar bauten, um ihre Opfer wieder zu bringen (Esra 3,1ff), und schon im zweiten Jahr nach ihrer Ankunft mit dem Neubau des 587 v.Chr. zerstörten Tempels begannen. Doch als sich sehr schnell einige Gegner meldeten, blieb der Neubau über 16 Jahre lang liegen, ohne daß irgend jemand weiter daran arbeitete. Erst das Auftreten der Propheten Haggai und Sacharja (Esra 5,1) führte dann zum Weiterbau bis zur Vollendung des Tempels im Jahre 516 v.Chr. (Esra 6,15).
Es zeigt sich hier das alte Problem, daß Menschen Gottes sich sehr schnell ins Bockshorn jagen lassen, wenn sich Widerstand erhebt gegen ihre missionarisch-gemeindlichen Bemühungen. Unheimlich schnell ziehen sich dann auch Menschen, die in ihren Herzen Christen sein wollen, auf sich selbst und ihre Privatinteressen zurück. Man kann ihnen nicht ihren Glauben absprechen, aber ihr Glaube hat keine prägende Kraft und wird je länger desto mehr ein selbstgenügsamer, egoistischer Glaube. Es braucht eine Erweckung (und zwar unter den Gläubigen!), damit es im Volk Gottes wieder voran geht und Gott zu seiner Ehre kommt. Zur Erweckung aber gehören Boten Gottes, die im Namen Gottes Mut machen zum Arbeiten für Gott.

Aussagen

■ **1. Wann ist es Zeit für Gott?** (2-4)
Man hat nichts gegen Gott, auch nicht gegen Arbeit für Gott (Bau des Hauses Gottes = Tempel). Nur – noch ist man von anderen Dingen, d.h. von privaten Dingen besetzt. Die eigenen Häuser sind zwar längst gebaut, aber sie müssen verschönert (getäfelt!) werden. Schließlich lebt man ja nicht mehr in den ersten Nachkriegsjahren, wo ein Dach über dem Kopf schon viel war. Gott fragt kritisch: Wie lange müßt ihr euren eigenen Wohlstand steigern, bis ihr endlich Zeit findet für mich und meine Ehre?

■ **2. Gott läßt sich nicht die Ehre nehmen** (5-11)
Es liegt einfach kein Segen auf der Arbeit der Juden. Sie arbeiten und arbeiten, aber der Erfolg ist gering. Gott verweigert seinen Segen. Warum? Eben weil der Mensch die Prioritäten falsch setzt (9). Jesus sagt: „Trachtet *zuerst* nach dem Reich Gottes ... so wird euch das andere (Essen, Trinken usw.) zufallen“ (Matth. 6,33). So arbeiten und arbeiten wir in unserem Land auch für uns selbst – und wo bleibt die innere Zufriedenheit, die Geborgenheit, die Freude? Die gibt allein Gott. Und er gibt sie dem, der Zeit hat für ihn und sein Haus.

■ **3. Gehorsam bringt Erweckung** (12-15)
Alle Erweckung im Volk Gottes beginnt damit, daß einzelne anfangen, Gott gehorsam zu werden. Gehorsam heißt: Zeit haben für Gott und Gottes Belange. Genauer: sich Zeit nehmen für Gott und seine Belange. Was sind Gottes Belange? Vor allem der Gottesdienst. Wenn der nicht mehr die Mitte ist, dann wird es auch mit der Nächstenliebe immer mehr zurückgehen, dann verkümmert auch der praktische Glaube.

Fragen

1. Es ist leicht, auf die anderen zu schimpfen, die sich überhaupt keine Zeit für Gott nehmen – aber wie ist es mit meiner Zeit? Was hat bei mir Vorrang in der Zeiteinteilung? Meine privaten Bedürfnisse? Oder Gottes Interessen?

2. Überhaupt: wie richtig ist der so häufig gebrauchte Satz „Ich habe keine Zeit"? Müßte er nicht besser lauten: „Dafür nehme ich mir keine Zeit"? Oder der andere Satz: „Dafür ist jetzt nicht die richtige Zeit" – wonach beurteile ich, wann die richtige Zeit für etwas ist? Ist es mein eigenes Interesse, oder gibt es nicht auch göttliche Leitlinien für das, was „dran ist"?

3. Zweimal werden wir aufgefordert, darauf zu achten, wie es uns geht (5.7). Haben vielleicht unsere gehäuften seelischen Zusammenbrüche, unsere zunehmende Unfähigkeit, eine begonnene Ehe durchzuhalten, unsere verstärkten erzieherischen Probleme, unsere Alkohol- und Tablettensucht etwas mit unserer mangelnden Zeit für Gott zu tun? Ist die zunehmende Vereinsamung des Menschen nur ein soziales Problem oder vielmehr ein geistliches?

4. Wieviele Tage brauchten Serubbabel und seine Landsleute vom Hören des Wortes Gottes bis zum Gehorchen (vgl. 1 und 15)? Lag da eine Zeit des inneren Widerstandes? Des inneren Ringens? Der inneren Besinnung und Überlegung? Was hindert mich am Gehorchen? Wie lange brauche ich, bis ich gehorche? Weiß ich wirklich nicht, wo und wie ich gehorchen soll, oder will ich es nicht wissen?

Haggai 2,1-9
Eure Arbeit soll nicht vergeblich sein

Begriffe

▪ **Herrlichkeit**
Meistens ist in der Bibel dies Wort reserviert für die Majestät Gottes, seine Macht und Souveränität, die dann in Jesus Christus sichtbar wurde (Joh. 1,14: Wir sahen seine Herrlichkeit ...). Hier ist von der irdischen Herrlichkeit des Tempels die Rede. Offenbar ist es beim Wiederaufbau des Tempels nicht möglich, die gleiche Pracht zu entfalten wie zur Zeit Salomos (3). Doch die Pracht dieses zweiten Tempels soll nicht in seiner äußeren, irdischen Pracht bestehen, sondern darin, daß nunmehr auch die Heiden zur Anbetung kommen werden (7). Und mit dieser Erweiterung der anbetenden Schar ist die Herrlichkeit größer als je zuvor (9).

▪ **Kleine Weile**
Für uns ein Ausdruck einer recht kurzen Zeit. Für prophetisches Reden mehr der Ausdruck einer gesicherten Zeit. Das, was hier angekündigt wird, ist ganz sicher. Man spricht auch von einer „perspektivischen Zeitverkürzung" der Propheten. Sie sehen das, was ganz sicher kommt, schon ganz nahe.

▪ **Frieden**
In der Bibel ist damit immer die doppelte Dimension von Frieden mit Gott und Frieden unter Menschen gemeint. Erst das moderne, gespaltene Denken macht daraus zwei getrennte Dinge. Dabei lassen sie sich in Wahrheit gar nicht voneinander trennen, wie die Geschichte der Menschheit beweist. So soll durch den neuen Tempel die unselige Spaltung Juden – Heiden überwunden werden, indem sie beide im Tempel anbeten.

Zusammenhänge

Die erste prophetische Rede Haggais im August 520 v.Chr. (= 6. Monat im 2. Jahr des Darius vgl. 1,1) hat bewirkt, daß die Juden nach 16jähriger Unterbrechung den Wiederaufbau des zerstörten Tempels begonnen hatten (1,14). Einen Monat nach Beginn der Arbeiten wird der Prophet Haggai aufs neue von Gott beauftragt, ein Wort zu sagen (vgl. 1,15 mit 2,1). Was in diesen vier Wochen geschehen ist, wird nicht berichtet. Wir können es nur aus der erneuten Prophetie indirekt entnehmen. Während bei dem ersten Anlauf zum Wiederaufbau im Jahre 536 v.Chr. (näheres dazu siehe bei Esra 3,8-4,24) der äußere Widerstand zum Erliegen des Wiederaufbaus geführt hatte, scheint sich jetzt eine innere Ermüdung anzubahnen. Es sind wohl vor allem die ganz Alten, die noch den ersten Tempel gesehen hatten (3), die die Kümmerlichkeit des Wiederaufbaus bejammern und resignieren. Das ist bis heute die große Gefahr der Älteren, daß sie immer nur die Vergangenheit im Blick haben, die Tradition hochhalten und darüber nicht mehr den Schwung und den Mut für die Gegenwart haben. Doch die Erinnerung an die großen Traditionen soll nicht zu Resignation führen, sondern vielmehr ermutigen zu neuen Taten im Heute. Jedenfalls bedarf es in Jerusalem offenbar erst des erneuten Eingreifens Haggais, um Trost und Mut zuzusprechen und den Blick nach vorn auszurichten. Gott will doch noch etwas viel Gewaltigeres und Größeres in der Zukunft schaffen als es in der Vergangenheit gegeben hat.

Aussagen

■ 1. Sieh auf Gott, nicht zurück (2-4)

Der Tempel lebt nicht von seiner architektonischen Schönheit! Er lebt davon, daß der lebendige Gott dabei ist, wenn Menschen sich in ihm versammeln. Wie oft machen wir uns abhängig von Äußerlichkeiten (schön, gemütlich, modern usw.). Dabei ist doch nur die Gegenwart Gottes wichtig. Wir verwenden viel zu viel Gedanken auf Form und Fassade. Gott aber legt Wert auf Inhalt! Wir verwechseln Kirche allzuoft mit Denkmalschutz. Gott aber will immer wieder aufs neue lebendige Gemeinde bauen. Also: Seid getrost!

■ 2. Sieh auf die bleibende Zusage Gottes (4b-5)

Haggai erinnert an ein 700 Jahre altes Wort Gottes. Es war die Zusage seiner Gegenwart damals beim Auszug aus Ägypten. Ihr irrt, wenn ihr meint, das sei eine einmalige, zeitgebundene Zusage gewesen. Das ist eine ein für allemal gültige Zusage. Durch Jesus hat Gott diese Zusage auch uns Nichtjuden gegeben. Im Abendmahl bestätigt er sie ständig. Nun ergreift doch endlich diese Zusage, glaubt ihr, glaubt eurem Gott! Wer glaubt, fürchtet sich nicht mehr. Auch nicht in veränderten Zeiten und bei neuen Aufgaben. Der alte Gott ist ja dabei mit seiner alten Zusage.

■ **3. Sieh auf die zukünftige Herrlichkeit** (6-9)
Christen haben ihren Blick nicht zurück, sondern nach vorn gerichtet. Gott hat Neues vor. Mehr: Gott hat Größeres vor. Israel hat sich immer wieder gegen dies Größere gestemmt, das die Propheten auf vielfältige Weise ankündigten: die Zuführung der Heiden zu Israel. Darum wehrten sie sich auch gegen Jesus, weil er auch die Samariter und Ausländer annahm. Aber das ist wirklich Gottes Ziel mit seiner Menschheitsgeschichte: daß sie alle darin eins werden, den lebendigen Gott anzubeten, der in Jesus Mensch wurde. Nur so wird Frieden. Dieses Ziel hat ein Christ immer vor Augen.

Fragen

1. Gehöre ich auch zu den Leuten, die über die Gegenwart immer nur jammern können, weil alles nicht mehr so ist, wie es früher war? Bin ich verschlossen für das, was Gott heute (auch durch mich!) tun will, weil ich stehen geblieben bin im vergangenen Tun Gottes? Kann ich immer nur vergleichen mit früher?

2. Darf man denn gar nicht an früher denken? Darf man gar nicht vergleichen? Welches ist denn die richtige Weise, wie man an früher denken kann und darf, ohne die Aufgaben von heute zu vergessen oder zu vernachlässigen? Ja, in welcher Weise muß man sogar an früher denken, um den Aufgaben der Gegenwart gerecht zu werden?

3. Bin ich eigentlich offen für neue Menschen, für bisher heidnische Menschen? Oder verschließe ich mich neuen Menschen in meiner Gemeinde, weil jeder neue Mensch auch neue Probleme bringt? Erwarte ich, daß sie Jesus anbeten und Jesus die Ehre geben, wenn auch vielleicht in einer etwas anderen Weise?

4. Die ersten Christen schlossen jeden Gottesdienst mit dem Ruf Maranatha (unser Herr, komm!). Bin ich auch ausgerichtet auf die endgültige Herrlichkeit Gottes? Ist mein gegenwärtiges Tun bestimmt von der zukünftigen Herrlichkeit? Kann ich mich darauf freuen, daß mein Gott noch viel Größeres geplant hat?

Sacharja 1,1-6
Neu anfangen

Begriffe

■ **Darius**

König des persischen Weltreiches von 521-486 v.Chr., Nachfolger seines Vaters Kambyses im Frühjahr 521, sodaß der 8. Monat (V. 1) etwa Oktober/November 520 darstellt. Auch Judäa gehörte damals zum persischen Weltreich.

■ **Sacharja**

Der Name bedeutet „Der Herr (ja = Jahwe) hat sich erinnert". Im Neuen Testament hat der Name eine leichte sprachliche Veränderung erfahren und lautet dort: Zacharias. Der bekannteste unter den vielen Sacharjas des Alten Testaments ist unser Prophet. Er stammt aus priesterlichem Geschlecht (Neh. 12,16). Wie lange er gewirkt hat, erfahren wir nicht. Als spätestes Datum wird der November 518 genannt (7,1).

■ **Propheten**

Menschen, die von Gott aus den verschiedensten Berufen herausgerufen wurden, um Gottes Wort zu verkündigen. Inhalt ihrer Verkündigung war im wesentlichen: Ruf zur Umkehr – Androhung des Gerichts Gottes – Verheißung des kommenden Heils. Vielfach wurde ihr Wort abgelehnt. Sacharja gehörte zu denen, dessen Wort zumindest in einem Punkt angenommen wurde – im Tempelbau.

■ **HERR Zebaoth**

Ein nicht übersetzter Name Gottes. Wörtlich: Herr der Heerscharen. Gedacht ist dabei an die unendlich große Macht Gottes, dem ungezählte Mächte (Heerscharen) zu Diensten stehen. Vgl. Jesu Wort Matthäus 26,53.

Zusammenhänge

Im Jahre 538 v.Chr. war Israel endlich aus der babylonischen Gefangenschaft befreit worden. Der Perserkönig Kyros (Großvater des Darius) hatte den Juden erlaubt, nach Jerusalem zurückzukehren. Begeistert kamen viele zurück. Nun konnte man wieder an Gottes Verheißungen anknüpfen. Nun hatte man wieder die traditionelle Hei-

mat. Doch die anfängliche Begeisterung ließ schnell nach. Die Schwierigkeiten des Alltags nahmen überhand. Glaubenszweifel meldeten sich. Uneinigkeit zwischen den Heimkehrenden herrschte. Es war so ähnlich wie in mancher christlichen Gruppe. Erst ein begeisterter Anfang. Aber dann wird alles so müde, so lahm, so alltäglich. Es ist keine rechte Gemeinschaft da.
In dieser Situation berief Gott zwei Männer als seine Sprecher, die das müde gewordene Volk wieder in Gottes Spur bringen sollten: Haggai und Sacharja. Im August/September 520 v.Chr. (also 18 Jahre nach der Heimkehr) muß Haggai (Kap. 1) darauf hinweisen, daß der Tempelbau sträflich vernachlässigt wurde. Wie aber kann Gottes Segen wirksam werden, wenn wir Gottes Sache vernachlässigen? Das Volk hört und gehorcht. Der Tempelbau beginnt (Hagg. 1,14f). Nur zwei Monate nach dem ersten Auftreten Haggais beruft Gott den Sacharja (1,1). Er ist der Mann, der darauf achtet, daß es nicht bei einem äußeren Tempelbau bleibt. Es geht ihm um eine neue, innere Verbindung und ein ganz persönliches Verhältnis zu Gott.

Aussagen

■ 1. Kehrt euch zu mir!

Mancher bekehrt sich zu einem moralisch besseren Leben (er lügt nicht mehr, er säuft nicht mehr, er ...). Das ist gut. Gott aber will mehr. Mancher bekehrt sich zu einem praktischen Mitarbeiten in der Gemeinde (Tempelbau, Jungscharleiter, Posaunenbläser, sonstige Mitarbeit). Das ist gut. Gott aber will mehr. Gott will eine Umkehr zu ihm persönlich. Er will, daß ich im persönlichen Austausch mit dem lebendigen Gott stehe: Hören auf seine persönlichen Worte an mich, diesem persönlichen Auftrag gehorchen, reden mit Gott in allen Situationen.

■ 2. Ich will mich zu euch kehren!

Wenig später (2,14) heißt es noch massiver: „Ich will bei dir wohnen!" Gott will nicht mehr irgendwo ferne von mir sein. Er, der allmächtige Gott, will sich bei mir kleinem Menschen einnisten, will mich mit seinem Geist erfüllen, mit seinem Frieden, mit seiner Gelassenheit. Denn dies alles und noch viel mehr bringt Gott bei seinem Einzug mit. Ich gebe zu: Das übersteigt menschliches Fassungsvermögen. Aber wer der Zusage Gottes glaubt, erfährt ihre Verwirklichung in seinem Leben.

■ 3. Seid nicht wie eure Väter!

Kritik an den Vätern ist erlaubt! Aber diese Kritik soll nicht mit unserem Munde geschehen (das ist meist nur Großmäuligkeit), sondern mit unserem Leben. Die Väter haben wohl Gottesdienste gefeiert – aber der Bekehrungspredigt nicht Folge geleistet. Ob die junge Generation anders ist?

Fragen

1. Der Ruf zur Bekehrung ist eine der entscheidenden und immer wieder von den Propheten gemachten Aussagen. Wo kommt dieser Ruf im Neuen Testament vor? (vgl. Täuferpredigt – Jesu Antrittspredigt – Pfingstpredigt des Petrus). Was meint dieser Ruf konkret? Was ist mit diesem Ruf in meinem Leben angesprochen?

2. Es gibt Leute, die fragen einen sehr direkt: „Bist du bekehrt?" Wenn mich jemand so anspräche, was würde ich ihm antworten? Oder darf man so nicht fragen? Warum eigentlich nicht, wenn im Neuen Testament durchaus festgestellt wird, daß jemand bekehrt ist (1. Thess. 1,9; 1. Petr. 2,25)? Also: Bin ich bekehrt?

3. Von welchen „früheren Propheten" ist in Vers 4 die Rede? Welche beiden früheren Propheten sind es vor allem, die die in Vers 4 zitierte Aussage gemacht haben?

4. Wir leben heute in einer „geschichtslosen" Zeit, d.h. die meisten interessieren sich nicht für Geschichte. Zeigt unser Text nicht, daß Christen aus der Geschichte ihrer Väter lernen sollen? Was können wir aus unserer eigenen Kirchengeschichte für unsere heutige Kirche lernen? Wo haben unsere Väter Fehler gemacht, die wir nicht wiederholen sollen?

5. Wie werden die Propheten in Vers 6 genannt? Wer greift die gleiche Bezeichnung im Neuen Testament für sich und die Christen auf? Was soll diese Bezeichnung aussagen?

Sacharja 1,7-14
Vision einer großen Zukunft

Begriffe

■ 11. Monat

Die Monatszählung begann in Israel mit dem Monat Nisan als erstem (= März/April). Der 11. Monat entspricht etwa unserem Januar/Februar (jeweils von der Monatsmitte an gerechnet) des Jahres 519 v.Chr.

■ Mann auf rotem Pferd

Einerseits der himmlische Sprecher zu dem Propheten hin (9.10), andererseits der Sprecher zu Gott hin (12). So wird er auch Engel des Herrn genannt und hat in seiner Mittlerrolle (siehe auch die Fürbitte für Juda V. 12) Vorbildfunktion auf Jesus hin.

■ 70 Jahre

Schon im Jahre 604 v.Chr. hatte der Prophet Jeremia die unheimliche und unwahrscheinlich klingende Ankündigung ausgesprochen, daß Juda 70 Jahre lang dem König von Babel dienstbar werden solle (Jer. 25,1.11) und diese Zahl nach der ersten Deportation im Jahre 597 v.Chr. in einem Brief an die Deportierten bestätigt (Jer. 29,10). Bei Sacharja wird hier angeknüpft. Die Rückkehr aus Babylon im Jahre 538 v.Chr. genügt ihm noch nicht. Erst muß Jerusalem wieder aufgebaut sein, ehe die Gefangenschaft wirklich als beendigt angesehen werden kann. 70 Jahre sind es seit der Tempelzerstörung 587 v.Chr.

■ Meßschnur

Die Meßschnur ist nicht für den Tempelwiederaufbau, wohl aber für den Stadt- und Maueraufbau nötig. In der dritten Vision (2,5ff) taucht die Meßschnur wieder auf. Dort wird extra darauf hingewiesen, daß der Maueraufbau (noch) nicht vorgesehen ist, wohl aber ein Stadtaufbau. In der Tat wurde die Mauer auch erst weitere 75 Jahre später durch Nehemia erbaut.

Zusammenhänge

Drei Monate nach dem ersten Auftreten Sacharjas (1,1-6) kommt jene berühmte Nacht, in der Sacharja in acht Visionen eine Zukunftsschau über Jerusalem erhält (nacheinander berichtet in Kap. 1,7-6,8).

Sacharja hat diese Visionen fünf Monate nach Beginn des Tempelaufbaus (veranlaßt durch Haggais Prophetie, Hagg. 1,14.15) erhalten. Längst zeigten sich bei den Arbeitern Ermüdungs- und Resignationserscheinungen (vgl. Hagg. 2,3). Wie sollten solche kümmerlichen Bemühungen etwas Grundlegendes ändern in der Welt? Das schien menschenunmöglich. Da gibt Gott durch seine Visionen an Sacharja den Blick frei für die großen Planungen Gottes. Der Mensch, gerade der gläubige Mensch, darf nicht nur seinen kleinen Horizont des Menschenmöglichen behalten. Er muß es lernen, die weltweiten Perspektiven Gottes in den Blick zu bekommen. Auch wenn dies naturgemäß nur in bildhafter, visionärer Form geschehen kann, so soll die Gemeinde Gottes diesen Blick lernen. Nicht umsonst schließt auch das Neue Testament mit dem visionären Blick in die große Zukunft Gottes. Wer nicht im Klein-Klein des Alltags mit all seinem Ärger und Schwierigkeiten untergehen will, muß seinen Kopf nach vorne, auf Gottes Zukunft ausgerichtet haben. Nicht eine von Menschen erträumte (wie im Sozialismus und Humanismus), sondern in die von Gott offenbarte. Was Gott uns da geschenkt hat, erscheint uns manchmal zwar zu unkonkret oder zu auslegungsfähig, ist aber das einzige, was wir von Gott in Händen haben. Doch: Was Gott gibt, genügt für uns!

Aussagen

■ 1. Eine Erweckung ist noch nicht in Sicht (8-11)

Gott macht uns keine falschen Hoffnungen, die dann doch nur enttäuscht werden. Sehr nüchtern haben die Boten Gottes die Erde inspiziert und kommen zum Ergebnis: alles still, nichts im Aufbruch zu einer neuen Welt (11). Eine Welt-Erweckung wäre schön – aber nicht zu sehen. Sehen wir nur auf Deutschland: ein Aufbruch zu Jesus hin ist nicht zu sehen. Geld und eigene Ehre beherrschen das Feld.

■ 2. Klagen vor Gott ist erlaubt (12)

Kein Grund zur Resignation, wohl aber Grund zum Beten, ja zum klagenden Beten. Der himmlische Mittler wird zum Sprecher der Frommen: wie lange noch? Es wird an eine Zahl erinnert, die sowohl Strafe als auch Hoffnung signalisiert: Gott hatte ein Ende zugesagt. Wir dürfen Gott bestürmen mit seinen Verheißungen und Zusagen. Wir dürfen Gott daran erinnern, daß er will, daß allen Menschen geholfen werde (1. Tim. 2,4), also auch unseren Nachbarn, die wir immer wieder einladen, unserer Gemeinde, die so tot darniederliegt, unserem Volk, das so verweltlicht ist.

„Jesus, wann endlich wirst Du bei uns eine Neubelebung schenken?"

■ **3. Ein Anfang wird gemacht** (13-17)

Die Weltveränderung ist zwar noch nicht in Sicht, aber eine Erneuerung der kleinen Gemeinde Jesu ist bereits geplant. Als sichtbares Zeichen soll der Tempel wieder entstehen. Die Arbeit am Gottesdienst und Gemeindeaufbau soll trotz aller Schwierigkeiten vorangehen. Die Gemeinde hat keinen Grund zu verzagen. Wenn sie nur der Zusage Gottes vertraut, wird sie leben und lebendig sein über alles Erwarten. Wir sollten weniger auf unsere Chancen bei unserer Umgebung sehen als auf Gottes Verheißung für seine kleine Gemeinde, wenn sie ihm nur glaubt und entsprechend treu arbeitet.

Fragen

1. Hat Gott eigentlich die Verheißung gegeben, daß die ganze Welt sich bekehren wird? Oder hat er den Auftrag gegeben, der ganzen Welt seine Botschaft von Umkehr und Vergebung zu sagen? Wie hat Paulus das gesehen in 1. Kor. 9,19-22?

2. Baue ich für mich und meine Gemeinde darauf, daß Gott sein Volk nicht abgeschrieben hat? Ziehe ich daraus die Konsequenzen für mein praktisches Handeln, oder verharre ich weiter in Resignation? Kenne ich meinen Platz beim Bau des „Tempels"? Was versteht das Neue Testament unter „Tempel" und dementsprechend unter Tempelbau, an dem ich mich beteiligen soll (vgl. 1. Kor. 3,16 und 2. Kor. 6,16)?

3. Ist Klagen wirklich erlaubt? Oder ist es nur einem Engel erlaubt? Wie haben die Psalmisten diese Frage beantwortet (vgl. Ps. 13; 79,5ff; 80,5ff und 94,3ff)? Ist es ein Unterschied, ob ich vor Menschen oder vor Gott klage? Klage ich über meine persönlichen Probleme oder über die Probleme der Gemeinde Jesu?

4. Sacharja hat hier konkrete Verheißungen Gottes für seine Zeit – haben wir auch konkrete Verheißungen Gottes für unsere Zeit? Welcher Art sind die und worauf beziehen sie sich?

Sacharja 9,9-10
Freu dich im voraus

Begriffe

■ Tochter Zion

Zion ist ursprünglich der Name der alten Jebusiterburg, die David eroberte (2. Sam. 5,7) und dann zu seiner Hauptstadt machte = Davidsstadt (2. Sam. 5,9). Dieser Name war gleichbedeutend mit dem Namen Jerusalem. Bei der Erweiterung Jerusalems für den Tempelbau wird der Name Zion vor allem für den Tempelbezirk „Heiliger Berg" benutzt (Psalm 48,2f; 78,68f; 2,6). Doch blieb auch bei der zunehmenden Vergrößerung Jerusalems der Name Zion für die gesamte Stadt erhalten. Tochter Zion wird zur Bezeichnung der Bevölkerung Jerusalems gebraucht.

■ König

Hier Bezeichnung für den messianischen König, d.h. den Erretter und Erlöser Israels. Der Titel „König" ohne nähere Erläuterung hat bei den Juden die Fehlerwartung eines irdischen Königs mit den üblichen Begleiterscheinungen eines irdischen Königs hervorgerufen. Doch Sacharja erläutert ausdrücklich, daß der messianische König andere Qualitäten als ein normaler König hat (Eselsreiter!). Er schafft Frieden nicht durch Gewalt und Schwert, sondern ausdrücklich ohne jede Gewaltanwendung.

■ Herrschaft

Dies Wort hat im biblischen Verständnis zwei Seiten. Die eine betont, daß der Wille des Messiaskönigs bestimmender Faktor ist in allen Bereichen des Lebens (Sport, Sonntag, Ehe, Geld usw.). Es gibt daneben keine zweite bestimmende Macht. Die andere Seite betont, daß dieser Wille des Messiaskönigs ausschließlich der geistlichen und leiblichen Fürsorge des Menschen gilt. Es ist kein despotischer, herrischer Wille, sondern ein fürsorglicher, liebevoller.

Zusammenhänge

Der Prophet Sacharja ist ein Zeitgenosse des Propheten Haggai. Beide treten im Jahre 520 v.Chr. auf und rufen das Volk zum erneuten Tempelbau auf (vgl. Sach. 8,9-13 und Esra 5,1.2). Doch während für Haggai dies der einzige Auftrag ist, bedeutet der Aufruf zum Tempelbau für Sacharja nur einen kleinen Teil seines Auftrags. Sein Blick geht viel weiter. Sacharja will eine grundlegende Umkehr (1,2-5), damit die gegenwärtige Generation nicht der gleiche Zorn Gottes trifft wie die Vorfahren. Die ständige Mißachtung des prophetischen Rufs zur Umkehr hatte Gott dazu gebracht, sein Volk in die babylonische Gefangenschaft führen zu lassen (im Jahre 597 und 587 v.Chr. – vgl. 7,1-14; 8,14). Nachdem die Juden 538 v.Chr. wieder in ihre Heimat zurückgekehrt waren, bestand die Gefahr, daß sie aus der Geschichte nichts gelernt hatten. So ruft Sacharja sein Volk im Auftrage Gottes erneut zur Umkehr zu Gott. Unrecht ist im Lande (5,1-4) und Gottlosigkeit (5,5-11). Das soll anders werden. Dann soll von Jerusalem aus Gottes Geist bis nach Babylon wirken (6,8). Doch nicht nur Warnung ist sein Auftrag, sondern zugleich Zusage der Gegenwart Gottes (2,9; 2,14-17) und eines neuen Heils (3,10; 4,6f; 8,20-23). Das arme, verachtete, kleine Israel wird Mittelpunkt für die ganze Welt werden. Gott straft sein Volk wohl, aber er gibt seine Erwählung Israels nicht auf. Sein Plan mit dieser Welt kann wohl durch den Ungehorsam der eigenen Leute gehindert und verschoben, aber nicht aufgehoben werden. In Jesus sehen wir die Erfüllung dieser Verheißung, die z.Zt. des Sacharja noch lächerlich wirken mußte.

Aussagen

■ 1. Vorfreude ist angebracht (9a)

In der Adventszeit ist eine gewisse Vorfreude selbstverständlich. Man weiß ja, daß es ganz sicher bald Weihnachten wird. Genauso ist es mit der prophetischen Ankündigung. Nachdem sie erfolgt ist, sollte die Vorfreude einsetzen.
Man weiß ja (oder sollte wissen), daß Gott zu seinem Wort steht. „Dein König Jesus kommt zu dir." Diese Zusage gilt, auch wenn ich jetzt noch unsicher bin und es so recht gar nicht glauben kann. Ich darf mich – sozusagen auf Vorschuß – schon freuen. Jesus will mein Herz gewinnen – wenn ich ihn einlasse. Bei Jesus kann man danken und sich freuen, bevor man etwas spürt.

■ 2. Ein neues Königsbild ist nötig (9b)

Wir haben meist sehr festgelegte Ansichten, Bilder zu Jesus. So muß er sein. Oder so. Jeder hat seine Vorstellung. Auf jeden Fall aber sei er wohl machtvoll. Gott aber läßt sagen: auf keinen Fall wird er machtvoll sein. Ein Esel, das Reittier der Armen und Machtlosen, ist auch

Jesu Reittier. Gerade durch seine Ohnmacht bis ans Kreuz schafft er Errettung und Recht, weil er unsere Sünde ernst nimmt und auf sich nimmt. Und damit endgültig beseitigt.

■ **3. Friede ist möglich** (10)

Waffen haben noch nie Frieden gebracht. Darum wird Jesus auch keine Waffen in seinem Reich gebrauchen. Wo er die Herrschaft in einem Menschenherzen oder auch in einem ganzen Volk antritt, wird er als erstes alles Kriegszeug zerbrechen. Das ist seine Vorleistung. Aber gerade so wird er den Frieden Gottes unter alle Völker ausbreiten. Das erscheint uns zu wunderbar. Glauben wir etwa nicht mehr an Wunder? Wollen wir etwa selbst die Macher sein?

Fragen

1. Welche Erwartungen habe ich an Jesus? Sind es Erwartungen, die aus meinem eigenen Herzen kommen oder aus dem Lesen der Verheißungen Gottes in seinem Wort? Woran lag es, daß Israel so falsche Erwartungen hatte und Jesus nicht als Friedenskönig erkannte? Wenn ich manchmal an Jesus zweifle, liegt es dann vielleicht nicht auch an falschen Erwartungen, die ich an ihn stelle? Liegt es mit an meinem ungenauen Bibellesen?

2. Recht und Rettung werden in einem Atemzug genannt (vgl. auch Jes. 56,1; 59,17) – was bedeutet diese Verbindung für uns heute? Kann es eine Errettung durch Jesus geben, ohne daß zugleich sein Recht in meinem Leben zum Zuge kommt? Umgekehrt: Kommt es unter uns Menschen wirklich zu Recht und Gerechtigkeit, ohne daß wir uns durch Jesus erretten lassen? Sind also Recht und Rettung wie siamesische Zwillinge – untrennbar?

3. Fällt es mir auch so schwer, die Ohnmacht Jesu als die entscheidende „Macht“ dieser Welt zu sehen? Greife ich auch lieber zu menschlichen Machtmitteln, um das durchzusetzen, was ich für gut halte? Kann ich diese Haltung überwinden, ohne in Anklagen gegen andere auszubrechen?

4. Prägt die Freude an Jesus und auf Jesus mein Leben? Oder gehöre ich zu den „Mümmel-Christen“, die auch so griesgrämig und mümmelig wie die meisten Leute dahinleben? Die irgendeine weltliche Freude brauchen, damit sie mal lachen und sich freuen können? Warum ist die Freude auch unter Christen nicht allzu häufig? Ist das nur Temperamentssache oder auch Glaubenssache?

Sacharja 9,9-12
Das Friedensreich kommt

Begriffe

■ Zion

Ursprünglich Name der alten Jebusiterstadt, die auf dem Südost-Hügel Jerusalems gelegen war. Später – im Zuge der Erweiterung Jerusalems – bezeichnet Zion dann den heiligen Berg, also den ganzen Tempelbezirk. Schließlich wird der Name Zion gleichbedeutend mit Jerusalem gebraucht.

■ Tochter Zion, Tochter Jerusalem

Der Hebräer gebraucht die Kindesbezeichnungen „Tochter“, „Sohn“, „Kind“ gern, um damit die Bevölkerung einer Stadt, eines Landes oder eines Volkes zu bezeichnen (vgl. den Ausdruck: die Kinder Israel).

■ Efraim

Einer der 12 Stämme Israels. Er besiedelte das Gebiet direkt nördlich von Juda (und Jerusalem). Bei der Staatenteilung in Nord- und Südreich grenzt Efraim direkt an das Südreich. Von daher wird der Name Efraim später bei manchen Propheten zum Namen für das ganze Nordreich, wie Jerusalem zum Namen für das ganze Südreich wird (so z.B. in V. 10).

■ Blut des Bundes

Anspielung auf 2. Mose 24,8, wo der Sinaibund mit Blut besiegelt wird und zugleich Vorausschau auf den Golgathabund durch Jesus (Mark. 14,24). „Um des Blutes deines Bundes willen“ heißt: Gott hat sich in diesem „Bund“ ein für allemal „gebunden“ an sein Volk, er bleibt sich selbst treu.

Zusammenhänge

Der Prophet Sacharja ist ein Zeitgenosse des Propheten Haggai. Nachdem Haggai im Jahre 520 v.Chr. im Auftrage Gottes den Tempelbau wieder in Gang gebracht hatte, stellte sich Sacharja zwei Monate später an Haggais Seite und rang mit ihm zusammen um die Vollendung des begonnenen Werkes. Ihr gemeinsames Wirken hatte zur Folge, daß der Tempel in Jerusalem, der zu Beginn der babylonischen Gefangen-

schaft im Jahre 587 v.Chr. zerstört worden war, nach 70 Jahren bei vierjähriger Bauzeit im Jahre 516 endlich wiederhergestellt war. Während Haggais prophetische Tätigkeit damit beendet war, haben wir von Sacharja noch weitere Reden überliefert (Kap. 9-14). Es könnte u.U. möglich sein, daß diese von einem späteren Propheten stammen.
Doch ist das für das Verstehen dieses Abschnitts unwesentlich. Auf den Inhalt einer biblischen Schrift kommt es an, nicht auf den Verfasser. Daß Gott selbst durch sein Wort mit mir redet, ist entscheidend, nicht aber, durch welchen Boten er dies tut. Was Gott mir zu sagen hat, muß ich wissen, nicht aber, durch welchen Menschen er es mir sagen läßt.
Israel befindet sich offenbar in bedrängter Situation. Die Verse 1-8 zeigen, wie es ringsum von Feinden umgeben ist. Nicht anders als heute im 20. Jahrhundert. Worauf soll Israel da bauen? Worauf kann der Mensch sich überhaupt verlassen, wenn er so ohnmächtig dem Leben gegenübersteht? Gibt es einen Halt im Leben? Darauf antwortet unser Text.

Aussagen

■ 1. Gott läßt uns Menschen nicht
sagen: „Reiß dich mal zusammen; du wirst es schon schaffen" – das wäre so, als wenn man einem Menschen bei einer rasenden Busfahrt sagen würde: „Halt dich doch an dir selber fest". Der Mensch braucht einen Halt außerhalb seiner selbst. Darum läßt Gott allen Bedrängten sagen: Freu dich, ich laß dich nicht allein. Freu dich, ich schicke dir einen, an den du dich halten darfst.
Was bei Sacharja erst angekündigt wird, ist für uns heute bereits erfüllt: Jesus ist kommen, Grund ewiger Freuden.

■ 2. Gottes Halt für unser Leben
sieht allerdings sehr kümmerlich aus. Er wird zwar König genannt, aber seine Zutaten sind alles andere als das, was wir unter königlich verstehen. Der Esel ist das Reittier der Armen in Israel. Das Wort, was Luther mit „Helfer" übersetzt, heißt eigentlich „Beschenkter".

■ 3. Gott will sein Volk entwaffnen (10a)
Warum? Weil er (V. 10b) Frieden schaffen will. Und Frieden durch Waffengewalt schaffen zu wollen, ist ein Widerspruch in sich selbst (wie die Menschheitsgeschichte beweist). An diesen gewaltlosen Friedenswillen hielt sich Jesus auch, als er Petrus in Gethsemane das Schwert verbot.

■ **4. Es gibt zweierlei Art von Gefangenschaft:** „auf Hoffnung“ (V. 12) und ohne Hoffnung. Wer sich an Jesus hält, mag auch oft in mancherlei Schwierigkeiten gefangen liegen. Aber er liegt „auf Hoffnung“ gefangen. Und Hoffnung auf Jesus kann nicht enttäuscht werden.

Fragen

1. Das Wort vom kommenden „König“ hat in Israel immer wieder falsche Erwartungen geweckt. Welcher Art waren diese Erwartungen bei den Juden? (vgl. Matth. 12,38 und 21,8ff). Waren die Erwartungen der Jünger sehr viel anders? (vgl. Matth. 16,22). Woran lagen diese falschen Erwartungen? An den Propheten des Alten Testaments oder am ungenauen Lesen dieser prophetischen Schriften? Welche Erwartungen haben wir eigentlich an Jesus?

2. Es gibt Menschen, denen spürt man eine große Freude an Jesus ab. Warum ist das so selten? Ist das eine Frage des Temperaments und der Veranlagung? Oder des Glaubens (nämlich des Glaubens, daß Jesus auch zu mir kommt)?

3. Wenn nicht durch das Mittel der Waffen, durch welches andere Mittel soll dann Frieden in dieser Welt werden? (vgl. V. 10 das Wort „gebieten“ – welches Mittel ist hiermit angedeutet?) Kann ich Beispiele nennen, wie Jesus durch dieses Mittel Frieden geschaffen hat?

4. In Vers 12 ist mit der „festen Stadt“, zu der alle noch gefangenen Israeliten zurückkehren sollen, Jerusalem und der Tempel gemeint. Was bedeutet das für den Neuen Bund mit Jesus? Wo ist da die „feste Stadt“?

5. Ich lese zum Thema „auf Hoffnung“ Römer 4,18 von der Hoffnung Abrahams, Römer 6,1-5 von der Hoffnung der Christen und 1. Petrus 1,3 von dem Dank für diese Hoffnung. Dann bleibt nur die Frage: Bin ich schon „wiedergeboren zu einer lebendigen Hoffnung“?

Maleachi 1,6-2,2
Ehre, wem Ehre gebührt

Begriffe

■ Priester

Die von Gott erwählten Menschen, die verantwortlich für den Gottesdienst waren, daß er auch zur Ehre Gottes diente und nicht die Menschen damit nur sich selbst dienten. In Israel waren dies alle Nachkommen Aarons (2. Mose 28,1; 1. Chron. 6,34 und 23,13). Im Neuen Testament ist vom allgemeinen Priestertum aller Christen die Rede (1. Petr. 2,5 und Offb. 1,6). Alle Christen sind also verantwortlich für den Gottesdienst.

■ Opfer

Im Alten Bund wurden Speisen und vor allem Tiere Gott geopfert. Dies Opfer war der Mittelpunkt des Gottesdienstes. Im Neuen Bund ist das Tieropfer abgeschafft, weil Jesus Christus sich für uns geopfert hat, und mit diesem einen und einmaligen Opfer sind alle weiteren Opfer hinfällig und überflüssig geworden (Hebr. 9,25-10,4). Darum steht im Mittelpunkt des neutestamentlichen Gottesdienstes die Predigt von dem einmaligen Opfer Jesus für uns, noch unterstrichen durch das Zeichen des Abendmahls.

■ Unreines

Weil dies Opfer das Besondere war, wurden an dies Opfer auch besondere Ansprüche gestellt. Es mußte ein erstklassiges Tier sein ohne jeden Fehler und Makel, also kein krankes, lahmes, blindes oder sonstwie nicht ganz brauchbares. Es gab genaue Vorschriften dafür: 3. Mose 22,18ff u.ö. Nur darum konnte Jesus auch unser Opfer sein, weil er ohne Sünde war.

Zusammenhänge

Die Anbetung und Verehrung Gottes ist untrennbar mit dem Glauben verbunden. Ein Glaube, ohne daß Gott sichtbar die Ehre gegeben wird, ist kein Glaube und keine Religion, sondern eine bloße Weltanschauung bzw. eine Philosophie. Daß der moderne Mensch dies oft nicht mehr unterscheiden kann, zeigt, daß er vom Glauben keine

Ahnung hat. Sowohl Heiden als auch Israeliten haben um diese Grundbedingung des Glaubens gewußt. Darum haben sie auch überall Altäre gebaut und geopfert. Schon bei Kain und Abel hören wir davon (1. Mose 4,3.4), später bei Noah (1. Mose 8,20) und Abraham (1. Mose 12,7.8; 13,18). Dabei gehörten zum Opfer immer auch Gebete (1. Mose 12,8: „und rief den Namen des Herrn an"). Später wurde dann der Tempel in Jerusalem zum Mittelpunkt der Anbetung und Verehrung Gottes. Täglich wurden dort Tieropfer gebracht.
Auch im Neuen Testament dreht sich alles um die Ehre Gottes. Schon bei der Geburt Jesu weisen die Engel bei den Hirten darauf hin: „Ehre sei Gott in der Höhe." Das berühmte Christuslied im Philipperbrief schließt damit, daß „alle Zungen bekennen sollen, daß Jesus Christus der Herr sei, zur Ehre Gottes, des Vaters" (Phil. 2,11). Und um Gott zu ehren, trifft man sich im Gottesdienst, um das Opfer seines Sohnes Jesus dankbar zu besingen, davon zu hören und ihn anzubeten. Als einige Christen meinten, auch ohne Gottesdienst Gott die Ehre geben zu können, werden sie prompt ermahnt (Hebr. 10,25). Die Ehre Gottes darf nicht – aus welchen Gründen auch immer – hinter anderes zurückgestellt werden. Um eine Vernachlässigung des Gottesdienstes ging es auch z.Zt. Maleachis. Man nahm es mit den Opfern nicht mehr so genau. Da wird der Prophet im Auftrage Gottes energisch.

Aussagen

■ **1. Wer den Gottesdienst mißachtet, mißachtet Gott** (6-10)
Empört weisen die Priester den Vorwurf von sich, daß sie Gott nicht die ihm gebührende Ehre geben. Sie haben doch kein böses Wort über ihn gesagt. Nein – aber sie haben den Gottesdienst mißachtet, indem sie ihn mit „billigsten Mitteln" zelebrierten, ohne die nötige Ehrfurcht und Opferbereitschaft. Das Billigste war gerade gut genug. Ein möglichst billiger Gottesdienst ist aber eine Mißachtung des lebendigen Gottes. So mal eben beim Frühstück oder Aufräumen den Gottesdienst im Radio oder Fernsehen laufen lassen ... Mißachtung Gottes! Nicht ordentlich mitsingen (obwohl man könnte, wenn man nur wollte), nicht ordentlich mitbeten – alles Mißachtung Gottes. Wenn man bei seinem Chef eingeladen wäre (Fürst – V. 8b), würde man es besser machen und sich mehr Mühe geben.

■ **2. Heiden nehmen ihre Sache oft ernster** (11-14)
Gott nimmt den guten Willen der Heiden für die Tat. Natürlich ist ihr Gottesdienst ein falscher, weil er einem falschen Gott gilt. Aber ihr

Ernst dabei ist vorbildlich für die Christen. Wie ernst nehmen die Moslems ihre Gebetszeiten! Wie heftig reagieren sie bei einer öffentlichen Mißachtung Gottes? Ihnen ist das nicht egal – Christen leider oft.

■ **3. Ihr Priester, dies Wort gilt euch!** (1,6; 2,1.2)
Ihr Pfarrer und Prediger, die ihr nicht zum Gottesdienst geht, wenn ihr nicht selbst zu predigen habt ... Ihr Pfarrer, die ihr schludert mit Vorbereitung und Ablauf des Gottesdienstes ... Aber eben nicht nur ihr Pfarrer, sondern ihr Priester des neuen Bundes, d.h. alle, die ihr Christen sein und Christus nachfolgen wollt: Gebt Gott die Ehre! Nehmt's euch zu Herzen, mit Leidenschaft die Ehre Gottes zu suchen und zu fördern!

Fragen

1. Ehre Gottes – ist das nicht eine sehr veraltete Vorstellung? Erscheint uns heute nicht Behebung der vielfachen Not in dieser Welt und die humanitäre Hilfe viel wichtiger? Verstehen wir noch, daß man im Mittelalter so viel Geld für unendlich teure Kirchenbauten ausgab und so wenig Geld für die einfachen Menschen hatte? Was hat Gott davon, wenn wir sonntags eine Stunde Gottesdienst feiern? Oder ist unser Denken schon so von Gott entfremdet und säkularisiert, daß uns die „Ehre Gottes" etwas so Belangloses oder jedenfalls Sekundäres ist? Verstehen wir noch, daß Johann Sebastian Bach immer sein „Soli Deo gloria" (Gott allein die Ehre) unter seine Werke schrieb? Ist unsere Ehre nicht zumindest auch sehr wichtig?

2. Wo mißachte ich Gottes Ehre durch meine Taten oder Worte? Wo schlampe ich in meinen Bemühungen für Gott, in meinen Diensten in der Gemeinde, in meinen Gottesdiensten? Wo nehme ich Dinge nicht ernst oder nicht mehr ernst, obwohl ich in meinem Herzen weiß, daß es nicht ganz korrekt ist?

3. Erfüllt mich eigentlich noch das große Opfer, das Jesus für mich gebracht hat, oder ist mir das Sterben Jesu für alle meine Sünde so selbstverständlich geworden, daß ich gar keine Veranlassung sehe, ihm groß dafür zu danken und die Ehre zu geben? Sind es vielleicht meine eigene Ehre und Ehrgeiz, die die Ehre Jesu verdrängt haben vom ersten Platz? Mußte Jesu nicht auch für meinen falschen Ehrgeiz sterben? Sollte ich ihm nicht dafür neu danken und die Ehre geben?

Maleachi 3,6-12

Auch das Geld gehört zur Bekehrung

Begriffe

■ Jakobs Söhne

Der Name „Jakob" ist von seinem Wortstamm her doppeldeutig. In seiner negativen Bedeutung heißt er „der Betrüger". Auf diese negative Bedeutung ist hier angespielt, wie Vers 8 zeigt. Das Israel z.Zt. Maleachis macht seinem Stammvater alle „Ehre" – es betrügt genauso; sie haben sich nicht geändert (6), sondern betrügen Gott (8a) wie Jakob.

■ Zehnte

Eine auch bei anderen Völkern (z.B. Karthagern, Persern, Römern, Griechen) bekannte Form der Abgabe von 10 Prozent des Besitzes bzw. jährlichen Einkommens. In Israel schon bei Abraham (einmalig 1. Mose 14,20) und Jakob (1. Mose 28,22) erwähnt, später zur Norm erhoben (3. Mose 27,30-33). Neben dem Zehnten, der ganz dem Tempel und der Priesterschaft zur Verfügung stand, gab es noch andere, staatliche Abgaben. Heute ist es in den evangelischen Freikirchen im allgemeinen üblich, 10 Prozent seines Einkommens zu opfern, während die Kirchensteuer nur etwa 1 Prozent bis 4 Prozent des Einkommens ausmacht (genau: 9 Prozent von der Lohn- und Einkommensteuer).

■ „Fresser"

Bezeichnung für die Heuschrecke, hier vermutlich für jede Art von Schädling. Vor allem Heuschreckenplagen waren im Orient sehr gefürchtet, weil sie wegen ihrer großen Gefräßigkeit in kürzester Zeit eine gesamte Vegetation vernichten konnten (2. Mose 10,5 und 5. Mose 28,38).

Zusammenhänge

Maleachi (zu deutsch: mein Bote) wirkte um die Mitte des 5. Jahrhunderts v.Chr. Die hohen Erwartungen nach der Rückkehr aus der babylonischen Gefangenschaft (538 v.Chr.) und nach der Vollendung des Tempelwiederaufbaus (516 v.Chr.) hatten sich nicht erfüllt. Jerusalem war ein unbedeutender Staat geblieben, weit entfernt von den alten, ruhmreichen Zeiten Davids. Dazu kamen offensichtlich Mißernten und Dürrezeiten, wie aus Vers 11 zu erschließen ist. So kürzte man auch von sich aus die Tempel- und Priesterabgaben, den Zehnten. Schon vorher wurden die alten Opfergesetze nicht mehr so genau eingehalten. Statt der für die Opferung vorgeschriebenen „reinen“ Speise und gesunden Tiere opferten sie Minderwertiges, Verdorbenes, Krankes (1,7.8). Maleachi hat auch dies im Namen Gottes gerügt (1,6-14) und schon hier von „Betrügern“ gesprochen (1,14). Schlechte Zeiten sind keine Entschuldigung dafür, daß der Mensch Gott nicht gibt, was Gottes ist. Bei geringerem Einkommen ist der Zehnte ja sowieso schon geringer. Doch mit diesen äußeren Verstößen zeigt sich nur, daß innerlich etwas nicht mehr stimmt im Gottesverhältnis. Gott habe sich gewandelt, wird behauptet (6). Gott sei nicht mehr wie früher. Da half er, als man betete. Da machte er Israel groß, obwohl es von Feinden umringt war. Da wäre Verlaß auf ihn gewesen. Aber nun? So setzt Maleachi auch hier an mit seiner Verkündigung: Das Problem ist nicht Gott (er hat sich nicht geändert), das Problem seid ihr – ihr seid immer noch genauso betrügerisch gegenüber Gott wie der Stammvater Jakob vor seiner Umkehr. Also: Bekehrung ist nötig!

Aussagen

■ **1. Bekehrung ist nötig** (6.7)
Es heißt nicht einfach „Bekehrt euch!“, sondern „Bekehrt euch zu mir!“ Bekehrung ist nicht einfach eine sachliche Neuorientierung in einer verkehrten Sache, sondern Hinwendung im Innern zu dem lebendigen Gott. Bekehrung ist der Willensentschluß, sich mit seinem ganzen Denken und Wünschen auf den Willen des lebendigen Gottes einzulassen. Es ist das Vertrauen, daß Gott in allen Dingen mich und mein Leben besser versteht und also besser regeln kann als ich selbst. Es ist das getroste Sich-Fallenlassen in die gnädigen Hände Gottes.

■ **2. Bekehrung ist konkret** (7b-10)
Mit Recht fragen die Menschen zurück, worin sich die Bekehrung denn konkret zeigen solle. Bekehrung ist zwar zuerst und zutiefst eine innere Herzensänderung, aber äußert sich dann in sehr konkreten, sichtbaren Handlungsweisen. Nicht nur einmal, sondern immer wieder. Nicht nur an einer Stelle, sondern an immer neuen Stellen. Hier z.B. im Opfern und Spenden. 10 Prozent des Einkommens sollen Gott gehören. Bei anderen z.B. im Opfern von Zeit für die Gemeinde, für Dienste für Gott, für Werke der Nächstenliebe. Bei wieder anderen in

verändertem Verhalten gegenüber der Familie oder Kollegen, im offenen Bekennen zu Jesus usw.

■ **3. Bekehrung lohnt sich** (10–12)
Ausdrücklich läßt Gott sich darauf ein, sich überprüfen zu lassen. Sowohl materiell soll es dem Bekehrten besser gehen (10b.11) als auch in seinen Beziehungen zur Umwelt (12). Vielleicht schwingt in V. 12 sogar ein missionarisches Element mit: Wenn die Namens-Christen sich bekehren, wird sich das auswirken auf die Heiden (vgl. Apg. 2,47).

Fragen

1. Wie steht es mit meinem inneren Verhältnis zu Gott? Habe ich vielleicht mein Vertrauen, das ich als Kind und Jugendlicher zu Gott hatte, als kindisch und überholt abgestreift (Motto: Gott ist anders)? Habe ich einen rationalen Gottesglauben angenommen, der scheinbar sehr realistisch ist und die vielen Notlagen dieser Welt berücksichtigt – aber nicht mehr die eigene Schuld und Sünde wahrhaben will? Muß ich mich (evtl. nochmals) bekehren?

2. Welche konkreten Änderungen sind in meinem Leben geboten? Muß ich meine Finanzen bzw. meine Ausgaben und Opfer-Anteile neu überdenken? Oder hapert es an anderen Stellen in meinem Leben? Wie ist mein Umgang mit meiner Zeit? Vergeude ich sie? Schlage ich sie manchmal „tot“ und langweile mich? Wie könnte ich sie mehr für Jesus füllen? Oder gibt es noch andere Punkte in meinem Leben, an denen es konkret werden muß, daß ich mich ganz zu Gott hinwende?

3. Kann man das eigentlich so direkt sagen, daß sich eine Hinwendung zu Gott auch materiell lohnt, wie es hier in V. 11 gesagt ist? Oder gilt dies nicht immer, sondern nur in dieser konkreten Situation? Kenne ich ähnliche Situationen, wo durch eine Bekehrung sich auch das ganze äußere Leben erheblich verbessert hat (z.B. bei bekehrten Alkoholikern, Kriminellen usw.)? Werde ich durch eine Bekehrung vielleicht auch bescheidener in meinen Ansprüchen, so daß es mir zwar nicht objektiv, aber doch subjektiv erheblich besser geht?

Maleachi 3,13-20

Es lohnt sich, Gott zu dienen

Begriffe

■ **In Buße einhergehen**

Als äußeres Zeichen einer inneren Buße wurde in Israel vielfach ein Bußgewand getragen (König Ahab 1. Kön. 21,27-29 – das ganze Volk Neh. 9,1 – Ninive Jona 3,5). Damit bekannte man gleichzeitig in der Öffentlichkeit, daß man vor Gott etwas zu bereinigen hatte. Allerdings mußten die Propheten auch gelegentlich warnen, damit nicht dieses äußere Zeichen ohne eine innere Herzensänderung allein blieb (Joel 2,13: Zerreißet eure Herzen und nicht eure Kleider ... ähnlich Johannes der Täufer Matth. 3,7.8).

■ **Gedenkbuch**

Bildhafte Bezeichnung dafür, daß bei Gott keiner vergessen wird für die Ewigkeit, der sich auf Gott verläßt. Schon bei Mose wird solch ein Buch erwähnt (2. Mose 32,32), aber auch in Psalm 69,29 und bei den Propheten (Hes. 13,9; Dan. 12,1). Jesus selbst lehrt seine Jünger, sich über dieses Gedenken Gottes mehr zu freuen als über alle irdischen Erfolge (Luk. 10,20).

■ **Der Tag**

Bezeichnung für den Tag des Jüngsten Gerichts, wo Gott Bilanz ziehen wird über jedes einzelne Leben. Schon die Propheten des Alten Testaments haben immer wieder auf diesen besonderen Tag hingewiesen. Jesus hat das aufgegriffen (vor allem Matth. 24 und in den entsprechenden Parallelstellen). Dabei wird ausdrücklich betont, daß dieser Tag für die Gläubigen kein Schreckenstag, sondern ein Freudentag ist (vgl. Jesu Bilder von der Hochzeit für dies Ereignis: Matth. 22,1ff; 25,1ff).

Zusammenhänge

Maleachi ist der letzte der Schriftpropheten. Er lebte in einer Zeit, in der der Reststaat, der von Israel nach der babylonischen Gefangenschaft übriggeblieben war, politisch völlig bedeutungslos war. Juda umfaßte zu dieser Zeit auch kaum mehr als Jerusalem. Es ist ungefähr

450 v.Chr., die Blütezeit der persischen Großmacht, als Maleachi auftritt. Auffallend ist die „dialogische“ Form seiner Verkündigung. Er geht offenbar durch die Straßen Jerusalems und ist im Gespräch mit den Menschen. Immer wieder in seiner Verkündigung greift Maleachi auf Sätze zurück, die im Volk gesprochen werden, mit denen das Volk sich vor Gottes Anspruch zu rechtfertigen versucht. Man spürt noch durch die schriftliche Form der Verkündigung hindurch, wie sie praktisch auf dem Markt im Gespräch (Dialog) entstanden ist, um dann nochmals mit der ganzen Wucht der schriftlichen Formulierung bestätigt zu werden.
Unser Abschnitt hat offensichtlich einen anderen Teil des Volkes im Blick als die vorhergehenden. Hier werden nicht die Übertreter der Gebote Gottes angesprochen, sondern die Frommen. Auch die Frommen haben nicht immer nur Gottes Trost nötig, sondern gelegentlich auch Gottes kritische Ermahnung – was den anschließenden Trost nicht unbedingt ausschließt. Es ist offensichtlich in Jerusalem nicht anders als bei uns: das Volk ist geistlich gespalten, obwohl sie dem Namen nach sich alle Gottes Volk nennen. Und jeder Teil braucht seine eigene, ihm gemäße Ansprache Gottes durch den Propheten.

Aussagen

■ **1. Auch Resignation ist Sünde** (13-15)
Die Frommen in Jerusalem haben resigniert. All ihr Bemühen ist ja doch vergeblich – so jedenfalls sehen sie es selbst. „Was nützt alle Buße?“ fragen sie. Offensichtlich geht es den Gottlosen mindestens genau so gut. Wozu also aller Gottesdienst? Solches Denken und Reden nennt Maleachi „anti-göttliches Reden“. Was haben wir denn für einen kleinen Horizont, wenn wir meinen, unsere Arbeit in der Gemeinde und für Gott sei vergeblich? Damit werfen wir Gott vor, daß er unsinnige Aufgaben gegeben hat; wir reden gegen Gott. Und das ist Sünde. Auch Jesus hat nicht resigniert, als man ihn gefangennahm und ans Kreuz schlug. Sein Vertrauen auf Gott blieb bestehen bis zum letzten Atemzug: „Vater, vergib ihnen ...“

■ **2. Was Resignierte tröstet** (16-20)
Einen „Geheimtip“ geben sich die wahren Frommen untereinander weiter. Der lautet: Gott notiert alles! Gott vergißt keinen, der ihn ernst nimmt! Gegen die Resignation hilft nur eines: seinen Horizont erweitern. Nicht in der Gegenwart oder auch der nahen Zukunft stehen bleiben. Den großen Tag der Zukunft mitbedenken. Gott wird Bilanz zie-

hen. Es ist wie in der Schule: der Faule hat es vielleicht im Moment einfacher. Aber es kommt der Tag, an dem alles ans Licht kommt. Ja, dann gibt es für die Frommen große Freude. Und in der Vor-Freude auf diesen Tag wird jetzt schon alle Resignation überwunden.

■ **3. Der entscheidende Unterschied** (18)

Interessant: als Unterschied wird weder die eigene Anständigkeit genannt noch der Glaube. Worauf alles ankommt, ist dies, daß unser Glaube lebendig war und zum Dienst für Gott führte. Nicht der Erfolg im Dienst ist maßgebend, sondern der Dienst selbst ist entscheidend. Nicht der Erfolg macht den Gerechten aus, sondern der Dienst für Gott. Wenn der Glaube nicht zum Dienst führt, ist er tot (vgl. Jak. 2,17; Gal. 5,6).

Fragen

1. Messe ich mein christliches Engagement an meinem irdischen Erfolg? Ist mein Stimmungsbarometer deswegen gelegentlich im Keller, weil ich meine Erfolge bzw. Mißerfolge mit denen der Nichtchristen vergleiche? Nehme ich also heimlich doch den Erfolg zum Maßstab aller Dinge und damit als Götzen? Aber soll nicht christliches Tun auch Erfolg haben? Sonst wäre es ja egal, was man täte. Wie kann man auf Erfolg aus sein und doch nicht davon abhängig sein?

2. Wie oft war ich wohl bei Resignierten ein falscher Tröster? Wie oft habe ich versucht, beim Trösten auf kleine irdische Erfolge zu verweisen und blieb damit ganz im gegenwärtigen Horizont? Lasse ich mir durch Maleachi diesen neuen Horizont von Gottes großem Tag eröffnen? Ist mir das wichtig, was Gott einmal über mich sagt, oder ist mir wichtig, was Menschen jetzt über mich sagen? Wovon bin ich abhängig in meinem Handeln?

3. Mit welchen Gefühlen denke ich an den Jüngsten Tag? Mit Gefühlen der Angst vor dem Gericht? Oder mit Gefühlen der Freude, endlich in Gottes neuem Reich dabei sein zu dürfen? Wohin will Maleachi mich mit meinen Gefühlen lenken?

4. Ist mein Glaube einer, der in der Liebe *tätig* ist (Gal. 5,6)? Oder ruhe ich mich auf meinem Glauben nur aus? Diene ich aus Glauben? Welche Dienste könnte ich eigentlich in meiner Gemeinde und meinem Umfeld für Gott übernehmen? Wo wurde ich angefragt und habe ohne wirklich zwingenden Grund abgesagt?

Themenverzeichnis

Die nicht kursiv geschriebenen Themen bzw. Textstellen sind in Band 1 dieser Reihe nachzuschlagen, soweit es sich um Textstellenangaben aus den vier Evangelien handelt, und in Band 2, soweit es sich um Textstellenangaben aus dem weiteren Neuen Testament handelt.

Begriffsregister

Im nachfolgenden Begriffsregister sind alle Bibeltexte dieses Buches aufgeführt, in denen der genannte Begriff ausführlich erläutert wird. Die nicht kursiv geschriebenen Begriffe bzw. Textstellen sind in Band 1 dieser Reihe nachzuschlagen, soweit es sich um Textstellen aus den vier Evangelien handelt, und in Band 2 dieser Reihe nachzuschlagen, soweit es sich um weitere neutestamentliche Textstellen handelt.